KB181572

저주받으리라,
너희
법률가들이여!

Woe Unto You, Lawyers!
by Fred Rodell

저주받으리라, 너희 법률가들이여!

1판 1쇄 | 2014년 1월 20일
1판 3쇄 | 2018년 9월 28일

지은이 | 프레드 로델
옮긴이 | 이승훈

펴낸이 | 정민용
편집장 | 안중철
책임편집 | 최미정
편집 | 강소영, 윤상훈, 이진실

펴낸 곳 | 후마니타스(주)
등록 | 2002년 2월 19일 제300-2003-108호
주소 | 서울 마포구 양화로 6길 19(서교동) 3층
전화 | 편집_02.739.9929/9930 영업_02.722.9960 팩스_0505.333.9960

블로그 | humabook.blog.me
S N S | humanitasbook
이메일 | humanitasbooks@gmail.com

인쇄 | 천일_031.955.8083 제본 | 일진_031.908.1407

값 13,000원

ISBN 978-89-6437-199-2 03360

이 도서의 국립중앙도서관 출판시도서목록(CIP)은 e-CIP 홈페이지(http://www.nl.go.kr/ecip)에서
이용하실 수 있습니다(CIP제어번호: CIP2014000175).

저주받으리라, 너희 법률가들이여!

Woe, Unto You Lawyers

프레드 로델 지음 | 이승훈 옮김

후마니타스

| 일러두기 |

1. 한글 전용을 원칙으로 했다. 고유명사의 우리말 표기는 국립국어원의 외래어 표기법을 따랐다. 그러나 관행적으로 굳어진 표기는 그대로 사용했으며, 필요한 경우 한자나 원어를 병기했다.

2. 본문에 있는 각주는 모두 독자의 이해를 돕기 위해 옮긴이가 작성한 것이다. 옮긴이의 간단한 첨언은 본문에 대괄호([ ])로 넣었다.

차례

너희 율법 교사들은 화를 입을 것이다[Woe unto you, lawyers]. * 너희는 지식의 열쇠를 치워버렸고 자기도

들어가지 않으면서 들어가려는 사람마저 들어가지 못하게 하였다.

_루가의 복음서, 11장 52절(『성서』 개정판)

* 이 책의 제목인 『저주받으리라, 너희 법률가들이여!』(Woe unto you, lawyers!)도 이 성서의 표현에
  서 따온 것이다.

제 롬 프 랭 크[1] 판 사 의 서 문

1760년도, 영국의 법률가 윌리엄 블랙스톤[2]은 영국의 법 제도, 법관 그리고 법률가들의 미덕을 찬미하는 유명한 법률 논설[3]을 출간해 법조계를 기쁘게 했다. 1776년, 제러미 벤담(당시 28세)이라는 젊은이는 블랙스톤이 제도가 지닌 최악의 오점들을 은폐하고 찬양함으로써 절실하게 요청되는 법률상의 개혁을 가로막았다고 그를 거세게 공격하

1_제롬 프랭크(Jerome New Frank, 1889~1957). 미국의 법학자이자 법관. 로델이 속한 법현실주의(legal realism) 운동을 주도적으로 이끌었다. 증권거래위원회 의장과 연방순회항소법원 법관을 역임했다.

2_윌리엄 블랙스톤 경(Sir William Blackstone, 1723~80). 영국의 법학자, 법관, 정치인.

3_블랙스톤은 1765년 『영국의 법들에 대한 해설』(*Commentaries on the Laws of England*)을 출간한다. 이는 영국법에 대한 체계적 정리서로 영국과 미국의 법학 및 법 교육에 지대한 영향을 끼쳤다.

는 책을 출간했다.[4] 이 책 외의 다른 저술에서도 그는 법률가와 법관들을 맹렬히 비판했다. 그는 다른 무엇보다 법률이 보통 사람들이 자신의 권리를 이해할 수 있도록 쉬운 영어로 쓰여야 한다는 점, 법관들이 그들의 해석을 통해 법률을 복잡하게 만들지 못하도록 해야 한다는 점, 어지럽고 모호한 법 절차가 단순화되어야 한다는 점을 주장했다. 대부분의 법률가들은 벤담의 비난에 분노로 반응했고 그가 내놓은 상세하고 건설적인 제안들에 반대했다. 그의 주된 목적(법전 편찬과 절차의 간소화)은 달성되지 못했지만 우리가 이룬 중대한 법률적 개혁의 상당수는 그에게 빚지고 있다.

여러모로 프레드 로델의 이 책(그가 1939년에 서른두 살의 나이로 처음 펴낸)은 벤담의 책을 떠올리게 한다. 로델 역시 우리의 법 제도, 법관, 법률가를 맹렬히 비판하고 있다. 그는 우리의 법학 방법론이 지닌 중대한 결점들을 폭로한다. 그는 '법'이 자랑하는 확실성이 단지 신화에 불과함을 밝히는 데 주력한다. 그는 법률들을 쉬운 영어로 편찬해 법률가와 법관을 불필요하게 만들어야 한다고 주장한다.

예상했다시피, 오늘날의 대다수 법률가들 역시 벤담 시절에 그랬던 것처럼 이 책에 분노를 보였다. 어느 직업이던 그 종사자의 다수

4_잘 알려진 영국의 공리주의 철학자 제러미 벤담(Jeremy Bentham, 1748~1832)이 1776년에 출간한 『정부에 관한 단상』(A Fragment on Government)이다. 이 책에서 벤담은 『영국의 법들에 대한 해설』의 보수성과 영국 보통법(커먼로) 체계의 문제점을 강하게 비판했다.

는 자기만족에 빠져 현상 유지에 급급하므로 자신들의 행동을 비판하는 일반의 성토에 대해서는 그 옳고 그름에 상관없이 반감을 드러내기 마련이다.

벤담과 로델은 그런 직업적 자기만족을 뒤흔들어 법조계와 대중 모두에게 유익을 끼쳤다. 그런 면에서 나는 로델의 책이 출간된 것을 환영했고, 지금의 재출간에 대해서도 마찬가지다. 그의 책은 법률가, 법관 그리고 일반인도 신중히 고려해야 할 중대한 질문들을 던졌다. 로델을 야유하는 오늘날의 법률가들은 벤담이 그를 조롱했던 18세기의 법률가들에게 최후의 승리를 여러 번 거두었음을 기억할 필요가 있다.

그렇다고, 내가 로델의 말에 모두 동의하는 것은 아니다. 확실히 아니다. 십자군과 같은 열정을 지녔던 젊은 벤담과 마찬가지로 그 역시 인내심을 결여한 부분이 있다. 이 책에서 그는 희망을 잃은 완전주의자로 보이며, 단점을 보는 데 급급한 나머지, 모든 인간사에 내재하는 불완전성을 망각하고, 타협의 필요성을 경멸하며, 자신에게 나쁘게 보이는 것들을 파괴하는 데 골몰할 뿐, 파괴의 자리를 무엇으로 대체해야 할지에 대해서는 정밀하게 고찰하지 못하고 있다. 그리하여 부정적인 내용들만 두드러져 보이게 하는 결과를 초래하고 있다. 법률가와 법관에 대한 로델의 비난은 생각건대 확실히 극단적이다. 또한 판단컨대 그는 법조계의 위선과 이기심에 부당하게 과도한 책임을 돌리고 있다. 그는 인기 없는 사상을 옹호하는 법률가가 많다는 점, 당대의 위기를 극복하기 위한 혁신적인 사회제도를 수립하는 일에 그들의 일생을 묵묵히 바치는 법률가들이 있다는 점을 놓치고 있다.

게다가 그의 개혁안은 지나치게 공허하다. 그가 주창한 법관도 없고 법원도 없는 사회란 오늘날의 복잡한 현대 문명에서는 루소식의 실현 불가능한 이상주의가 아닌가 싶다. 모든 법률을 모호함이 없게 서술하는 것은 불가능하다. 물론 일부 법률을 간단한 용어로 작성할 수는 있을 것이다. 그러나 모두가 자기 자신의 법률가가 되어야 한다는(법률을 쉬운 영어로 편찬하는 방법을 통해) 그의 생각은 지나치게 순진하다. 그는 오늘날 법원에 제기되고 있는 분쟁들의 사실관계를 밝히는 일이 쉬울 것이라고 잘못 판단하고 있다. 법원이 아닌 비법률가 전문가가 그런 분쟁을 담당해야 한다는 그의 주장은 실현 불가능해 보인다. 더욱이 소송 당사자들이 전문가의 독단에 예속될 가능성도 있다. 그는 전문가로 구성된 위원회가 상위 법원의 감독 없이 최종 결정을 내려야 한다고 제안한다. 그러나 우리는 그런 결정들이, 헌법이 보장하는 개인의 자유를 멋대로 제약해, 법원이 이를 바로잡아야 했던 일을 여러 번 경험했다. 만약 로델이 자신이 꿈꾼 그런 체제에서 산다면 그는 개인의 자유를 보존하기 위해 체제를 뒤엎는 일에 맨 처음 나서는 사람이 될 것이다. 만약 그가 이 책을 지금 다시 쓴다면 극단적인 논조를 누그러뜨리지 않을까 싶다.

그렇긴 하지만, 이 책이 널리 읽힌 것은 그 극단적인 비난에도 불구하고 (혹은 그 때문에) 유익한 일이었다. 그것은 이 책으로 법률가가 아닌 일반 시민들이 법원이 정의를 다루는 방법론에 의문을 제기하는 계기가 마련되었기 때문이다. 민주주의에서는 모든 정부 기구에 그런 의문이 끊임없이 제기되어야 한다. 그러므로 법률가와 법관들은 법원에 대한 일반 대중의 면밀한 조사를 반대하기보다는 환영해야 한다. 이 책은 법률가들에게 널리 알려져 있는데, 개중에는 읽지도 않고 비난하는 사람들도 있다. 일반 독자들을 상대로 이 책은 상당한 공감을 이끌어 냈다. 그 비판 중에는 법률가와 법관에 대한 대중적인 오해를 반복하는 부분도 있다. 그런 부당한 비판에 대해서는 법률가들이 기꺼이 답할 수 있고 답하려 할 것이다. 법률가들이 로델의 비판에 대답할 필요성을 느껴, 로델의 그것만큼이나 보통 사람들이 이해하기 쉬운 책을 펴내, 법원과 법조계가 그들의 일을 왜 그리고 어떻게 수행하고 있는지 설명한다면, 분명 환영할 만한 일이 될 것이다. 그러나 로델의 비판 가운데, 법률가들이 제대로 된 대답을 하지 못하는 정당한 비판들은, 때늦었지만 중대한 개혁에 대한 대중적 요구를 자극할 것이다.

세계에서 가장 좋은 호텔(센 강 좌안에 있는 '리틀 비송')의 바에서 소유
주인 뒤피 씨가 나를 다른 미국인 손님에게 소개했다. 그는 동부의
저명한 변호사였는데 이름은 밝히지 않는 편이 그의 사업에 도움이
될 것 같다. 왜냐하면 그는 반갑게 나를 맞이하며 "오, 당신이 『저주
받으리라, 너희 법률가들이여!』를 쓴 사람의 아들이군요!"라고 말했
기 때문이다. 그 책이 내가 쓴 것임을 밝히면서, 문득 이 책을 처음 내
놓은 1939년(전쟁 직전!) 이래로 참 많은 시간이 흘렀다는 생각이 번
쩍 들었다.

　이 책을 출간했다는 이유로, 나는 여러 것들의 자식son으로 불려
왔다. 물론 충분히 예상한 일이지만, 거의 모든 법률가로부터 욕을
먹었다. 그리고 다수의 지식인들과 학계의 유력자들도 나를 욕했다.
반대로 법률가도 학자도(유감스럽지만, 대통령도) 아니었던 몇몇 사람

들은 나를 연방 대법관 후보로 추천하기도 했다.

수년에 걸쳐 이 책에 대한 수천 통의 편지가 쇄도했다. 그중에는 격분한 독자의 편지와 열광적인 지지의 편지가 있었으며, 법관들이 보낸 편지와 범죄자들이 보낸 편지가 있었다. 언젠가는 메릴랜드 주의 프리즌 팜Prison Farm[1]에 있던 죄수와 오랫동안 유쾌하게 서신을 주고받은 일이 있었는데, 그는 이 책에 용기를 얻어 변호사의 도움 없이 항소를 했고 결국 자유의 몸이 되었다. 어떤 법원에서는 그들의 공식 의견에 이 책의 문구를 인용하기도 했다(물론 출판사나 나로부터 그 어떤 허락도 받지 않았다). 짐작건대, 널리 읽혔으나 안 팔린 책에 대해 주는 상이 있다면 『저주받으리라, 너희 법률가들이여!』는 '돈이 전부가 아닙니다' 상의 첫 번째 유력한 후보가 될 것이다.

그런데 최근 들어 편지(아직도 오고 있다)의 내용이 바뀌기 시작했다. 믿기 힘들겠지만 『저주받으리라, 너희 법률가들이여!』를 어떻게 하면 구입할 수 있는지 묻는 편지들이다. 나는 십 년 동안 다음과 같이 실망스러운 대답을 할 수밖에 없었다. "살 수 없습니다. 없습니다. 헌책방 업자에게 20 내지 25달러를 주고 낡아 빠진 중고 책을 구할 수는 있을 것입니다." 이제, 고맙게도 패전트 출판사의 세스 리처드 씨가, 나의 이단아를 되살림으로써 '공급 없는 수요'라는 유감스러운

1_죄수의 갱생과 교도소의 자급자족을 위해 모범수가 농장이나 벌목장 등에서 생산 활동에 종사하는 작업 시설.

상황을 개선하려 하고 있다.

제롬 프랭크 판사가 관대히 기고한 서문과 내가 여기 쓴 글을 제외하면 이 책은 처음 태어났을 때의 모습 그대로다. 최신 삽화와 생생한 실례를 몇 군데 추가할까도 생각해 보았다. 그러나 열일곱 살이면 목발이나 깔창 없이 제 발로 서서 자기 몫을 할 수 있는 나이라 확신이 들어 단념했다. 첫판의 서문도 수정하지 않았다. 다만 거기에 나열된 이 책의 대부godfather들 중 두세 명이 이 책은 물론 나와도 의절했다. 그리고 나도 마찬가지였다.

원문을 고수하는 만큼, 『저주받으리라, 너희 법률가들이여!』에 관해 그동안 무수히 제기된 질문들에 대해, 조금은 도전적인, 답변을 하려 한다. "충격적 효과를 노리고 과장을 한 것은 아닌가?" "지금이라면 그렇게까지 말하지 않을 것이 아닌가?" "그렇게까지 법이 나쁘다고 진실로 믿는 것은 아니지 않은가?" 다음과 같은 답변을 영구적인 기록으로 남기고자 한다. 아니다. 아니다. 아니다. 내 친구인 프랭크 판사조차 그의 친절한 비판적 서문에서 나를 참을성 없는 완전주의자로 묘사한 뒤("공허"하고 "순진"하며 "지나치다"라고), "지금 다시 쓴다면 극단적인 논조를 누그러뜨리지 않을까 싶다"라는 상투적인 추측을 반복하고 있다. 나의 친구 제롬이여, 미안하지만 그럴 생각이 전혀 없네.

개정이나 재구성 없이 다시 출간한 이 『저주받으리라, 너희 법률가들이여!』에 대해서 나는 처음 내놓았을 때와 마찬가지로 조금도 사과할 것이 없다. 다만 지금 새롭게 추가한 이런 설명이 완고하거나

14

교만한 인상을 조금이라도 준다면 사과드린다. 그것은 다 이 어리석은 아버지[로델 본인]의 탓이므로 관대한 용서를 구한다.

1957년
프레드 로델

서 문

법률가들은 이 책을 좋아하지 않을 것이다. 이 책은 법률가를 위해 쓴 책이 아니다. 이 책은 일반인을 위한 책으로, 책을 쓴 이유는 일반인의 머릿속에 법의 작동 방식에 대한 회의의 씨앗을 조금이라도 뿌리기 위해서다.

궁금해 할 독자들을 위해 말해 보자면, 나의 회의심은 일찍 시작되었다. 나는 법을 공부하기 전에 가끔 법률가들과 논쟁을 벌이곤 했는데(그것은 언제나 어리석은 일이다), 법에 대한 그들의 지리멸렬한 설명은 나를 납득시키지 못하는 경우가 대다수였다. 그래서 나는 그들도 법을 전혀 이해하지 못하는 것이 아닌가 하는 의심을 품기 시작했다. 내가 로스쿨에 진학한 것은 이런 의심을 해명하기 위해서였다.

로스쿨에서 나는 행운아였다. 예일대학교 로스쿨 교수 가운데 열 명은 자신이 가르치고 있는 법 분야에 대해 충분한 회의심과 분별력을 갖고 있었다. 그들 덕분에 법이라고 하는 사기술에 대한 나의 의구심은 더욱 강화되었다. 어떻게 보면 그들은 이 책을 낳은 지적인 대부godfather라고 할 수 있다. 물론 그들은 의심의 여지 없이 그들의 대자godson와 의절하기를 원하겠지만, 나는 그들의 이름을 현직과 함께 여기에 알파벳순으로 기재해 둔다.

서먼 아놀드Thurman Arnold, 법무 차관보.

찰스 E. 클라크Charles E. Clark, 연방순회항소법원 판사.

윌리엄 O. 더글러스William O. Douglas, 연방 대법관.

펠릭스 프랭크퍼터Felix Frankfurter, 연방 대법관.

레온 그린Leon Green, 노스웨스턴대학교 로스쿨 학장.

월튼 해밀턴Walton Hamilton, 예일대학교 로스쿨 교수.

해럴드 라스키Harold Laski, 런던정치경제대학교 교수.

리처드 조이스 스미스Richard Joyce Smith, 뉴욕시 변호사.

웨슬리 스터지스Wesley Sturges, 증류주협회 상임이사.

고故 리 툴린Lee Turin

로스쿨을 졸업하면서 나는 절대로 법률 실무에 종사하지 않겠다고 다짐했다. 나는 그 어떤 변호사 협회에도 소속되어 있지 않다. 내가 로스쿨에서 교수로 재직하며 학생들에게 무엇을 가르치고 있는지 궁금한 사람은 이 책 9장의 후반부를 참조하길 바란다.

내가 이 책을 기획하면서 기록한 이 책과 법에 대한 나의 생각의 대강을 법의 실체에 대해 통찰력을 지닌 정직한 변호사에게 보여 주자, 그는 "괜찮군." "그런데 이건 기밀 누설이 아닌가?"라고 말했다.

성공이다.

1939년
프레드 로델

1장
현대의 주술사

법이란 말장난의 과학이다.

_찰스 맥클린

● 찰스 맥클린(Charles Macklin, 1699~1797). 아일랜드의 배우, 극작가.

부족 시대에는 주술사가 있었다. 중세에는 성직자가 있었다. 그리고 오늘날에는 법률가가 있다. 어느 시대에나, 자신들이 갈고닦은 특수한 지식의 권위를 지켜 내기 위해, 기술적 수법에 뻔뻔하고 그럴듯한 말장난을 첨가해, 인간 사회의 우두머리로 군림하던 영특한 무리들이 있었다. 어느 시대에나, 그 직업적 속임수가 문외한들에게 발각되지 않게 숨기고, 당대의 문명사회를 자기들의 방식대로 운영하던, 사이비 지성의 독재 체제가 존재했다.

　오늘날 우리의 문명사회(우리의 정부, 기업, 사적인 삶)를 운영하는 이들은 바로 법률가들이다. 대부분의 의원들은 법률가다. 그들은 우리의 법률laws을 만든다. 대통령, 주지사, 장관, 그들의 참모와 비서는 거의 모두 법률가다. 그들은 우리의 법률을 관리한다. 모든 판사는 법률가다. 그들은 우리의 법률을 해석하고 집행한다. 법률가가 관여하는 곳에 권력분립의 원리는 존재하지 않는다. 모든 통치 권력은 오직 법률가에게 집중되어 있다. 어떤 연구자가 언급한 바와 같이, 우리의 정부는 '인민의 정부가 아닌 법률가의 정부'다.

사업가가, 아무리 대사업가라 하더라도, 우리의 경제체제를 운영하는 것이 아니다. 이것 또한 법률가의 일이다. 법률가는 매번 회사가 설립되고, 주식이나 채권이 발행되고, 물품이 인도되거나 상품이 판매되고, 거래가 성사될 때마다, '자문'과 지시를 한다. 정교하게 짜인 산업과 금융의 모든 체계는 법률가들이 만든 저택이다. 우리는 모두 그 저택에 살고 있지만, 그것을 운영[관리]하는 것은 법률가다.

우리들의 사적인 삶에서조차 법률가들에게 도움을 요청하지 않고서는, 집을 사거나 아파트를 빌릴 수 없고, 결혼이나 이혼도 할 수 없으며, 자녀들에게 재산을 남길 수도 없다. 법률가들이 만든 미궁과도 같이 복잡한 의례와 형식을 통해 안내를 받아야 한다.

즉각적으로 여기에 어떤 이상하거나 잘못된 점도 없다는 반론이 제기될 것이다. 만약 정부와 기업과 개인의 사적인 활동이 어떤 논리적인 규칙에 따라 이루어지지 않는다면 우리는 아마 혼란에 빠지거나, 폭력이 분쟁 중재자로 재등장하는 것을 지켜보게 될 것이다. 맞는 말이다. 그러나 핵심을 놓쳤다. 그 핵심은 법률가들이 우리의 규칙을 만들고, 전체 문명사회는 그들을 따르며, 그렇지 않으면 대가를 치른다는 것이다. 그러나 문명사회를 구성하는 절대다수의, 법률가가 아닌 보통 사람들은, 규칙이 어떻게 그리고 왜 만들어지는지에 대해 거의 관심을 기울이지 않는다. 그들은 결코 어떤 규칙rule이 좋은 규칙인지 혹은 나쁜 규칙인지, 도움이 되는 규칙인지 혹은 방해만 되는 규칙인지, 사회에 이로운 규칙인지 아니면 법률가에게만 유리한 규칙인지 묻거나 주의를 기울이지 않는다. 그들은 두 눈을 감은 채 자신들의 삶의 대부분을 법률가가 운영하도록 방치하고 있다.

일반인들은, 오늘날 광범위하게 사용되는 전문적인 지식 가운데, 자신에게 가장 큰 영향을 끼치는 어떤 지식에 대해 거의 알지 못한다. 법률가들은 그것을 법Law[1]이라고 부른다. 연쇄상구균 감염증에 대한 최신 치료법을 상세히 논의할 수 있고, 알레르기 증상을 세세하게 묘사할 수 있는 사람이, 결혼할 때 법적으로 어떤 일이 벌어지는지(법률가들은 많은 일이 벌어진다고 주장한다)에 대해서는 한마디도 하지 못한다. 작동 방법이 상세하게 정리된 설명서 없이는 자동차를 살 생각도 하지 않는 사람이, 정작 계약서의 마흔네 개 조항 가운데 네 개 이상의 조항이 무슨 뜻이며 그것이 거기에 왜 있는지조차 모른 채 기꺼이 서명한다. 경제학자와 같은 각 분야의 숙련된 전문가를 주저 없이 비판하고 그 의견에 이의를 제기하는 사람이라 할지라도, 법률가의 법률 조언 앞에서는 감히 한마디도 하지 못한 채 침묵을 지킨다. 통상적인 인간의 호기심과 회의심도 법을 마주할 때면 사라지는 것으로

1_프레드 로델은 이 글에서 대문자 Law와 laws를 일관되게 구분하고 있으며, 이 둘 사이의 차이가 법률가들이 생각하는 법(Law)과 일반인들이 생각하는 법(laws) 사이의 차이를 명확히 드러낸다고 지적하고 있다. 이에 따라, 번역에서도 이를 각각 법(Law)과 법률(laws)로 일관되게 구분했다. 이 둘 사이의 차이에 대해서는 이 책의 2장을 참조하는 것으로 충분하다.

보인다.

이런 대중적 굴복의 원인에는 여러 가지가 있는데, 그중 하나는 잘 알지 못하는 것에 대해, 그리고 경찰(공권력)에 대해 일반인이 갖는 공포감이다. 법에는 이 두 가지의 위협이 결합되어 있다. 비법률가가 법과 마주하면 캄캄한 방에 내던져진 아이와 같이 위축된다. 무자비한 법관이 거기에 도사리고 앉아 그에게 달려들 준비("법에 대한 무지는 변명이 될 수 없다")를 하고 있다. 주눅이 든 채, 부득이하게, 아무 의심 없이, 그는 변호사의 손을 잡지만, 어떤 잘못된 발걸음을 내딛게 될지, 어떤 처벌이 기다리고 있는지 그는 전혀 알지 못한다. 자신에게 무엇을 하거나 하지 않아야 하는지 말해 주는 법률가의 엄숙한 목소리의 배후에 거대하고 신비한 법질서(거리의 경찰에서 대법원에 이르는)가 있다고 느낄 때, 그는 감히 회의나 불손함을 나타내지 못한다.

그리고 마찬가지로, 모든 법률가 역시 서로 한통속이다. 최소한 그들은, 그 모양이나 가격은 조금씩 다를 수 있겠지만, 똑같은 상품을 팔고 있다. 그들이 팔고 있는 상품은 법이다. 그리고 이 변호사 저 변호사를 찾아다니며 더 나은 것 혹은 뭔가 다른 것 혹은 상식에 부합하는 것을 찾길 희망하는 일은 쉐보레[제너럴 모터스GM사에서 판매하는 자동차 브랜드]나 폴리머스[크라이슬러사에서 판매하는 자동차 브랜드] 자동차는커녕 심지어 자전거도 없는 시장에서 포드사의 판매원들을 찾아다니는 일만큼이나 무의미한 일이다. 법률 업계에 브랜드 경쟁이나 제품 경쟁은 없다. 고객에게는 법이라는 선택지밖에 없다. 그리고 고객(그가 요금을 직접 지불하든 간접적으로 지불하든 세금으로 내든 상관없이)이 상품에 대해 조금이라도 알고자 해도 법률가는 사업 기회나 고객을 잃는 일에 걱정이 없으므로 대답을 거부한다.

게다가 법률가는 자신이 판매하는 상품에 대해 아무것도 말해 주지 않으면서 그 상품에 대해 이야기할 수 있으며, 실제로 자주 그렇게 한다. 그리고 이 사실이 비법률가가 법에 대해 항구적인 무지에 빠지는 주된 원인 중 하나다. 간단히 말해, 그들은 법을 외국어로 전달한다. 법은 의학이나 기계공학과 같이 이전에 존재하지 않았던 물리적 현상이나 기구를 묘사하기 위해 특별한 단어가 필요한 분야가 아니다. 그것은 정반대로 매일의 기업과 정부의 활동 그리고 개인의 사적인 삶과 관련된 사실들만을 다룬다. 그럼에도 법률은 그런 것들을 다룰 때, 어느 정도의 교양 있는 일반일지라도 법률 훈련을 받은 적이 없으면 서투르고 당혹스러워할 수밖에 없는 용어를 사용한다.

법률 언어의 일부는 라틴어나 프랑스어 단어, 혹은 법률에서 사용하지 않았다면 진작 사멸했을 오래된 영어 단어에서 파생되었다. 평범한 길거리 멱살잡이는, 그것이 '중죄'felony,[2] '경죄'misdemeanor,[3] '불법행위'tort[4] 따위로 번역되지 않는 한, 변호사에게는 전혀 의미가 없

2_살인, 강간, 방화, 강도와 같은 중대한 범죄를 의미하는 영미법상의 개념. 1년 이상의 징역형에 처해질 수 있는 범죄를 말한다.

3_영미법에서 중죄보다 덜 한 가벼운 범죄. 소액 절도, 매춘, 음주 난동 따위가 해당한다. 통상 벌금이나 1년 미만의 징역에 처해진다.

다. 그리고 그런 단어들을 법률가가 사용하더라도, 평범한 길거리 멱살잡이 이상의 의미는 없다. 상당수의 법률 용어들은 매우 훌륭한 영어 단어에서 파생되었음에도 불구하고, 괴상하고 상이한, 법률에서만 통용되는 의미를 갖는다. 예를 들어, 법률가가 consideration[흔히 고려 혹은 배려를 의미하며, 법학에서는 '약인'이라는 의미로 사용된대]이라는 단어를 사용할 때, 이는 친절함kindness을 언급하고 있는 것이 전혀 아니다. 모든 법률의 언어는, 미스터 둘레이Mr. Dooley[5]가 언젠가 지적했듯이, 경찰관조차 해독하기 어려운 장벽stone wall이지만, 기업 변호사 앞으로 가면 승리의 개선문이 된다. 즉 그것은 오로지 법률가만이 이해하는 혹은 이해할 수 있는 언어다. 법률가의 표현을 빌리자면 말이다.

이는 법률가들의 사업에서 가장 두드러진 특징 가운데 하나가 자신들의 직업적 말장난을 일반인에게 설명하는 능력을 완전히 결여하고 있거나, 그럴 의사가 없거나, 혹은 그 둘 다라는 것이기 때문이다. 의사는 당신에게 척골metatarsus[6]이란 무엇이고 어디에 위치하고 왜 존재하며, 필요하다면 무엇이 잘못되었는지 말해 줄 수 있다. 인내심 있는 전기기술자는 중간 정도의 지성을 갖춘 사람이 이해할 수 있도록

4_영미법상 위법적으로 타인에게 손해를 입히는 행동을 의미한다. 우리 민법의 불법행위 개념과 거의 유사하다.

5_미국의 유머 작가인 핀리 피터 던(Finley Peter Dunne, 1867~1936)의 신문 필명이다.

6_아래팔의 안쪽에 위치하며 삼각기둥 형태로 생긴 긴 뼈.

발전기의 작동 방법을 알려 준다. 그러나 어떤 법률가에게 '관할권' jurisdiction[7]이나 '주원인'proximate cause[8]이나 '형평법상 소유권'equitable title[9] 과 같은 단어 — 법률가가 능숙하고 권위 있게 인용하며 그의 직업적 자본의 일부를 이루는 — 의 정확한 의미를 추궁해 보아라. 당신의 질문에 대해 "당신은 법률가가 아니므로 이해하지 못할 겁니다"라고 즉각 묵살하지는 않는다고 해도, 그는 전문적인 법률 용어들의 구름 속으로 이내 사라지거나(간혹 비법률적인 영역으로 내려오더라도 여전히 추상적인 말만 한다) 혹은 "법에서 그렇다면 그런 겁니다"라는 거의 만족할 수 없는 대답만 할 것이다. 거기서 당신은 "그렇군요"라고 하면 된다.

다른 무엇보다 이와 같은 사실, 즉 법률가들이 자신들의 일을 일상의 언어로 결코 말해 주지 않는다는 사실이 비법률가가 소위 법률이라고 하는 과학을 이해하려거나 다루고자 할 때 처하게 되는 절망에 책임이 있다. 왜냐하면 법률가들의 사업이란 전적으로 말에 기반을 둔 사업이기 때문이다. 그리고 법률가가 그 말의 의미를 해석하는

7_법원이 특정 사건을 재판할 수 있는 권한.

8_손해를 일으킨 직접적인 요인을 뜻하는 불법행위법상의 개념.

9_영미법에서는 부동산 거래에서 계약을 맺고 계약금을 지불하게 되면(서로 잔금을 주고받아 거래가 종결되기 전까지) 매도인은 법률상의 소유권을 가지지만 매수인은 '형평법상 소유권'을 가지게 된다. 잔금 지급 전에 부동산에 있는 건물이 불타 없어지면 그에 대한 위험부담은 매수인이 진다.

열쇠를 조심스럽게 감추어 두는 한, 일반인이 무슨 일이 벌어지는지 알 수 있는 유일한 방법은 법률가가 되거나, 최소한 독학으로 법을 공부하는 것밖에 없다. 이 모두는 법률가에게 아주 다행스럽고도 안도가 되는 일이다.

물론 법률가들은 자신들이 말을 거래한다는 견해에 발끈하며 콧방귀를 뀌고 조소할 것이다. 그들은 자신들이 명제, 개념, 기본 원리, 즉 '관념'을 다룬다고 항변한다. 비법률가가 법에서 길을 잃는 이유는 그의 정신이 추상적인 개념을 논리적으로 생각하는 훈련을 받지 않았기 때문인 반면, 법률가의 정신은 바로 그런 훈련을 받았다는 것이다. 그러므로 법률가는 추상적인 개념들을 민첩하고 논리적으로 넘나들며, 일반 명제를 좁혀서 특정 사례에 능숙하게 적용하고, 이를 따라잡지 못하는 비법률가들은 어리둥절해 한다. 이것은 아주 간단한 그림이다.

그러나 이것이 어리석고 하찮은 그림임을 보여 주는 데에는 심오한 이론이 필요 없다. 법률가가 무엇을 거래하건, 그들이 다루는 것은 오직 일상적인 사건이다. 정부가 돈을 걷고자 할 때 부자는 세금을 내려 하지 않는다. 회사가 사원을 해고하려 하면 사원은 일자리를 지키고자 한다. 자동차가 보행자를 치었을 때 보행자는 자동차의 잘못이라고 하지만 운전자는 그 반대라고 말한다. 이 모든 것은 일상적인 사실이지, 허공에 있는 추상 관념이 아니다. 그리고 법이란 단지 이런 수많은 사실들을 어떤 방법으로 다룰 것이냐의 문제일 뿐이다. 요점은 추상적인 법적 관념들은 땅으로 내려오기 전까지는 전혀 아무런 의미도 없다는 것이다. 그리고 일단 땅으로 내려와서, 물리적 사실에 적용되면, 관념은 단지 하나의 말word이 될 뿐이다. 법률가가 열심히 서술하고, 정당화하며, 밥벌이로 삼는 말 말이다. 법률가는 언제나 그들이 말하고 사용하는 법의 원칙이 간단하고, 구체적이며 비법률적인 문제들를 복잡하게 말하는 방법 이상의 그 무엇이라고 믿기를 원할 것이다. 그러나 그들은 틀렸다. 그래서 고故 올리버 홈스[10] 판사는 다음과 같이 말해 실질적으로 업계의 반역자가 되었다. "일반 개념이 개별 사건을 결정하지는 않는다."

법의 추상적인 원칙이 사실은 고상한 체하는 말들의 조합에 지나지 않는다며 폄하하는 것이, 어떤 면에서 보면, 약간 혼란스러울 수 있을 것이다. 법이란 결국 인간 행동에 대한 규칙이라는 형태로 활용된다. 그리고 규칙이란 불가피하게 추상성을 띄기 마련이라고 여겨질 수 있다. 그러나 둘[법과 규칙] 사이에는 차이점이, 그것도 커다란 차이점이 있다. "승강장에 침을 뱉는 사람에게는 5달러의 벌금을 부

10_올리버 홈스(Oliver Wendell Holmes, 1841~1935). 법학자, 법관. 하버드대학교 로스쿨 교수와 연방 대법관(1902~32)을 역임했다. 교수로 재직하면서 여러 강의와 저술을 통해 법현실주의 운동의 기원이 되는 실용주의 법사상을 전파했으며, 대법관으로는 추상적인 법의 원칙보다 사회적 유용성이나 경제성을 중시하는 판결을 내렸다. 그는 미국 최대의 법학자이자 대법관으로 평가받고 있으며, 그 실용주의적 법사상과 재판 의견은 미국 법학에 커다란 족적을 남겼다. 특히 "법의 생명은 논리가 아니라 경험에 있다"는 명언과 기본권 제한의 기준으로 제시한 "명백하고 현존한 위험"의 원칙이 유명하다.

과한다"는 규칙인 동시에, 어떤 면에서는 추상이다. 그러나 이는 쉽게 이해할 수 있고, 법률가의 해석이 필요하지 않으며, 간단하고 개별 사례에 직접 적용할 수 있다. 그러나 "누구라도 의도적이고 악의적으로 이 승강장에 침을 뱉는다면 5달러의 벌금을 부과한다" 역시 추상이지만 전혀 다른 색채를 갖는다. 즉 "의도적이고 악의적으로"라는 단어로 법이 규칙 속에 슬며시 기어들어 온다. 그런 단어들은 누군가가 승강장에 침을 뱉어 5달러의 벌금을 받거나 받지 않을 때까지는 법률가의 머릿속을 제외한 그 어디서도 의미를 갖지 못한다. 그리고 누군가가 다시 승강장에 침을 뱉어서 5달러의 벌금을 받을 때까지 계속 의미를 갖지 못한다.

법 전체 — 그 개념, 그 원칙, 그 명제 — 는 '의도적'이나 '악의적'과 같이 그 의미를 구체적으로 고정할 수 없는 말들로 구성되어 있으며, 그것들은 결국 말 그 이상도 이하도 아니다. 참으로, 법의 대부분은 '의도적'이나 '악의적'보다 훨씬 더 현실과 관련이 없는 단어들로 이루어져 있다. 누군가 형법, 상법, 행정법, 가족법과 같은 법의 모든 조각조각을 훑어보아도 "승강장에 침을 뱉는 자는 5달러의 벌금을 부과받는다"만큼 단순한 의미를 가진 규칙을 찾을 수는 없을 것이다.

당연히 이것이야 말로 비법률가가 법률가가 제시하는 법의 작동 방식에 대한 설명에서 그 어떤 이치나 논리도 발견하지 못하는 이유다. 비법률가는 모든 문제를 이 땅으로 가져오길 원한다. 그러나 법률가가 문제를 이 땅으로 가져오기 위해서는 일단 거기에서 법을 완전히 제거해야 한다. 와그너법Wagner Act[11]이 유지된 이유는 연방 대법원의 아홉 명의 법관들 가운데 다섯 명이 개인적으로 그 법을 좋아했기 때문이라거나, 혹은 그 법안을 지지하는 것이 대통령을 불필요하게 자극해 대통령이 연방 대법원의 구성에 변화[12]를 시도하게 만드는 위험을 [다시] 무릅쓰는 것보다 더 나은 방책이라고 생각했기 때문이라는 말은 결코 법적 설명이 아니다. 그러나 이것은 그 법률이 주간 통상州間通商, interstate commerce을 규제하기 위한 의회 권력의 적절한 행사

11_정식 명칭은 전국노동관계법(National Labor Relations Act)이다. 1935년에 제정된 뉴딜 관계 법률로, 노동자의 단체교섭권 보장, 부당 해고, 어용 조합, 차별 대우, 부당노동행위의 금지를 그 내용으로 했다. 이 법률은 직전에 연방 대법원에 의해 위헌으로 판정된 전국산업부흥법((National Industry Recovery Act 1933)의 노동 관련 규정을 재정비한 법률이었다. 당시 연방 대법원의 보수성에 비춰 봤을 때, 정부가 다시 내놓은 노동관계법 역시 위헌 판정을 받으리라는 예상이 많았다. 그러나 연방 대법원은 뜻밖에도 이 법률을 합헌 판정했고, 이로서 연방 대법원의 위헌 판정으로 인한 사법부와 행정부 간의 갈등이 어느 정도 진정되었다. 입법을 주도한 로버트 와그너(Robert F. Wagner)의 이름을 따 흔히 와그너법으로 불리는 이 법에 따라, 전국노동관계위원회(National Labor Relations Board)가 설치되어, 노동자들의 단체교섭권을 보호하고, 주간통상에 영향을 끼치는 부당노동행위를 조사·방지하며 노사분규를 조정하는 권한을 갖게 되었다.

12_프랭클린 루스벨트(Franklin Delano Roosevelt)의 연방 대법원 구성원 개편안(court-packing plan)을 의미한다. 뉴딜 법안에 대한 연방 대법원의 연이은 위헌 결정에 맞서 루스벨트 대통령은 1935년에 연방 대법관 충원 계획을 수립한다. 개편안의 정식 명칭은 사법절차개혁법안(Judicial Procedures Reform Bill)으로, 연방 대법관의 수를 열다섯 명까지 늘리는 내용을 담고 있었는데, 이는 진보적 법관들을 새로 임명해 대법원의 보수성을 희석하고자 하는 데 목적이 있었다. 그러나 이에 대해 정치권은 여야를 막론하고 부정적인 반응을 보였다. 의회는 비록 자신들이 입법한 법안을 위헌으로 판결한 대법원에 불만이 있었지만, 이로 말미암아 대통령의 권한이 강화되는 것 역시 마땅치 않았기 때문이다.

였기 때문에 유지되었다는 법적 설명보다는 세간의 여론에 더 부합할 뿐만 아니라 진실에도 더 가깝다. 그리고 이런 법적 설명에 쓰인 단어는 깊은 조사를 거쳐 150년 전에 만들어진 다른 어떤 법률 명제로 얼마든지 바꿔치기 될 수 있다. 물론 실질적으로는 여전히 아무 의미도 없겠지만 말이다.

일반인의 사고방식과 법률가의 사고 과정 사이의 차이에 대한 가장 날카로운 예시로, 로스쿨의 학생이 처음 법을 마주했을 때 보편적으로 보여 주는 반응이 있다. 로스쿨에 입학할 당시만 해도 그들은 정상적인 지성, 정상적인 호기심, 정상적인 감수성을 갖춘 집단이었다. 밤낮으로 그들은 법관과 교수, 교과서의 저자들과 같이 법에 정통한 이들이 말하는 법률 용어들에 시달린다. 그러나 몇 달이 지나도 분명한 것은 아무것도 없다. 붙잡을 수 있는 것은 아무것도 없다. 그 학생들이 자신들의 과거 경험이나 지식을 아무리 뒤져 보아도 '적법절차'due process of law[13]나 '범의'犯意, mens rea[14]나 '단순부동산권'fee simple[15]과

13_영미법상 정당한 법에 따라 이루어지는 절차를 뜻하는 개념. Due Process만 따로 '정당한 절차'라는 개념으로 쓰기도 한다. 영국의 대헌장(Magna Carta)에 연원을 두고 있으며 미국 권리장전 제5조와 수정헌법 제14조에도 명시되어 있다.

14_mens rea, 이는 guilty mind를 뜻하는 라틴어로 형사법상의 범죄의 성립 요소인 주관적 요소, 즉 자기의 행위가 일정한 결과를 발생시킬 것을 인식하고 의도하는 것을 말한다.

15_자신의 부동산에 대한 법적인 제한 없이 영구적으로 소유할 수 있는 재산권이다. 흔히 Fee Simple Ownership(또는 Estate in Fee)으로 불린다. 해당 부동산의 건물과 토지에 대해 영구

같은 초현실적이고 이상한 말을 이해할 수 있는 연결 고리를 찾을 수 없다. 길고 난해한 강의와 법률서의 설명은 이해를 더욱 복잡하게 할 뿐이다. 학생들은 법이란 결국 전적으로 실용적인 문제, 즉 토지를 구입하거나 주식을 판매하거나 도둑을 감옥에 집어넣는 따위의 문제를 다룬다는 것을 알고 있다. 그러나 로스쿨에서 그들이 읽고 듣는 것들이란 온통 외국어 같은 법률 용어와 생소하고 이국적인 사고방식뿐이다.

결국 지칠 줄 몰랐던 건강한 회의심에 입각했던 그들의 혼란은 이내 사그라진다. 마침내 그들은 원칙과 개념 그리고 거기에 동반된 모든 형이상학적 윤색의 집중 포화에 굴복하고 만다. 그리고 일단 그들이 업계의 전문용어로 말하는 법을 배우고, 최근까지 고집했던 실제적 사고를 망각하며, 얼마 전까지만 해도 그들을 당혹스럽게 했던 정신적 말장난을 민첩하게 구사하는 것을 자랑스러워하기 시작하면, 이제 그들은 진정한 의미의 법률가가 된다. 이제 그들 역시 선택받은 집단의 일원이 되어 파업이나 자동차 사고와 같은 세속의 문제를 복잡한 지적 수수께끼의 형태로 엮을 수 있게 된다. 이제 이들의 정신을 무장해제해 인간과 사회의 문제에 대해 일반 사람과 같은 방식으로 간단하게 생각했던 법률가가 되기 이전의 상태로 되돌리는 것은

적 소유권을 가지고 있으므로 양도나 증여가 자유롭다.

어렵거나 불가능한 일이 되었다.

　법률가들의 말과 법률가들의 사고방식을 배우는 일(가령 순수식품법Pure Food Law[16]을 둘러싼 찬반 논쟁을 "공익적 사업으로의 간주" 대 "계약자유의 침해"라는 용어로 토론하는 법을 배우는 일)은 암호 놀이나 브리지 게임을 배우는 일과 아주 비슷하다. 거기에는 집중력과 기억력과 일정한 분석력이 요구되며, 숙달된 사람에게 그것은 지적 자극을 준다. 그러나 암호 놀이나 브리지 게임을 하는 사람들은 그들의 정신적 노력이 어렵거나 복잡하다 하더라도 그것이 게임 이상의 의미를 갖는다고 잘난 체하지는 않는다. 반면 법의 게임을 하는 사람들은 순수한 사고 영역에서의 난해한 추론이 실제 문제의 해결과 필연적인 관련성을 맺는다고 젠체하며 우긴다. 그들만의 불가사의하고 장황한 정신적 훈련 수단을 가지고 법률가는 우리를 지배하는 규칙을 제정한다. 그리고 일반인은 법의 게임을 할 수 없기 때문에 그 게임이 본질적으로 얼마나 무의미한 것인지 직접 볼 수 없으며, 그 덕에 법률가는 일반인들 몰래 그 일을 할 수 있다.

　법률업은 간단히 말해, 고등 사기술high-class racket[부정한 돈벌이 수법]에 지나지 않는다. 앰뷸런스 변호사ambulance chaser[17]나 유명한 범죄

16_1906년에 제정된 법. 정식 명칭은 순수식품·의약품법(Pure Food and Drug Act, PFDA), 일명 와일리법(Wiley Act)이다.

17_직접적으로는 교통사고 현장을 쫓아다니며 영업하는 변호사를 의미한다. 미국에서는 소송

자를 변호하는 사례들이 잘 알려져 있긴 하지만, 이는 업계에서 작은 부분만을 차지하고 있는 부차적인 사기술에 지나지 않는다. 법의 사기술은 오히려 법조계의 존경받는 구성원이 통상적으로 말하고 행동할 때 더 짭짤하고 더 힘 있고 그러므로 더 위험하다. 존 데이비스[18]는, 법정에서 헌법과 신과 정의의 이름으로 (그리고 물론 수임료를 위해) 연방 정부가 지주회사를 규제하지 못하도록 촉구함으로써, 최대한의 사기술을 펼쳤다. 알렉산더 서덜랜드[19] 대법관이 주 정부의 상속세 부과를 엄숙히 금지하고 그 이유로 배당권(추상적인 개념)의 이전(추상적인 개념)이 지리적으로 따지면 해당 주에서 발생하지 않았음을 들었을 때도 마찬가지였다.[20] 뉴딜 정책의 핵심 브레인이었던 토머스 코코란,[21] 모리스 코언,[22] 서먼 아놀드[23] 등이 뉴딜 정책에서 기여한 주

을 부추기는 변호사를 비꼬는 표현으로 널리 쓰이고 있다.

18_존 데이비스(John William Davis, 1873~1955). 법무 차관, 영국 대사, 하원 의원을 역임한 변호사 출신의 정치인. 당대 최고의 변호사로 수많은 소송에서 대기업의 입장을 대리했다.

19_알렉산더 서덜랜드(Alexander George Sutherland, 1862~1942). 1922~38년까지 연방 대법관을 역임했다.

20_1932년의 보스턴 제일은행 대 메인 주(州) 사건에서 서덜랜드 대법관의 다수 의견이다. 이 사건에서 피상속인은 매사추세츠 주의 거주민이었지만 그의 재산은 메인 주에 소재하는 회사의 주식으로 대부분 구성되어 있었다. 피상속인이 사망하자 그의 주식이 상속인에게 넘겨졌고, 이에 대해 메인 주에서 상속세를 부과했다. 이런 상속세 부과는 메인 주 대법원에서는 합법으로 인정받았으나, 연방 대법원에서는 위헌으로 판단되었다. 그 이유로 서덜랜드 대법관은 주식 소유권은 개인에게 귀속하는 무형의 재산권이라는 것을 들었다.

된 바는 그들의 정치 이념이나 행정 능력이 아니라, 다양한 법률 용어를 다양한 방식으로 조작해 다른 법률가들의 주장은 지독히 부적절한 것으로 만들고 자신들의 주장은 완벽하게 적절한 것으로 만들 수 있는 그들의 뛰어난 수완에 있었다. 법이라는 사기술에는 정치의 좌우도 없고 그 어떤 사회적 한계도 없다.

게다가 법률가(최소한 99.44퍼센트의 법률가)는 자신이 사기를 치고 있다는 생각조차 하지 않으며, 그런 식의 사고방식에 큰 충격을 받을 것이다. 법이라는 벌레에 한번 물리고 나면 자신이 무엇을 하고 있는지 망각해 버린다. 부족 시대에 주술사나 중세의 수도승이 자신이 하는 허튼소리를 진심으로 믿었던 것처럼 말이다. 그리하여 그 사기술은 한층 더 위험한 것이 된다. 신실한 광신자가 냉정한 악당보다 위험한 법이다. 법률가는 자신이 법이라고 부르는 언어의 마술에 대한 참으로 신실한 광신자다.

그러나 법이라는 사기술에서 가장 애석하고도 기만적인 사실은

21_토머스 코코란(Thomas Gardiner Cocoran, 1900~81). 하버드대학교 로스쿨 출신의 변호사로 루스벨트 선거 고문단의 참모를 역임했다.

22_모리스 코언(Morris Raphael Cohen, 1880~1947). 하버드대학교와 예일대학교에서 가르쳤던 법학자, 철학자. 논리실증주의와 언어분석, 실용주의에 입각한 법철학을 펼쳤다. 정치적으로는 진보 성향이었으며 경제 분야에서는 자유방임주의에 반대했다.

23_서먼 아놀드(Thurman Wesley Arnold, 1891~1969). 루스벨트 행정부에서 법무 차관보를 지내면서 반독점 정책을 적극적으로 펼쳤다.

일반 대중이 그것이 사기술이라는 것을 모른다는 점이다. 지레 겁을 먹고, 어리둥절하고, 압도당하고, 무지한 상태에서, 그들은 자신들에게 제공되는 아니 판매되는 것을 곧이곧대로 받아들인다. 한 세대에 어쩌다 한번씩, 보통 사람들은 아는 것은 없으나 더는 견디지 못하고 반란을 일으킨다. 해럴드 라스키[24]가 지적한 바와 같이, 모든 혁명에서 법률가는 단두대나 총살대로 가는 길에 앞장섰다.

그러나 법률가를 몰아낼 수 있는 유일한 방법이 혁명뿐인 것은 아니다. 게다가 혁명을 통한 제거는 영구적인 해결책이 될 수 없다. 미국의 식민 개척자들은 (잘 알려져 있지 않은 사실이지만) 혁명 전에 군림했던 법률가를 사회에서 추방해 법의 마수에서 어렵게 해방되었으나 이내 토착 법률가 무리가 그 싹을 틔워 신생국을 접수해 버렸다. 그 싹의 숫자와 힘은 150년이 지난 지금까지도 계속해서 자라고 있다.

법률가를 그들의 자리와 권좌에서 몰아내려면 무엇보다 법을 둘러싼 위엄으로 가득 찬 신비의 장막을 벗겨 내야 한다. 만약 사람들이 법이 자랑하는 존엄이 말장난에 불과하고, 법의 작동 방식이 단순한 논리적 요술에 불과하다는 사실을 깨닫는다면, 그들은 더 이상 법률가가 코를 잡아끌고 다니도록 허락하지 않을 것이다. 그리고 사람

24_해럴드 라스키(Harold Joseph Laski, 1893~1950). 진보적 성향의 영국 정치학자. 런던대학교 정치학 교수였으며 영국 노동당의 집행위원과 위원장을 지냈다. 노동당의 정책에 큰 영향을 끼쳤다.

들은 최근 그런 일을 조금씩 시작하고 있다. 법의 거대한 환상에도 자그마한 구멍이 생겨나기 시작했다.

한때 루스벨트 대통령은 대법관의 수를 늘려, [뉴딜 입법에 대한 기존의 보수적인 판결과는] 다른 판결을 연방 대법원으로부터 얻어 내려 시도한 적이 있었다.[25] 대부분의 법률가는 그 계획에 열렬히 반대함으로써 [역으로] 그 계획이 효과적임을, 즉 그저 법관만 교체해도 나라의 최고법이 변할 수 있다는 사실을 역설적으로 인정했다. 그리고 나라의 최고법이 법관을 교체하지 않고도 변했을 때, 다시 말해 아홉 명의 동일한 사람이 불과 1년 전에 위헌 판정을 했던 것을 올해에는 합헌으로 판정했을 때, 법에 문외한 가장 순진한 이들조차 법의 불변성에 대해 조그마한 의구심을 품기 시작했다. 토머스 듀이[26]가 태머니 협회Tammany Hall[27]를 제소했으나 법 절차상의 미비를 이유로 그 제소가 기각된 사건은 뉴욕의 모든 신문에 호외로 실렸고, 사람들의 법에 대한 외경심에도 상당한 타격이 가해졌다. 뉴욕 스태튼 아일랜드

25_ 앞서 언급한 루스벨트의 대법원 구성원 개편안을 가리킨다.

26_ 토머스 듀이(Thomas Edmund Dewey, 1902~71). 미국의 법조인이자 정치인. 태머니 협회와 관련된 갱단 인물을 수사하고 기소했던 뉴욕 주의 특별검사였다. 이후 뉴욕 주의 주지사(1943~54년)를 지내고 1948년 대선에서 공화당 대통령 후보로 민주당의 해리 트루먼(Harry Shippe Truman)과 맞붙어 패배한다.

27_ 1786년에 설립되어 뉴욕 주와 뉴욕 시의 정치에 막대한 영향력을 행사하던 민주당의 정치단체. 갱단과도 밀접하게 관련되어 있었다. 1960년대 중반 영향력이 크게 쇠퇴해 사라졌다.

Staten Island의 잘나가는 어떤 변호사가 변호사 시험을 본 적도 없다는 사실이 밝혀진 것 역시 법의 위신이 깎여 나가는 일이었다.

그러나 이런 사례를 수집하는 것 이상의 더 거대한 작업이, 법의 위엄을 둘러싼 미신과 그 미신이 일반인에 대해 갖는 지배력을 효과적으로 깨부수려면 필요하다. 말의 공허함과 법의 작동 방식의 부적절함을 이해하는 일이 필요하다. 가끔씩 드러나는 법의 부적절함과 모순이, 우연이 아니라 필연임을 냉철하게 깨닫는 일이 필요하다. 법에 대한 훈련이 법률가를 다른 사람보다 더 지혜롭거나 영특하게 만드는 것이 아님을 자각하는 일이 필요하다.

아마 법률가와 그들의 법에 대한 고찰을, 평범한 언어에 입각해서 한다면, 이런 목적을 달성하는 데 도움이 될 것이다. 왜냐하면 법률가의 주장과는 달리, 법의 원칙과 논리들을 비법률적인 일상 언어로 논의하는 것이 충분히 가능하기 때문이다. 핵심은, 이렇게 논의하면, 법의 원칙과 논리 그리고 고압적인 법률 사무가 완전히 우스꽝스러워 보이기 시작한다는 것이다. 그리고 만약 보통 사람들이 법의 우스꽝스러움과 부적절함, 그리고 불필요함의 진상을 목도한다면, 그들은 이내 평화적인 방법으로, 문명 질서의 운영권을 허울 좋은 신학과 현대판 흑마법을 제공하는 업자들, 곧 법률가들로부터 뺏을 것이다.

2장
법률가의 법

법이란 세상의 온갖 좋은 것들의 화신이다.

거기에는 오류나 흠 같은 건 존재하지 않는다.

_W. S. 길버트

• 윌리엄 S. 길버트 경(Sir William Schwenck Gilbert, 1836~1911). 영국의 극작가, 작사가, 시인.

법이란 학문 세계의 '킬리루'새Killy-loo bird[1]다. 아일랜드 신화에 의하면, 킬리루새는 어디로 가고 있는지는 관심이 없고 지나쳐 온 곳에만 흥미가 있는 까닭에 뒤로 날기만을 고집하는 새다. 그리고 법 역시 이와 마찬가지로 앞으로 나갈 때는 어색한 날갯짓으로 머뭇거리며, 그 눈은 지나쳐 온 곳에 변함없이 고정되어 있다. 의학, 수학, 사회학, 심리학과 같은 대다수 학문의 목적은 앞을 내다보고 새로운 진리, 기능, 유용성에 다가서는 데 있다. 오직 법만이, 자신의 오랜 원칙과 선례precedents에 끊임없이 집착하며, 구태의연을 덕으로, 혁신을 부덕으로 삼는다. 오직 법만이 시대에 뒤떨어진 방식을 고쳐 변화하는 세계의

[1]_아일랜드 신화에 등장하는 새.

필요에 부응하도록 해야 한다는 생각에 저항하고 분개한다.

　법의 작동 방식을 이해하려면 당신은 다음과 같은 사실을 분명히 알아 둘 필요가 있다. 즉 법은 태양 아래 새로운 것이 있을 수 있다는 사실을 결코 인정하지 않는다. 오래된 사실이나, 오래된 기구나, 오래된 관계에서의 사소한 변동은 용인된다. 그러나 그것이 법이 새 옷으로 갈아입은 옛 친구 이상으로 대접해야 할 정도의 변화여서는 안 된다. 법인 기업corporation이 처음 법 분야에 등장했을 때, 법은 그것을 일종의 개인으로 간주했고, 지금도 법적인 차원에서는 '인'人으로 다룰 뿐만 아니라 심지어 그렇게 부르고 있다.[2] 여객 항공기는 법이 관여하는 한 최신식 역마차에 지나지 않는다. 연좌 파업, 지주회사, 국외 이혼paris divorse 따위가 처음 출현했을 때, 법은 거만한 자세로 이와 같은 현상들이 친숙하다는 듯 다루었다. 그리고 텔레비전 역시 발전해 법과 관계되기 시작한다면 의심 없이 똑같은 운명을 맞이하게 될 것이다. 이 모두는 법률가에 의해 매우 주의 깊게 양육된 신화, 다시 말해 법이란 전지전능하기에 그 어떤 인간 행동도 법의 눈을 피할 수 없으며, 또한 법은 너무나도 포괄적이기에 500년 후의 인간 행동에 적용될 원칙이 현재 이미 준비되어 2439년에 인간이 하게 될 모든 일에 적용되기를 기다리고 있다는 신화의 한 단면이다.

2_법에서 기업과 같은 조직체를 자연인에 의제해 '법인'이라고 부르는 것을 의미한다. 영미법상 법인의 명칭은 judicial person이다.

법은 그 범위가 넓고 그 변주가 무한해, 있을 수 있는 모든 분쟁과 문제에 대한 해결책을 담을 수 있는, 불멸하는 진리의 거대한 몸체임을 자임한다. 물론 그 진리는 추상적 원칙으로 표현되고, 추상적 원칙은 낯선 법률 용어들로 표현된다. 그래서 오직 훈련된 법률가(특히 법관이 된 사람이나 말씀의 해설자로 임명된 사람)만이 법의 광대함 속에서 올바른 해답을 건져 낼 수 있다고 여겨진다. 그러나 법적 신화 체계의 가장 핵심은 지상의 모든 문제가 이와 같은 추상적 관념의 거대한 몸체에 준거해 해결될 수 있다고, 다시 말해 법률가에 의해 해결될 수 있다고 주장하는 데 있다.

일반인이 법률가가 생각하는 법(불변하는 추상적 원칙의 거대한 덩어리)을 이해하기 어려운 이유는, 일반인들은 대체로 법이 다양한 정부 아래에서 언제나 새롭게 제정되고, 수정되며, 가끔은 폐지되는 법률들의 모음집이라고 생각하기 때문이다. 연방의회와 주 의회, 그리고 도시 평의회는 늘 규칙을 제정하거나 변경한다. 이것이 법이 항상 변한다는 명백한 증거가 아닌가? 간단히 말해, 결코 그렇지 않다.

법률가들의 입장에서 보면, 법LAW과 법률laws 사이에는 커다란 차이가 존재한다. 법이란 이제껏 제정되었거나 앞으로 제정될 모든 제정법statute[3]의 위에 존재하는 그 무엇이다. 실질적으로 모든 제정법은

---

[3]_판례법에 대비되는 개념으로, 성문으로 제정된 법률을 의미한다. 영미법의 법 위계상, 제정법이 판례법에 오히려 우선한다.

법률가에 의해 의미를 부여받기에 앞서 — 인간 행동에 어떤 영향을 끼치기에 앞서 — 그 제정법의 의미에 관한 해석을 거쳐 법으로 변환되어야 한다. 그러므로 겉으로 보기엔 무해無害하고 사소한 어떤 제정법이 법률가에게는 엄청난 의미를 지닐 수 있으며, 동시에 강력한 문구가 담긴 제정법이 법률가들이 조사를 끝마치는 시점까지 아무 뜻도 없을 수 있다.

수십 년 전, 독점을 엄중히 단속하고 경쟁을 촉진하기 위해 저 유명한 클레이튼법Clayton Antitrust Act[4]이 통과되었을 당시, 노조의 강력한 로비로 의회는 이 법에 제20조[5]를 추가했다. 사실 제20조는 경쟁이나 독점과는 무관한 규정이었다. 제20조의 의도는 노조 활동에 대한 연방 법원의 빈번한 금지명령을 제한하는 데 있었다. 당시 노동 단체[미국노동총동맹]의 지도자였던 사무엘 곰퍼스[6]는 제20조를 노동자의 '대헌장'이라고 불렀다. 그러나 곰퍼스는 법률가가 아니었다.

4_기존의 독점금지법인 서먼법(Sherman Antitrust Act)의 결함을 보충하기 위해 1914년 제정되었다. 경쟁 감소와 독점 구축을 목적으로 하는 가격 차별, 배타적 거래 행위, 기업 합병과 인수 등을 제한했다. 특히 노동조합의 노동운동도 독점적 행위라 규정하며 노동자의 단결을 금지했던 서먼법과 달리 노동조합의 독점성을 부정했고, 노조의 단체교섭권을 인정했다.

5_클레이튼법 제20조(Section 20)는, 노동자의 파업, 피케팅, 보이콧 등의 자유를 보장하고, 재산 피해가 상당한 경우에만 법원에 의한 금지명령을 허용하는 내용을 담고 있었다.

6_사무엘 곰퍼스(Samuel Gompers, 1850~1924). 담배 제조공 출신의 미국 노조 지도자. 미국노동총동맹(American Federation of Labor)을 설립해 초대 회장을 지냈다. 사회주의와는 거리를 두고 노동자의 복리 증진을 중시하는 실리적 성향을 지녔다.

연방 대법원을 필두로 한 법률가 집단은 즉시 제20조를 무의미한 것으로 만들었다. 윌리엄 태프트[7] 대법원장은 법률가의 견해를 대표해 제20조의 의도는 아무것도 의미하지 않는 것이라고 말했다. 그는 법의 권위를 빌려 제20조는 클레이튼법이 제정되기 전에 존재했던 법을 재확인한 구절에 지나지 않음이 명백하다고 말했다. 그런데 사실 태프트 대법원장은, 클레이튼법 제20조가 파업 참가자들이 법원의 지속적인 금지명령을 받지 않고 자유롭게 피케팅할 수 있는 권리를 노동자들에게 명확히 부여하지 않았다면, [조직 노동의 반발로 말미암아 의회에서] 클레이튼법이 아예 통과되지 못했을 수도 있었다는 사정을 알 수 있는 위치에 있지 않았고, 설령 알았더라도 그런 규정은 부적절하다고 생각했을 사람이었다. 그러나 최종 결정권은 대법원장과 그의 법관들에게 있었다. 그들은 법의 이름으로 노동자의 '대헌장'을 독일의 '종잇조각'scrap of paper[8] 비슷한 것으로 만들어 버렸다.

물론 클레이튼법의 제정에서 다른 법률가들이 중요한 역할을 하지 않았다면, 태프트 대법원장과 법관들은 이와 같은 일을 하기가 훨씬 어려웠을 것이다. 제20조는 '의도적'willfully, '악의적'maliciously과 같은

7_윌리엄 태프트(William Howard Taft, 1857~1930). 미국의 제27대 대통령(1909~13년)과 제10대 연방 대법원장(1921~30년)을 지냈다.

8_제1차 세계대전 직전에 독일 총리인 테오발트 폰 베트만홀베크(Theobald von Bethmann Hollweg)가 영국과 벨기에 간의 중립 조약을 무시하며 한 발언이다.

전형적으로 무의미한 구절들로 가득 차 있었다. 예를 들어, 그 법에 따르면 연방 법원은 합법적인 피케팅 행위에 대해서는 금지명령을 내리지 못하는데, 태프트 대법원장에 의하면 '합법적'이란 개념은 클레이튼법이 제정되기 전에 존재했던 법에 따라 정해진다.[9] 그런데 클레이튼법이 제정되기 전에 법률가들은 거의 모든 피케팅은 법에 위배된다는 규칙을 정했다. 그러므로 여전히 그렇다. 모든 증명은 끝났다. 게다가 대법원은 또 다른 의미 없는 법률 용어들을 동원해 법에 따르면 대부분의 트러스트trust는 트러스트가 아니고, 대부분의 독점은 독점이 아니라는 것을 증명함으로써 클레이튼법 전체를 무의미한

9_20세기 초까지 미국 법원은 피케팅과 같은 쟁의행위를 위법행위로 보았다. 노동조합은 공모를 획책하는 불법 집단으로, 쟁의행위는 시민법 질서를 저해하는 불법행위로 간주되었다. 여기에는 우리 법의 가처분과 비슷한 금지명령 제도가 쟁의행위를 금지하는 법적 수단으로 자주 활용되었다. 그런데 클레이튼법 제20조에서는 합법적이고 평화적인 피케팅을 보호하고, 회복 불가능하고 치명적인 재산 피해가 발생할 경우에만 쟁의행위에 대한 금지명령을 허용하는 규정을 두었다. 그러나 연방 대법원이 해당 조항의 문구를 보수적으로 해석함으로써 제20조는 실질적으로 효력을 발휘할 수 없었다. 1921년의 미국강철주조공장 대 트라이시티노조협의회(American Steel Foundries v. Tri-City Trades Council) 판결에서 연방 대법원은 "합법적인 피케팅"의 의미를, "클레이튼법 제정 당시에 법원에 의해 인정되던 피케팅 행위"라는 의미로 해석했다. 그 당시 법원은 합법적 피케팅을 극도로 제한된 범위에서 인정했고, 법원의 조건을 충족하는 피케팅은 사실상 있을 수 없었다. 클레이튼법의 "합법적 피케팅"이란 표현은 비폭력적이고 평화적인 피케팅을 의미하는 상식적 표현이었다. 그러나 연방 대법원은 별 다른 근거 없이 '합법'이라는 개념을 '법원에 의해 인정되는'이라는 의미로 확대 해석했고, 이로 인해 클레이튼법 제20조를 통해 보호되는 피케팅은 실질적으로 존재할 수 없게 되었다. 저자가 제시하는 태프트 대법원장의 견해는 이것을 말한다.

것으로 만들었다. 당신은 법률을 마음대로 바꿀 수는 있다. 그러나 법은 바꿀 수 없다. 그리고 법이야 말로 중요한 것이다.

태프트 대법원장과 그 법원이 클레이튼법의 제20조를 '해석'해 완전히 쓸모없게 만든 이유가 그들이 노동조합을 혹은 파업이나 피케팅을 싫어했기 때문이라고 성급하게 결론을 내려서는 안 된다. 왜냐하면 태프트는 제20조가 아무 의미가 없다는 것을 길게 설명하는 과정에서, 노동조합에 대한 옹호의 뜻을 굳이 피력했기 때문이다. 물론 태프트의 이런 옹호가 노동조합에 도움이 된 것은 전혀 없었다. 요점은 태프트가 그의 동료 법률가들(사법부의 판단을 읽거나 이해할 수 있는 유일한 사람들)에게 노동조합에 실망을 안긴 사법부의 판단은 단지 법에 따른 것일 뿐이라고 주장했다는 점이다. 그 결정은 달갑지 않은 것이었으나 그로서는 어쩔 수 없었다. 왜냐하면 어떤 법률가라 해도 (설령 연방 대법원의 법관이라 해도) 법이란 무엇이며 어떻게 적용해야 하는가를 단순히 설명하는 것 이상의 어떤 일도 할 수 없다는 것이 법 신화의 일부이기 때문이다. 그는 단지 위대한 복음을 사람들이 알 수 있도록 전하는 목소리에 불과하다.

이것 외에도, 법은 법률가에게 백지위임장이 되어 주는 '합법적인', '고의로', '악의로'와 같은 용어로 가득 차 있지 않은 실정법(매우 드문 사례들이긴 하지만)에 대해서도 이상한 일을 할 수 있다. 예를 들어, 연방 정부의 석탄 산업 규제와 관련된 거피석탄법Guffy Coal Act[10]이 있었다. 대법원은 먼저 거피석탄법의 주요 조항 가운데 대부분이 위헌이라고 말했다. 사실 어떤 법률을 위헌이라고 말하는 것은 그 법률이 법에 위배된다고 말하는 편리한 방법에 지나지 않는다(그러나 사실 모든 위헌이나 합헌 의견에는 가장 성스럽고 복잡한 법의 논리와 함께, 애국주의나 정치적 고려와 같은 관념들이 상당수 뒤섞여 있는데, 이와 같은 부분은 뒤에서 충분히 다룰 것이다). 여기서 핵심은, 판사가 거피석탄법의 일부가 위헌임을 선언한 다음, 법률의 좋은 부분 역시 나쁜 부분과 함께 폐기되어야 한다고 말한 것이다. 아마 이 사실만 놓고 보면 불합리해 보이지는 않을 것이다. 물론 연방의회가 연방 대법원이 거피석탄법의 몇몇 조항에 대해 어떻게 판단할지를 미리 예견하고, 이에 대비해 일부 조항이 위헌 판정을 받더라도 나머지 부분은 유효하다는 조항을 집어넣는 수고를 애써 감수했다는 사실을 알기 전까지는 말이다. 법률 전체를 폐기하기 위해 법원은 다음과 같은 논리를 펼쳐야 했다. "…… 이 법률의 일부는 위헌이다. 나머지 부분은 합헌이다. 의회는 합헌적이라고 말한다. 일부가 위헌이라도 나머지는 유효하다는 것이다. 그러나 우리가 생각하기에 그것은 올바른 방식이 아니다. 우리는, 법을 잘 알고 있는 우리가 생각하기에 적절하지 않은 방식으로 의회가 일을 처리하고 싶어 한다고 믿지 않는다. 그러므로 우리는 의회가 합헌 부분이 여전히 유효하다고 주장했다는 것을 믿기 어렵다. 그러

10_뉴딜 정책의 일환으로 1935년에 제정된 법률. 법률의 정식 명칭은 역청탄보호법(Bituminous Coal Conservation Act)이다. 과당 경쟁 방지를 위해 석탄의 최저 가격을 설정했고, 석탄 노동의 최저임금과 근로시간의 기준도 마련했다.

므로 우리는 거피석탄법의 합헌 부분 역시 위헌 부분과 함께 폐기한다. 위대한 법의 이름으로."

이것은 풍자적으로 과장한 내용이 아니다. 이는 카터 대 카터석탄회사 사건[11]에서 연방 대법원이 장황한 법률 용어를 통해 실제로 한 말을 간추린 내용[12]이다. 그리고 이 결론은 입법가들이 제정한 법률이, 법률가가 법에 비추어 그 의미를 결정하기 전까지는 실제로 아무 의미도 없음을 보여 주는, 두드러지긴 하나 그렇게 극단적이지도 않은 수많은 사례 가운데 하나다.

그러므로 보통 사람들이 법을 의회가 제정하고 법전에 쓰여 있는 모든 법률의 모음집이라고 생각한다면, 그는 완전히 잘못 생각하고 있는 것이다. 비록 그런 모든 법률이 실제로 법률가에 의해 법률 용어로 쓰였더라도 말이다. 그런 법률들, 그런 제정법들은, 법률가에게 있어서는 자신들이 다루는 세 가지 종류의 규칙rule 가운데 가장 중요성과 존엄성이 떨어진다. 다른 두 가지 종류의 규칙은 법률가가 '커먼

11_1935년의 카터 대 카터석탄회사(Carter v. Carter Coal Company) 사건에서, 연방 대법원은 석탄 산업이 주내(州內) 산업이므로, 연방의회가 헌법의 주간통상 규제 조항을 근거로 석탄 산업에 개입할 권한이 없으며, 따라서 거피석탄법이 위헌이라고 결정했다.

12_예컨대 거피석탄법 15조에는 이 법 조항의 일부가 무효(held invalid)가 되더라도 나머지 부분이 그에 영향을 받지는 않는다는 조항이 있었다. 그러나 연방 대법원은 법의 각각의 조항들은 상호 불가분성(inseparability)을 가지므로 한 조항이 위헌이면 나머지 조항도 위헌이라고 결정했다.

로'common law[13]라고 부르는 것과 '헌법률'constitutional law[14]이라고 부르는 것으로 구성된다.

커먼로는 그 어떤 헌법constitution이나 제정법보다 대문자 법에 실제로 더 가까운 존재다. 커먼로는 적용할 만한 헌법이나 성문법이 없는 분쟁을 해결하기 위해 법률가가 사용하는 규칙의 모음집이다. 예를 들어, 네바다 주에서 한 이혼이 펜실베이니아 주에서도 효력을 가지는가를 말해 주는 성문 규칙은 없다. 부엌과 식기실 사이에 목욕탕이 있는 집을 지어 달라고 부탁했는데 집이 주문대로 지어지지 않았을 때 돈을 지불해야 하는가에 대한 성문 규칙도 없다. 이런 사안에서, 법률가-법관lawyer-judge[15]은 어떤 헌법이나 제정법의 간섭을 받지 않고 자신만의 답변서를 작성한다. 이런 사안에서, 그 답변은 법을 구성하는 추상적 원칙의 덩어리에서 직접 그리고 곧바로 도출된다고 여겨진다.

13_보통법이라고도 한다. 영국의 보통 법원에 뿌리를 둔 영미법 특유의 판례법 체계를 의미하며, 영미법 그 자체와 동일시되고 있다.

14_미국에서 constitution과 constitutional law는 구별되는 개념으로, 전자는 미국의 성문헌법 전을, 후자는 헌법 및 공공 법률에 대한 해석과 적용에 관한 법규범을 뜻한다. 미국의 성문헌법은 '헌법'으로, 헌법 법규범은 '헌법률'로 번역했다.

15_법률가인 법관을 의미한다. 일반인-법관에 대비되는 개념으로, 법률가들이 법관직을 독점하고 있는 현 법원 제도에 대한 비판의 뜻을 담고 있다. 로텔은 이 책의 마지막 장에서 일반인 전문가가 법관이 되는 법원 제도를 수립해야 한다고 주장한다.

헌법률은 또 다른 어떤 것이다. 헌법은 최소한 이 나라에서는 법과 평범한 제정법 사이의 중간에 위치하는 존재다. 제정법과 마찬가지로 헌법 역시 대부분이 법률가로 구성된 집단에 의해 명백한 그리고 가끔은 불분명한 용어로 작성된다(영국에서 헌법은 성문법이 아니기에 영국의 법과 구별하기 힘들다). 그러나 법과 마찬가지로 헌법 역시 순수한 통치 제도를 다루는 부분을 제외하고는 — 각 주에 두 명의 상원 의원을 분배한다거나 주지사의 임기를 정하는 것과 같은 — 법률가에 의해 이 땅으로 내려오기 전까지는[해석되기 전까지는] 아무런 의미도 없는 추상적인 원칙으로 구성되어 있다. 혹여 이런 이야기가 불경하게 들린다면, 다음의 사례를 고려해 보라. 연방헌법에는 언론의 자유를 보장하는 유명한 규정이 있다. 그렇다면 이 규정은 실제적으로 어떤 의미를 가질까? 이 규정은 제1차 세계대전 당시 연방 정부가 전쟁에 반대하는 발언을 한 사람들을 잡아넣는 것을 막지 못했다.[16] 또한 켄터키 주의 할런 카운티Harlan County의 경찰이 노동조합을 지지하는 연설을 한 사람들을 구타하는 것도 막지 못했다.[17] 다른 한편으

16_1917년의 방첩법(Espionage Act)은 이적 행위, 군사(軍事)상의 명령 불복종을 처벌했으며, 이를 확대한 1918년의 선동법(Sedition Act)은 정부에 대한 비판과 미국의 전쟁 수행에 대한 부정적 언동을 처벌해 언론의 자유를 억압했다.

17_켄터키 주의 광산 도시인 할런 카운티에서 1931~32년에 발생한 일련의 광산 노동쟁의를 "할런 카운티의 전쟁"이라고 한다. 당시 최소 여섯 명의 노동자, 다섯 명의 경찰 및 용역 대원이 사망했다. 본문에서 말하는 것은 가장 격렬한 충돌이 있었던 1931년 5월 5일의 사건이다.

로, 이 헌법 규정은 오늘날 외국에서 보편화된 언론 자유에 대한 극단적인 제약을 방지하고 있다.[18] 그렇다면, 헌법 아래에서 허용되는 언론의 자유란 무엇이고 불허되는 자유란 무엇인지 어떻게 알 수 있는가? 오직 법률가-법관에게 물어봄으로써만 알 수 있다. 그렇다면 그들은 답을 어디서 구하는가? 어떻게 결정하는가? 그들의 오랜 친구인 법에 준거해 '헌법'을 해석함으로써 결정한다.

법은 그러므로 제정법에 대해 우월한 것과 마찬가지로 헌법에 대해서도 우월하다. 그리고 법의 신화에 따르면, 우리의 생활을 규율하는 최종적인 규칙은 헌법도 성문법도 아니다. 그것은 오직 법이다. 그것은 일체의 간섭 없이 커먼로를 창조하고, 헌법의 문구를 근거로 헌법률을 창조하고, 제정법과 헌법의 문구를 근거로 제정법statutory law을 창조하는 법이다. 이 세 종류의 법률은 모두 불변하는 그리고 법률가만이 이해하는 흉내라도 낼 수 있는 추상적 원칙의 거대한 몸체에서 나온 충실한 자녀에 불과하다.

홈스 대법관은 요컨대 법이란 대체 무엇인가에 대해 얘기하면서, 자신과 가장 가깝고 친근한 자녀를 다음과 같이 언급한 바 있다. "커먼로는 천상의 무소부재한 존재가 아니다."[19] 그러나 홈스 대법관은,

---

18_이 책이 쓰인 것은 세계적으로 전체주의가 발흥하던 1939년도다.

19_1917년의 남태평양 철도회사 대 젠슨(Southern Pacific v. Jensen) 사건에서 홈스 대법관의 소수 의견에 기재된 문구다. 노동자에게 유리한 노동자 보상법의 규정에도 불구하고, 연방

본인도 말하면서 잘 알고 있었지만, 단순히 연방 대법원의 결정뿐만 아니라 대부분의 법률가가 법에 대해 지닌 견해에 대해 이견을 제시한 것이었다. 왜냐하면 실제로 모든 법률가는 법이란 마치 신과 같이 인간사를 저 위에서 [주재하는] 일종의 전능하고 보편적인 존재라고 생각하고 말하기 때문이다. 그리고 모든 법률가는 자신들만이, 법률가가 아닌 사람들을 위해, 그 존재의 대부분을 이해하고 해석하는 능력을 갖추고 있음을 자임한다. 물론 보통 사람들이 그와 같은 해석을 듣기 위해서는 돈이 필요하지만 말이다.

그러나 이상한 점은, 위대한 신비에 대한 통찰력을 갖고 있다고 자부하는 이 법률가들이, 정작 법을 간단하고 구체적인 실제 사건에 적용하는 단계에 이르면 그 존재 혹은 그 해석에 대해 일치된 견해를 제시하지 못한다는 것이다. 만약 법률가의 의견이 일치한다면, 1심 법원의 판결을 뒤집는 항소법원도, 항소법원의 판결을 뒤집는 그 위의 상고법원(연방 대법원)도 존재하지 않을 것이다.[20] 사실 모든 법률가는 개별 분쟁에서 법에 대해 모두 안다고 주장한다. 반면 비법률가들은 개별 분쟁에 법이 적용되기 전까지는, 법이 무엇인지에 대해 조금의 관심도 기울이지 않는다.

대법원이 해양법상의 기존 원칙을 고수해 선원 노동자의 재해 보상 청구권을 기각한 것에 대한 비판이다.

20_ 법원의 심급은, 1심(사실심), 항소심, 상고심(대법원)으로 대별된다.

법률가는 법에 대한 지식에 근거해 '저당권 설정자'가 건물의 '법적 소유권'을 보유한다고 말을 한다. 그것은 참으로 근사하며 참으로 인상적으로 들린다. 그러나 저당권 설정자가 그 건물을 매각할 수 있는가, 조건은 어떤가, 세금을 내어야 하는가, 저당권자가 그곳을 점유하고 있다면 추방할 수 있는가를 알고 싶어 한다면, 법률가의 의견은 일치하지 않기 시작한다. 법률가들은 법은 '계약의 자유에 간섭하는 것'을 금지하고 있다고 말한다. 그러나 언젠가 '미국자유연맹'American Liberty League[21]에 소속된 57명의 저명한 법률가가 "와그너법은 계약의 자유에 간섭하고 있기 때문에 사용자는 이것을 무시해도 괜찮다"라고 한 선언에 대해 연방 대법원이 "그들은 100퍼센트 틀렸다"라고 했을 때, 그 57명의 법률가가 법에 대해 지녔던 의심 없는 지식은 하찮고 무의미해 보이기 시작했다.[22]

법이란 법률가들에게 전가의 보도와도 같다. 법이 법률가들에게 전가의 보도와도 같은 이유는 법의 기초를 이루는 원칙들이 너무나 애매하고, 추상적이며, 일관적이지 않기에, 그 원칙을 통해 인간의 행위나 활동을 정당화하거나 금지하는 구실을 언제든 찾아낼 수 있기

21_ 1930년대에 루스벨트의 뉴딜 정책에 대항해 만들어진 보수 우익 조직. 재벌 대기업의 이익을 옹호했고, 공화당 의원 상당수와 민주당 의원 일부가 포함되어 있었다. 루스벨트에 반대하는 격렬한 정치 운동을 펼쳤으나, 1940년대에 해산했다.

22_ 이전의 전국산업부흥법(National Industry Recovery Act)이 위헌 판정을 받은 것과 달리, 전국산업부흥법의 노동관계 규정을 재정비한 와그너법은 합헌 판정을 받았다.

때문이다.

그렇다면 법은 어떤 방식으로 이 땅의 실제 사건에 적용되는가? 법은 어떤 수단을 통해 인간 행동을 법적 잣대로 구획 지어 왔는가? 그 답은 매우 복잡해 보이지만 실은 간단하다. 그 답이란 어떤 특정 문제에 대해 마지막으로 판결을 내리는 법관들이 그 문제와 관계된 법에 대한 권위 있는 말을 한다는 것이다. 마지막 법관들이 그 문제에 해결책으로 준 것이 이후에 그 문제와 관련된 영역에서 법이 된다. 모든 다른 법률가가 그렇지 않다고 하더라도 상관없다. 그렇다면 '과연 법관은 누구인가, 어떤 사람인가'라는 당연한 질문이 뒤따른다. 극히 보기 드문 정직한 법관이 최근에 이에 답했다. "법관이란 주지사와 잘 아는 법률가다."

주지사 ─ 혹은 대통령, 혹은 (법관이 선출되는 지역에서는) 그 지역 유지와 잘 아는 ─ 를 잘 아는 법률가는 상반되고 모순되는 온갖 방식으로 법을 이 땅으로 가져온다. 집주인이 가택에 침입한 부랑자를 두들겨 팬다면 어떤 주에서는 영웅이 되지만 다른 주에서는 범죄자가 된다. 그러나 그가 누구냐에 관계없이 그의 행동에 대한 법적 평가는 위대하고 보편적인 법의 구조에 완벽하게 들어맞는 것으로 간주된다. 왜냐하면 다른 장소에서 다른 판사들이 똑같은 인간 문제를 다르게 판결하더라도, 혹은 같은 장소에서 때에 따라 다르게 판결하더라도, 변함이 없고 이 모두를 아우르는 위대한 법이라는 신화는 계속 유지되기 때문이다. 결정은 변하거나 다르거나 충돌할 수 있지만 법은 미동도 하지 않는다.

법의 이상한 작동 방식을 이해하려면 먼저 이와 같은 법적 논리의 핵심을 이해할 필요가 있다(물론 매우 멍청하게 들리겠지만 받아들여라). 또한 법은 단순히 멈춰 있는 것이 아니라 자랑스럽고 단호하게 멈춰 있음도 깨달을 필요가 있다. 만약 200년 전 영국의 법정 변호사 barrister[23]가 돌연히 미국의 법정에 나타난다면, 그는 자기 집에 온 것과 같은 편안함을 느낄 것이다. 물론 복장은 그를 놀라게 할 수 있다. 전등은 그를 놀라게 할 수 있다. 건물은 그를 놀라게 할 수 있다. 그러나 법률가들이 법적 대화를 나누기 시작하는 순간 곧바로, 그는 자신이 오랜 친구들과 함께 있음을 깨닫는다. 그리고 법률 책을 이틀 정도 읽고 난 다음 그는 현대의 법률가의 자리를 대신하거나 그들 못지않게 법적 주술을 훌륭하게 행할 수 있다. 그러나 반대로, 만약 200년 전의 영국 외과 의사가 오늘날의 외과 수술실에 들어왔다고 생각해 보자. 아마도 그는 자동차에 치여 인사불성으로 되어 막 수술실에 옮겨진 환자보다도 수술에 대해 아는 바가 없을 것이다.

모든 학문 중에서 법만이 홀로 초연히 서서 움직이지 않는다. 헌법도 법에 영향을 주지 않고 제정법도 법을 변화시키지 않는다. 법률가는 무게 있게 법을 논하고, 법관은 인간이 따라야 하는 규칙을 제정할 때 법을 '적용'한다고 자부하나, 사실 법은 실제 인간사와는 아

23_영국에서 소송 업무를 맡아볼 권한이 있는 변호사. 소송 업무 권한이 없이 서류 업무만 하는 변호사는 사무 변호사(solicitor)라 한다.

무런 관련이 없다. 법은 영구불변이다. 즉 이 땅의 것이 아니다. 법은
애매하고 추상적인 원칙의 덩어리다. 즉 수많은 말의 덩어리일 뿐이
다. 법은 천상의 무소부재한 존재다. 즉 뾰족한 바늘을 피해 하늘을
떠다니는 풍선일 뿐이다.

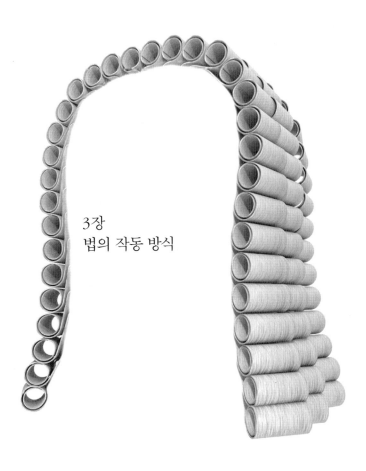

3장
법의 작동 방식

법이라고 불리는 무법의 학문

법전 밖의 무수한 선례들

개별 사례들로 가득 찬 저 황야

_알프레드 테니슨 경

● 알프레드 테니슨 경(Alfred Lord Tennyson, 1809~92). 빅토리아 시대 영국의 계관시인으로 영어권에서 가장 유명하고 사랑받는 시인 가운데 한 명이다.

법이란 그 전체가 하나의 농간이자 고무풍선, 수많은 공허한 말들일 뿐이라는 사실을 증명하려면, 모든 원칙과 하위 원칙과 반대 원칙을 가져와 그 교묘한 법적 함정을 걷어 내서, 그 안에 아무것도 없음을 비법률가들이 볼 수 있게 할 필요가 있다. 솔직히 말하자면 이는 불가능한 일이다. 법과 그 원칙을 더욱더 정교하게 꾸미는 데 전력을 다하는 책이 법률가-법관에 의해 일 년에만 수백 권씩 쏟아지고 있다. 거대한 도서관에는 법에 관한 책이라기보다는 법의 일부를 이루는 책이 빼곡히 들어차 있다(덧붙여 말하자면, 법률가들은 법의 형성에 도움을 주는 산더미 같은 문헌들을 쌓아 올리는 일에 조금이라도 기여하기 위해 그들의 직업 생활 대부분을 바친다). 그러나 법의 실체를 드러내기 위한 일반적인 폭로와 노출의 작업에는, 실제로 쓰이는 법과 관련된 간단하고 전형적인 몇 개의 사례만으로도 충분히 도움이 될 수 있을 것이다.

계약법으로 알려진 분야는 가장 안정되고, 가장 유서 깊으며, 정치적 논란거리가 가장 적은 법의 분야다. 계약은 개인이나 기업(법에서 기업이란 개인과 다를 바 없음을 기억할 것)이 서로 행하는 합의나 거래 따위를 다루는 법의 분야다. 그런 합의는 보통 도랑을 파겠다는 것과 같은 한쪽의 약속과, 50달러를 지불한다는 것과 같은 다른 한쪽의 약속으로 구성된다. 물론 사람들이 서로 약속을 지킬 것이라고 확실히 기대할 수 있다면, 계약법이 존재할 이유는 없을 것이다. 그러나 모든 인간이 진실되게 행동한다면 그 어떤 종류의 법도 필요 없을 것이다. 사실 상대방이 약속을 이행할 것이라고 믿는 사람은 도박꾼밖에 없다. 왜냐하면 법은 도박 계약이나 내기의 이행을 강제하지 않기 때문이다. 계약법의 전 체계는 사람이란 으레 약속을 어기기 마련이라는 생각에 기반을 두고 있으며, 이런 상호 불신의 관념 위에 법은 자신의 원칙을 수립했다.

그 첫 번째 원칙은 다음과 같다. 법이 인정하는 계약이 되려면, 한쪽 당사자의 청약offer[1]과 상대방의 승낙acceptance[2]이 있어야 한다. 그렇다면 첫째로, 청약이란 어떤 법적 개념일까? 그것은 길거리의 보통

1_계약법상의 개념으로, 특정인을 상대로 일정한 조건의 구속력 있는 계약을 맺고자 하는 의사 표시.

2_청약에 대한 승낙의 의사표시로서, 청약과 승낙이 일정한 조건 아래 합치되어야 계약이 성립된다. 그리고 영미법에서는 구속력 있는 계약이 성립하기 위해서는 청약과 승낙 외에도 consideration(대가관계, 약인이라고도 함)이 있어야 한다. 이에 대해서는 본문 이하의 내용 참고. 특히 70쪽의 각주 8 참고.

사람이 활용하는, 일반적이고 법률적이지 않은 제안offer과는 전혀 다른 그 무엇이다. 법률가는 일상적인 제안이 청약이 될 수 있다는 생각을 비웃을 것이다.

예를 들어, 만약 어떤 집주인이 정원사에게 "정원사, 자네에게 50달러를 주겠네"라고 말한다면, 이것은 법적인 청약이 아니다. 집주인이 정원사에게 "나를 위해 도랑을 파준다면 50달러를 주겠네"라고 말해도, 역시 법적인 청약은 아니다. 그러나 만약 집주인이 정원사에게, "집의 북서쪽 구석에서부터 돼지우리를 통과하는, 깊이 2미터, 폭 3미터의 도랑을 수요일까지 만들어 주면 일이 끝났을 때 50달러를 지불하겠네"라고 말하면, 이것은 청약이다. 그리고 덧붙여서, 만약 정원사가 "좋습니다"라고 대답한다면 완전한 승낙이다.

무엇 때문에 세 번째 제안은 법적인 청약이 되는 반면, 첫 번째와 두 번째 제안은 그렇지 않은가? 간단히 말하자면, 이는 그 제안이 충분히 명확하므로 정원사가 "좋습니다"라고 했을 때 집주인과 정원사 그리고 가장 중요하게는 어떤 법관이라도 정원사가 정확히 어떤 일을 하게 될 것인지 알 수 있기 때문이다. 무엇이 청약이고 무엇이 청약이 아니냐에 관한 모든 논의는 당연히 정원사와 집주인이 향후에 대화 내용을 가지고 재판을 벌일 수 있다는 사실에 근거하고 있다. 이런 견지에서 보자면, 정원사가 어떤 명확한 일을 하기로 약속을 했다면 계약을 한 것이고, 명확한 일을 하는 약속을 하지 않았다면 계약을 하지 않은 것으로 간주하는 것은 당연한 듯 보인다.[3] 그러나 법은 기만적인 방법으로 이 그림에 자신의 부적절한 일반 개념(여기서는

법적 청약이라고 하는 개념)을 가져와 간단한 거래상의 합의를 다루고
논의한다.

　만약 집주인과 정원사가 도랑이 파지지 않은 상태에서 사건을 법
원으로 가져갔다고 해보자. 이 경우 법은 다음과 같이 엄숙하게 선언
할 것이다. "제안proposition은 명확했다. 그러므로 이것은 유효한 청약
이다. 그러므로 승낙이 있었다면, 유효한 계약이 존재한다. 그러므로
정원사는 도랑을 파거나 손해를 배상해야 한다." 혹은 이렇게도 말할
수 있다. "제안은 명확하지 않았다. 그러므로 유효한 청약은 없었다.
그러므로 계약은 없었다. 그러므로 정원사는 아무 일도 할 필요가 없
다." 요점은 [여기서] '청약'이 있었느냐 없었느냐를 따지는 게 완전한
난센스라는 것이다. 이 일은 다음과 같이 아주 간단하게 [법적 용어인
'청약'이라는 단어를 사용하지 않고서도] 처리 할 수 있다. "제안이 명확했
다면, 정원사는 도랑을 파거나 손해를 배상해야 한다." "제안이 불명
확했다면, 정원사는 아무 일도 할 필요가 없다." 그리고 법적인 논증
을 이처럼 간단히 축소하면 비법률가가 사건을 이해하기는 당연히
훨씬 더 쉬워지고, 법률가가 간단하고 작은 문제를 전문적이고 신비
스러운 전문용어로 논의할 여지도 없어진다. 게다가 이렇게 하면 그

3_청약의 내용은 확정적이고 명확해야 한다(certainty and definiteness). 확정성과 명확성의 여
　부는 구체적인 상황에 따라 개별적으로 판단하나, 최소한 청약의 대상물, 가격, 수량에 대한
　사항을 포함하고 있어야 한다.

림에서 법이 없어진다. 기억해 두시길. 법은 계약을 맺기에 앞서, 법적인 청약(어떤 제안, 심지어 명확한 제안도 여기서는 무의미하다)을 해야만 한다고 여러분에게 요구하는 것이다.

다시 도랑의 문제로 돌아가서, 만약 집주인의 제안에 대해, 정원사가 "좋습니다"라고 하는 대신, "60달러를 준다면 파드리지요"라고 대답하고, 집주인이 "좋습니다"라고 했다고 해보자. 일반인은 이로써 법이 인정하는 계약이 맺어졌다고 생각할 것이다. 물론 법은 그 계약을 인정하지만 일반인이 생각하는 방식으로는 아니다. 법적인 차원에서 보면, 정원사의 첫 번째 대답은 '반대 청약'counter-offer[4]으로서, 여기에는 상대방의 청약에 대한 거부가 포함되어 있고, 집주인의 "좋습니다"라는 대답은 그 반대 청약에 대한 승낙이다. 그리고 혹여 집주인이 정원사에게 "55달러라면 어떨까요?"라고 했다면 그것은 '재반대 청약'counter-conter-offer[5]으로서, 마찬가지의 것을 포함한다. 로스쿨을 졸업하는 데 3년이 걸리는 이유를 알 만하다.

청약에 대한 승낙은 언제나 "그렇게 하죠"나 "알았습니다"와 같은 단순한 방식으로만 이루어지지 않는다. 예컨대 집주인이 원하는 도랑의 모습을 설명하고 지불 액수를 언급했는데, 정원사는 대답이 없었다. 그 뒤 청약이 공중에 붕 뜬 상태에서 집주인은 기차를 타고 어

4_반대 청약은 상대방의 청약에 대한 거절과 동시에 새로운 조건의 청약 제시가 결합한 것이다.
5_반대 청약에 대한 반대 청약.

디론가 가버렸다. 그리고 3일 후에 그는 집에 돌아와 도랑이 파여 있는 것을 발견했다. 그렇다면 그는 약속한 50달러를 지불해야 할까? 어떤 바보라도 당연히 그래야 한다고 생각할 것이다. 그러나 법적으로 따져 본다면, 그 이유는 무엇인가? 분명히 승낙은 없었고, 승낙이 없다면 계약도 존재할 수 없으며, 또한 이 상황에서 집주인의 마음이 바뀌어 도랑을 파고 싶지 않거나 50달러를 제안한 게 너무 지나쳤다고 생각하고 있을 수도 있다.

법은 여기서 교묘하고 능숙하게 빠져나간다. 법은 도랑을 파는 행위가 곧 승낙에 상응한다고 말한다.[6] 도랑을 파는 것은 (모호한 법적 개념 가운데 또 하나인) '이행'performance[7]에 해당하는 것이지만, 동시에 승낙이 되지 못하는 것도 아니다. 그리고 법이 어디선가 승낙을 찾아내지 못하면, 유효한 계약은 없고 따라서 정원사는 50달러를 받지 못한다. 이것은 명백하게 어리석다. 정원사가 돈을 받을 수 있도록 하려면 사방을 뒤져서 승낙accept으로 받아들일 수 있는acceptable 것을 찾아내야 한다는 얘기만큼 어리석다.

아무튼 이번에는 주인이 집으로 돌아왔을 때 정원사가 도랑을 다

6_승낙의 형태에 따라 일방 계약과 쌍방 계약으로 구분되는데, 일방 계약(unilateral contract)에서는 당사자 일방의 의사와 이에 대한 상대방의 이행에 의해 계약이 이루어진다(예컨대 현상금 공고). 반면에 '쌍방 계약'에서는 승낙의 뜻을 표명해야 계약이 이루어진다. 영미법에서 대부분의 계약은 쌍방 계약이다.

7_계약의 의무를 수행하는 것.

파지는 못하고 절반 정도에서 그쳤다고 가정해 보자. 그리고 집주인은 다음과 같이 말한다. "나는 도랑이 필요 없네. 돈을 줄 수 없으니 더 이상 파지 말게." 정원사는 "그러나 사장님, 약속하셨잖습니까"라고 말한 뒤 계속해서 도랑을 끝까지 판 다음 50달러의 지불을 요구하는 소송을 건다. 그리고 법원은 법에 근거해, 도랑을 절반 정도 판 상태에서 집주인이 약속을 철회한 것이 정당한 것인지 여부가 아니라, 도랑을 절반 정도 판 행위가 청약에 대한 승낙으로 성립하는지 아닌지에 따라 결정을 내린다. 왜냐하면 법원이 정원사에게 50달러를 주려면 먼저 유효한 계약을 발견해야 하며, 유효한 계약을 발견하려면 먼저 유효한 승낙을 찾아야 하기 때문이다.

아마도 집주인이 돌아왔을 때 정원사가 도랑을 절반 정도 팠다면 50달러를 받을 수 있을 것이다. 그러나 정원사가 땅에서 몇 삽 정도만 파내려 갔을 때 집주인이 돌아와서 도랑을 원하지 않는다고 하면, 그 몇 번의 삽질은 법원이 인정하는 승낙으로 절대 성립하지 못할 것이다. 그러므로 확실히 삽질 작업의 시작점과 완결점 사이의 어딘가로 법이 허리를 굽히고 내려와 유효한 승낙의 기준이 되는 마법의 기준선을 그어주는 일이 필요하다. 집주인이 정원사보다 조금 앞섰다면(정원사가 어떤 기준선보다 덜 팠다면), 법은 다음과 같이 읊조린다. "승낙 없음, 계약 없음, 50달러 없음." 정원사가 집주인보다 조금 앞섰다면(정원사가 기준선에서 좀 더 팠다면), 법은 다음과 같이 읊조린다. "승낙 있음. 계약 있음. 50달러 있음." 그러나 법도 그리고 법률가도 그 마법의 선이 어딘지는 미리 말해 주지 못한다. 법률가는 그저 법이란 무엇인지 말할 수 있을 뿐이다. 그리고 법은, 앞서 얘기했듯이, 계약에 앞서 청약에 대한 유효한 승낙이 필요하다고 말하고 있을 뿐이다.

계약법의 또 하나의 위대한 추상개념은 약인consideration[8]이라고 부르는 개념이다. 법의 눈으로 보아 계약이 성립하려면 청약, 승낙 등과 같은 근엄한 법적 형식과 더불어, '약인'이 반드시 필요하다. 거칠게 말하자면, 약인이란 계약의 양면성을 의미한다. 각 당사자는 서로에게 주기로 한 것과 받기로 한 것, 약속한 것과 약속받은 것, 하기로 한 것과 되기로 한 것을 각각 갖는다. 정원사와 집주인의 사건에서는 도랑을 판다고 하는 정원사의 약속에 대한 약인은 50달러를 지불한다고 하는 집주인의 약속이고, 집주인의 약속에 대한 약인은 거꾸로 정원사의 약속이다. 그리고 만약 정원사가 약속을 하지 않았다면 도랑을 판 행위가 약인이 될 수 있다. 다시 말해 도랑을 파는 행위는 법에 의해 동시에 승낙, 약인, 이행으로 승격할 수 있다.

이론상으로 약인의 존재 이유는 그 계약이 공정한 합의임을 보여주는 데 있다. 그러나 실제로는, 법은 때로 극도로 불공정한 거래에

8_대가관계라고도 한다. 영미법 고유의 개념으로, 구속력 있는 계약의 성립을 위해 필요한 계약 당사자 간의 일정한 반대급부를 의미한다. 청약과 승낙이 합치하면 계약이 성립하는 우리 법과는 달리 영미법에서 계약이 성립하려면 약인이 필요하다. 약인으로 성립하려면 일정한 경제적 손해와 이익이 서로 양립해야 한다.

서 약인을 발견하고, 반대로 제안이 비교적 공평하게 보임에도 불구하고 약인을 외면하기도 한다. 예컨대 어떤 사람이 거지에게 "자네 얼굴이 마음에 드는군. 내일 1달러를 갖다 주지"라고 한다면, 약속에 대한 약인은 없고, 따라서 계약은 존재하지 않는다. 왜냐하면 법은 그와 같은 심미적 가치를 고려하지 않기 때문이다. 그러나 어떤 사람이 거지에게 "자네의 담배를 내게 준다면 내일 100달러를 주지"라고 말하고, 그 거지가 담배를 넘겨준다면, 약속에 대한 약인이 존재하고, 유효한 계약이 존재한다.[9] 그리고 법원에 그 거래를 증언하는 증인이 출두한다면 거지는 100달러를 취득할 수도 있을 것이다.

왜냐하면 계약법은 제반 상황을 거의 고려하지 않기 때문이다. 적어도 법적인 차원에서는 남자는 담뱃값으로 100달러를 주기로 청약해 그 담배를 얻었다. 법은 전혀 관심이 없겠지만, 그 담배는 사막에서 길을 잃은 두 남자에게 최후의 한 대일 수도 있고, 프랭클린 루스벨트의 담배일 수도 있고, 베이브 루스가 사인을 한 담배일 수도 있다. 어떤 경우라도 누군가가 담배에 대한 약인으로 100달러를 청약했다면 담배를 가질 수 있다. 담배는 (물론 성냥도) 아주 모범적인 약인으로 성립할 수 있다. 설령 100달러짜리 약속에서라도.

9_계약법에서 약인의 등가성(adequacy of consideration)은 문제가 되지 않는다. 즉 약인의 경제적 가치가 서로 동등할 필요는 없다. 예를 들어, 100달러의 물품을 100달러가 아닌 50달러에 주고받아도 대가관계는 성립한다.

방대한 분량의 계약법 가운데 상당 부분은 무엇이 법적으로 유효한 약인good consideration이고 무엇이 유효한 약인이 아닌가 하는 문제를 다루고 있다. 사실, 청약과 승낙 그리고 기타 사소한 문제를 논외로 한다면, 대부분 재판에서 법원이 어떤 약속을 인정하느냐의 여부는 거기에 결부된 약인을 유효한 약인으로 인정하느냐의 여부에 달려 있다. 최소한 그것이 법적 사고방식이다. 그러나 비법률가(법적 논리를 연마하지 않은 채 자신이 이해할 수 있는 방식으로 약인이라는 개념을 정의하는)는 사태를 완전히 거꾸로 보게 될 것이다. 즉 그는 아마 자기가 보기에는 약인이란 법원이 약속[계약]을 지지할 때 존재하는 것이고, 법원이 약속[계약]을 지지하지 않을 때에는 존재하지 않는 것이라고 말할 것이다. 다시 말해, 법원이 유효한 약인이 존재한다고 말하느냐의 여부는, 법원이 그 약속을 지지하느냐의 여부에 달렸다. 그리고 이는 법률가에게는 신성 모독적인 사고방식이겠지만, 실용적인 관점에서 보았을 때는, 순진한 비법률가 쪽의 의견이 전적으로 옳다. 그 예를 들어보면 다음과 같다.

한 사람의 여자 합창 단원을 사랑하는 두 명의 부자가 있다고 해 보자. 그 가운데 한 사람이 여자에게 모피 코트를 크리스마스 선물로 주겠다고 약속했다. 다른 사람은 다이아몬드 팔찌를 약속했다. 크리스마스 날 여성에게 모피 코트는 선물 받았지만, 팔찌는 받지 못했다. 그렇다면 과연 당신은, 여자가 법원에 가서 첫 번째 부자의 모피 코트 약속이, 두 번째 부자의 팔찌 약속에 대한 약인이 된다는 이론을 내세워, 팔찌의 인도를 청구한 뒤 받아 낼 수 있다고 생각하는가? 그럴 수 없다. 각각의 사람이 제삼자에게 한 두 개의 약속 가운데 하나를 상대방에 대한 약인으로 부를 수 있다는 생각은, 당연하게도, 완전한 헛소리로 들린다.

그런데 이번에는 두 부자가 한 여자를 같이 사랑할 뿐만 아니라 같은 교회에도 출석한다고 해보자. 교회는 현재 기부금을 모집하고 있고, 두 사람은 각각 1천 달러를 교회에 기부하기로 약속했다. 그런데 여자에게 반지를 약속만 하고 주지 않았던 남자는 교회에 돈을 기부했으나 모피 코트를 여자에게 줬던 남자는 돈이 없어서 그렇게 하지 못했다. 교회는 법원으로 가서 1천 달러의 지불을 청구해 받아 낼 수 있을까? 그럴 수 있다. 두 남자가 맺은 1천 달러 기부 약속이 서로 유효한 약인이 된다는 이론에 입각해 그럴 수 있다.

냉소적인 사람은 이런 일이 법원이 교회에 헌금하는 일은 좋아하고, 여자에게 선물하는 일은 싫어해서 벌어진다고 생각할 수 있다. 그 냉소적인 사람의 생각은 그다지 틀리지 않았다. 법원은 그동안 건전한 목적을 위한 공동의 기부 약속은 서로 약인이 된다고 하는 이상한 원칙을 발전시켜 왔는데, 이는 단순히 법원이 사람들이 그런 약속을 어기는 것을 원치 않았기 때문이었다. 법은 그런 약속을 강제하기 위해 어디에선가 유효한 약인을 찾아내야 했고, 실제로 찾아냈다. 혹은 보통 사람이 앞서 말한 것처럼, 약인이란 법원이 약속을 지지할 때 존재했고, 그렇지 않을 때는 존재하지 않았다. 그리고 지금도 그렇다.

아마도 법이 계약의 약인으로 뭉뚱그려 취급한 물건 가운데 가장 기묘한 것은 종이에 눌려진 날인일 것이다. 어떤 사람이 "나 존 다우는 리처드 로그에게 1월 1일에 500달러를 지불할 것을 약속한다"라고 쓰고 서명한 뒤에 그 종이를 로그에 건네주어도, 로그가 다우의 약속에 상응하는 어떤 것(약인)을 얻었다고 증명할 수 없다면 다우는 1센트도 지불하지 않을 수 있다. 그러나 다우가 그 서명의 다음에 인주를 한 방울 떨어트려 그 속에 표를 했거나 또는 이름의 옆에 동그라미를 그리고 그 속에 대문자로 L.S라고 썼다면(이것은 '날인'을 뜻하는 라틴어의 약자다) 다우는 돈을 지불하지 않으면 안 된다. 설령 그가 약속에 상응하는 어떤 것, 즉 약인을 얻지 못했다 하더라도 그는 지불해야 할 의무를 갖는다. 법은 아주 오래전부터 약속에 부가된 날인은 진짜이건 가짜이건 유효한 약인이 된다고 인정해 왔기 때문이다.[10]

이는 물론 유효한 약인이란 약속을 체결한 상대방에게 무엇인가를 하거나 주거나 약속하기로 한 것이라는 원래의 개념과는 거리가 한참 먼 생각이다. 법은 아마도 약속으로부터 무엇인가를 얻어 내지 못함에도 날인을 찍는 멍청한 사람은 없다고 변명할 것이다. 그러나 사실 날인의 원래 용도는, 오늘날의 계약서에서 쓰는 X 표시[11]와 같

10_영미 계약법에는 방식 계약(formal contract)과 비방식 계약(informal contract)의 구별이 있는데, 방식 계약은 곧 날인증서에 의한 계약(contract under seal)을 의미한다. 날인은 그 존재 자체로 계약의 구속력을 발생시키는 약인의 대체물(substitute for consideration)이다. 날인 증서에 의한 계약의 효력은 점차 인정되지 않는 추세이나 아직도 미국의 절반가량의 주에서는 인정되고 있다.

이, 이름을 쓸 수 없는 사람들이 사용하는 서명의 대체물이었다. 그리고 날인의 신성함을 경외하는 법은 그 멍청한 서명의 대체물을 서명 자체보다 더 귀중하게 취급하고 있다. 그러므로 일반인의 표현을 다시 빌리자면 다음과 같이 말할 수 있다. 법은 날인이 붙은 약속을 계약으로 인정하고 싶었다. 그러나 법은 그 약속의 어디에서도 유효한 약인을 발견할 수 없었으므로, 마지못해 날인 그 자체를 유효한 약인으로 간주한 뒤 일을 처리했다.

비슷한 사례를 더 이상 수집할 필요도 없이, 약인이란 도랑을 반쯤 판 것을 의미할 수도 있고, 담배 한 대일 수도 있고, 서로 전혀 모르는 사람들이 교회에 돈을 내기로 한 약속일 수도 있고, 종이 위의 날인 조각을 의미할 수도 있음은 분명하다. 그리고 이런 것들 사이에는 그 어떤 자그마한 공통점도 존재하지 않음은 분명하다. 그리고 법률가가 약인이라고 이름 붙일 수 있는 그리고 법관이 약인이라고 이름 붙여 온 상호 무관한 것들의 숫자는 문자 그대로 수백만에 달한다.

요점은 소위 약인이라고 하는 개념이 "여기에는 약인이 있다" 혹은 "여기에는 약인이 없다"라고 법원이 말해 온 무수한 사실관계를 전부 알기 전까지는 의미도 없고 쓸모도 없다는 점이다. 그러나 일단

11_ 영미법에서 서명은 개인의 이름(full name)을 기재하는 것이 원칙이다. 그러나 간단한 이니셜이나 약호만을 기재하는 경우도 있다. 문맹자, 장애인, 무능력자는 흔히 X 표시를 서명에 갈음한다.

이런 모든 사실을 알았다면, 약인은 이제 무엇이 되는가? 그것은 상호 무관한 특징들로 가득 차 여전히 아무 의미도 없고 쓸모도 없는, 거대하고 보기 흉한 잡동사니가 될 뿐이다.

똑같은 특성들을 한데 묶어서 "미혹"infatuation이나, "옴스크글러브"omskglub[12]나, "빙고"bingo라고 부를 수도 있다. 이 단어들은 "약인" 만큼이나 새로운 문제의 해결책을 찾거나 그 문제에 대한 법원의 판결을 예측하는 데 있어서 매우 유용하다.[13] 새로운 문제에는 일련의 사실들이 포함되어 있다. 그 일련의 사실들은 법원이 그동안 약인이라고 선언해 온 것과 비슷한 측면이 있다. 또한 약인이 아니라고 선언해 온 것과 비슷한 측면도 있다. 법원이 어떤 것이 약인이고 어떤 것이 약인이 아니라고 선언하기 전까지는, 세상의 어떤 법률가도 이 일련의 사실들이 약인이라는 잡동사니의 안에 속하는지 밖에 속하는지 알 수 없다.

약인이라는 단어에서의 이와 같은 사정은 청약이나 승낙이나 모든 계약법상의 개념에서도 마찬가지다. 그리고 법의 모든 개념에 대해서도 마찬가지다. 어떤 법적 개념도 그 제시된 의미의 내용이 실제 사례에 적용되어 상세하게 서술되기 전까지는 심지어 법률가에게도 의미가 없다. 그리고 일단 개념이 상세하게 서술되면 개념이 아닌 세

12_약인이라는 개념의 쓸모없음을 풍자하고자 저자가 아무렇게나 지어낸 엉터리 단어다.

13_역설적 표현이다.

부 사항이 중요해진다. 개념(법의 이상한 어휘장 안에 존재하는 단어나 단어의 조합에 지나지 않는)은 창문 밖으로 내팽개쳐진다.

그러므로 약인은, 법원이 약속을 지지할 때 존재하고, 법원이 약속을 지지하지 않을 때 존재하지 않는 것이라고 정의한 보통 사람의 생각이 전적으로 옳다. 약인(그리고 모든 다른 법의 개념과 원칙)은 결론을 진술하는 모호한 법적 방식으로, 그것은 결론이 이미 나온 이후에 그 같은 결론을 위해 적용되는 것이지, 법률가나 법관이 완강히 주장하듯 결론을 도출하기 위한 근거가 결코 아니다.

이와 같은 개념들을 사용함으로써, 법률가는 비법률가들을 당혹스럽게 만들며, 또한 법과 법의 지배가 과학적이고 논리적이며 예지적이라고 자부하는 근거로 이를 내세우곤 한다. 그러나 그 어떤 개념도, 그 어떤 개념의 조합도, 개념 위에 세워진 그 어떤 규칙도, 그 자체로는 가장 단순하고 명백한 문제에 대한 그 어떤 해결책도 제공할 수 없다. 의사의 처방전에 쓰인 부호와 마찬가지로, 그것은 법관이 내린 결정에 대한 인상적인 사후 서술만을 제공할 뿐이다. 그리고 법관이 내린 결정이 곧 법이다.

물론 영특하고 솔직한 극소수의 변호사나 법관은, 법의 언어와 개념과 원칙이 법관의 결정에 대한 사후적 서술 이상의 어떤 것이라는 동류 법률가들의 주장이 바보 같은 거짓말이라는 점을 인정할 수도 있다. 그러나 이런 희귀한 법률가들 역시 법의 공허한 어휘(악의 malice[14]나 거주지domicile[15]와 같은)가 최소한 일종의 법적인 약어略語이자, 법률가들이 그들의 사업에 대해 서로 얘기할 때 도움이 되는 편리한 매개체라는 이유를 내세워 그것을 옹호하려 들 수도 있다.

칵테일파티에서 어떤 변호사가 어떤 사건에 대해 토론하면서, '주간통상'interstate commerce[16]이나 '면책특권'privileged communication[17]과 같은 전문용어를 동료 변호사에게 발사하면(마치 아이들이 어른들 앞에서 태연히 피그 라틴Pig Latin[18] 말놀이를 할 때처럼)), 상대방 변호사는 그 변호사가 무엇에 관해 이야기하는지 대강 파악한다. 이와 마찬가지로, 변호사가 법원에서 법률 문구를 건네면 법관은 논의가 어떻게 전개되고 있는지 대강 파악한다. 그리고 이번에는 법관이 자신의 의견을 법률 문구로 포장해 제시하면, 그 의견을 읽는 변호사는 흐릿하게나마 직업적 친숙함을 느낀다. 군이 말하자면 약어가 맞기는 하다. 임대차 계약서나 법률이나 법적 의견을 읽어 보려고 노력해 본 사람이면 잘 알듯이, 보통 숨이 찰 지경으로 견딜 수 없이 길어지는 약어이지만

14_남을 해치고자 갖는 일정한 의도를 뜻하는 영미 형법상의 개념.

15_거소, 주소지라고도 한다. 우리 법의 주소지 개념과는 다르며 소송을 제기할 당시 항구적으로 머물고자 하는 의사를 기준으로 정해진다.

16_서로 다른 주(州) 사이에 행해지는 통상을 의미한다. 연방 국가를 구성하는 미국에서는 헌법상 주간통상에 대한 개념이 발달되어 있으며, 자유로운 주간통상을 저해하는 주의 입법은 대체로 금지되거나 제한된다.

17_영미 증거법에서 재판상 제출하지 않아도 되거나 보호되는 대화들. 대표적으로 의뢰인-변호사, 의사-환자 간의 대화 내용은 증거로 공개되지 않는 특권이 있다.

18_어두의 자음을 어미로 돌리고 거기에 'ei'를 붙이는 어린이들의 말장난. 흔히, 부모들에게 자신들의 대화가 노출되기를 꺼리는 아이들이 서로 대화할 때 사용하는 은어를 가리킨다.

말이다.

　그러나 분명한 사실은 어설픈 직업적 전문용어를 부주의하게 지속적으로 사용하다 보면, 언어의 신성함에 대한 법률가의 맹신이 자라난다는 것이다. 법적 개념의 마술을 꼼꼼하게 훈련하고, 매일의 직업 생활에 예속된 법률 서생들은, 자신들이 익힌 언어를 열렬하게 신앙한다. 그들에게, 적법절차란 한 묶음의 오래된 법적 결정들을 언급하는 편리한 방법이 아니다. 그것은 법적 투쟁의 원리다. 그리고 '토지와 함께 이동하는 약정'covenant running with the land[19]이나 '한정 부동산권'estate in fee tail[20] 따위의 법적 미사여구조차도, 그 자체로 실체와 존엄이 인정된다.

　오직 처량하고 범속한 변호사들만이 그들의 우스운 언어와 말로 만들어진 추상을 전적으로 받아들이는 것은 아니다. 법관의 반열에 오른 법률가 역시 마찬가지다. 대부분의 법관이 계약의 약인이 있었기 '때문에' 지불이 이루어져야 한다고 명할 때, 그들은 실제로 추상으로부터 구체를 추론했다고 생각한다. 그들은 약인이라고 불리는 천상의 관념이 그들의 판결을 실제로 지시했다고 생각한다. 추상 관념인 약인이 실체와, 살과, 몸을 갖고 있기라도 한 것처럼 말이다. 인

19_소유주가 누구냐와 관계없이 토지 자체와 결합해 의무나 제한을 부과하는 약정.

20_상속권이 소유자의 직계비속에 한정되는 부동산권. 오늘날 이 권리는 소유권의 양도나 상속이 직계비속에 한정하는 특성으로 인해 폐지되었다.

간의 정신이, 개념에 미리 결론을 집어넣지 않고서도, 추상적인 개념에서 특정한 결론을 이끌어 내는 일이, 모자에서 토끼를 꺼내듯이 가능하기라도 한 것처럼 말이다.

법원은 도랑을 판 행위에 대한 약인이 지불되어야 하는가에 대해 엄숙하게 판결한다. 약인라는 개념이 신으로부터 받은 계명과 같이 그 안에 이미 해답을 내포하고 있다는 전제를 가지고 말이다. 법원은 뉴저지 주가 암표상을 제재해서는 안 된다고 판결한다. 입장권 판매는 공공의 이익과 상관없는 상거래라는 이유에서 말이다. 법원은 연방 정부가 석탄 산업의 임금을 관리해서는 안 된다고 판결한다. 임금은 단지 주간통상에 간접적인 영향만을 끼친다는 이유로 말이다(그 뒤에 같은 법원은 연방 정부가 철강 회사에게 노조와의 협상을 강제할 수 있다고 판결한다. 철강 산업의 임금은 주간통상에 직접적 영향을 끼친다는 이유로 말이다). 마치 이런 사안에서 사용된 법적 문구가 결정에 대한 장황한 서술이 아니라 거기에 이르는 근거라도 되는 것처럼. 마치 어떤 사안에서도 모든 추상적인 법률 문장에는 생각건대 구체적인 정치, 사회, 인간 생활의 문제를 해결할 수 있는 올바른 열쇠(모든 열쇠)가 담겨 있기라도 한 것처럼.

언어를 다루는 것은 민감하고 위험한 일이고, 법이 다름 아닌 언어를 다루는 사업이라는 사실은 아무리 강조하더라도 지나치지 않다. 길고 공허하며 복잡한 언어를 다루는 것은 더욱 위험한 일이고, 법률 언어의 대부분은 길고 공허하며 복잡하다. 길고 공허하며 흐릿한 언어를 구체적인 사회문제에 적용하는 것은 가장 위험한 일이고,

법이 하는 일이 그것이다. 소를 네발 달린 포유류라고 부르는 것은 타당하다. 고양이를 네발 달린 포유류라고 부르는 것도 타당하다. 그러나 고양이에게 콧수염이 있으므로 같은 네발 달린 포유류인 소에게도 콧수염이 있다고 말하는 것은 부당하다. 그리고 법에서는 담배와 인주를 모두 약인이라고 부르고 있다.

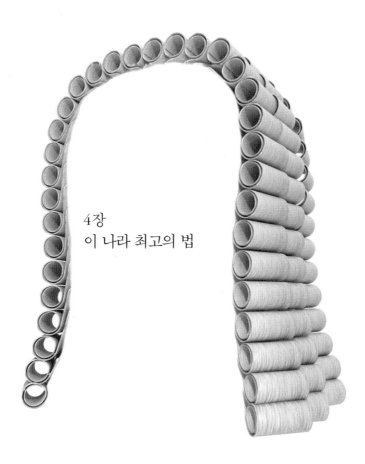

4장
이 나라 최고의 법

우리는 모두 헌법 아래 있다.

그러나 헌법이란 법관이 그렇다고 말하는 것이다

_찰스 휴스

● 찰스 휴스(Charles Evans Hughes, 1862~1948). 1930~41년까지 연방 대법원장을 역임했다.

미국의 연방 대법원[1]은 전 세계는 아니더라도, 적어도 미국에서는 최고의 법원으로 평가받고 있다. 그 판결은 가장 현명하고 최고로 개명開明한 것으로 여겨진다. 그 구성원은 칭송받는 법조계의 모범이며, 섬세한 법적 논리뿐만 아니라 추상적인 정의를 훌륭하게 다루는 방법에도 정통해 있다. 그 권한 또한 방대하다. 단 한 표 차이로 아홉 명의 법관은 시장, 지사, 주 의회, 대통령 그리고 미국의 나머지 모든 법관이나 법원이 내린 결정을 뒤집을 수 있다. 심지어 연방헌법과 수정조항에 직접 표명된 인민의 의지조차도 연방 대법원이 헌법의 문언

1_미국의 법원 체계는 연방 사안을 다루는 연방 법원과 주 사안을 다루는 주 법원으로 이원화되어 있다. 연방 법원은 1심인 연방 지방법원(federal district court), 2심인 연방 항소법원(federal court of appeal), 3심인 연방 대법원(U.S. supreme court)으로 되어 있다.

을 '해석'함에 따라 무효화될 수 있다. 검은 법복을 걸친 아홉 명의 그 거룩한 손바닥 위에 국가의 모든 기구가 놓여 있다.

그러므로 이런 현인들이 내린 결정은 어떤 비판이나 조롱의 대상이 될 수 없는, 인간이 내리는 가장 강력한 결정이라고 모든 사람이 생각하는 것은 당연한 일이다. 설령 법이 잘 훈련된 폐쇄적인 언어의 곡예사 집단이 수행하는 현란하고 부적절한 말의 조작으로 전락한 것이 사실이라 하더라도, 저 높은 연방 대법원에 의해 주어지는 법은 분명히 더 이치에 닿고 실질에 부합할 것이다. 설령 대다수의 실무 변호사와 하급 법관들은 자신들이 배우고 써먹는 법이 사이비 과학의 사술이 아닌 논리의 과학이라고 주장하면서 일반 대중과 스스로를 기만하고 있는 것이 사실이라 하더라도, 분명 아홉 명의 최고 장인들이 펼치는 논리에는 구멍이 거의 없을 것이며, 그들의 결정에 담긴 지적 갑옷에는 빈틈이 거의 없을 것이다.

그러나 만약, 연방 대법원이 수행하는 엄숙한 법적 주문incantation 역시 모호한 의미의 장황한 언어에 기반을 둔 공허하고 부적절하며 비논리적인 합리화에 불과하다는 사실이 드러날 수 있다면, 모든 국민은 법 전체가 해로운 말장난에 불과함을 깨달을 수 있을 것이다.

실질적으로 연방 대법원에 도달하는 모든 사건(연방 대법원으로 사건이 회부되려면 세 개 내지 네 개의 하급 법원을 차례로 거쳐야 하고, 그 시간은 때로는 수년이 걸리기도 한다)은 세 가지 종류 가운데 하나다.[2] 첫째, 서로 다른 주의 사람이나 회사가 관련되었다는 점만 아니면 평범한 사건이 있다. 아이오와 주의 어떤 농민이 시카고의 식육 포장 공장에

돼지를 팔기로 계약을 했는데, 그 계약 조항을 둘러싸고 다툼이 벌어졌다. 캘리포니아 주에 살던 여행자가 미시시피 주에서 보행자를 치었다. 뉴욕 주의 신문이 버지니아 주에 사는 신사의 명예를 훼손하는 기사를 실었다(그리고 그 신사는 권총보다 변호사를 선호했다). 이와 같은 사건들이다.

대개 이런 사소한 사건은 주 법원에서 처리되는 것이 상례다. 만약 그 농부가 돼지를 디모인Des Moines[3]에서 팔았거나, 조심성 없는 운전사가 이웃 주민을 치었거나, 뉴욕 주의 신문이 사교계park avenue[4]에 갓 데뷔한 여성에 대한 기사를 실었다면, 미국변호사협회라도 사건을 연방 대법원으로 가져갈 수는 없다. 그러나 건국 초기에는 여러 가지 사정 때문에 주 법원이 자기 지역민과 다른 주 거주민 사이의 분쟁을 다룰 때 자기 식구는 더 챙기고 이방인은 홀대하리라고 여겨졌다. 그래서 서로 다른 주의 소송 당사자가 관련된 분쟁은 연방 법원에서 심리하는 것이 가능하도록 연방헌법에 규정을 두었다.[5] 그리

2_연방 (대)법원은 연방과 관련된 사안을 다루는데, 구체적으로는 헌법, 연방 법률, 조약의 위반 사건, 해사 사건, 국가 상대 소송, 주 정부가 당사자인 사건, 서로 다른 주의 주민 간의 사건, 외교 사절 및 영사에 관한 사건을 다룬다. 이 가운데 이 장에서는 서로 다른 주의 주민 간의 사건, 연방 법률 위반 사건, 헌법 위반 사건이 논의된다.

3_아이오와 주의 주도(州都).

4_원래는 뉴욕 맨해튼에 있는 큰 도로의 이름이지만, 통상적으로 미국의 상류 사회, 사교계를 상징하는 표현이다.

고 연방 법원에서 심리할 수 있는 사건은 연방 대법원으로 올라갈 수 있다. 법률가들은 이렇게 주 법원의 손에서 특정한 분쟁을 가져오는 권한을 주적상이州籍相異, invoking diversity of citizenship의 적용[6]이라고 고상하게 말한다.

연방 대법원은 이런 종류의 사건을 다룰 때, 다른 법원과 마찬가지로 '약인'이나 '기여과실'contributory negligence[7]과 같은 추상적 개념을 흥겹게 주고받으며, 공허한 일반 원칙을 적용해 구체적 사건에 대한 해답을 찾으려 한다. 그런데 이런 종류의 사건을 기준으로 연방 대법원을 조사하고 판단하는 것은 사실 적절하지 못하다. 먼저 첫 번째로, 이와 같은 사건들은 연방 대법원이 다루는 사건 가운데 중요성이 가장 낮은 것들이다. 더욱이, 이런 사건들의 처리에서 연방 대법원은 대체로 과거의 유사한 사건에서 주 법원에 의해 제정된 법을 따라야 하는 제약에 놓인다(물론 이 같은 제약은 연방 대법원이 스스로 만든 것이다). 다른 말로 하면, 연방 대법원은 그저 주의 법이 올바로 적용되었는지를 살피기만 한다. 연방 대법원에 회부되는 사건 중 대법원이 실

5_연방헌법 제3조 2절 1항.

6_이주민간소송(異住民間訴訟) 관할권이라고도 한다. 서로 다른 주에 살고 있는 주민 사이에 벌어진 사건은 연방 법원의 관할이 된다는 원칙이다.

7_피해의 발생에 피해자의 기여나 과실이 있는 경우, 피해자는 손해배상을 받을 수 없게 되는 영미법상의 법리.

제로 주도권을 갖는 사건은 다른 두 가지 종류의 사건이다(사회적으로 유명하고 실제로도 중요한 결정들은 그 대부분이 여기에 포함되어 있다).

연방 대법원에 정기적으로 도달하는 두 번째 종류의 사건은 연방 성문법의 의미를 둘러싼 다툼과 관련된 사건이다. 물론 법률 제정은 오직 연방의회의 몫이며, 따라서 연방의회는 자신이 무엇을 명령하고 금지하는지를 명확히 밝히는 게 당연하므로, 법원이 군이 나서서 사람들에게 법률의 의미가 무엇인지를 알려 줄 필요는 없어 보일 수 있다. 그러나 첫 번째 문제점은 이런 제정법들이 언제나 법률가에 의해, 의회 내에서 혹은 의회 밖에서 서술되므로, 그 장황한 의미를 해석하는 작업에 다른 법률가들의 도움이 자주 필요하다는 점이다. 그리고 다른 법률가들이 의견을 달리할 때(그들은 분쟁 당사자들로부터 각기 돈을 받기에 이런 일이 늘 발생한다), 법원이 나서서, 특히 연방 대법원이 나서서 두 번째 그룹의 법률가(의회에서 제정한 법률의 의미를 두고 서로 다투고 있는)에게 첫 번째 그룹의 법률가(의회에서 법률을 제정한 법률가들)가 법률을 제정할 때 무엇을 의도했는지 알려줄 필요가 있다.

덧붙여, 앞선 장들에서 언급했지만, 또 다른 문제점이 있다. 보통 사람들이 보기에, 제정법의 의미가 분명하고 확실하다 하더라도, 법원이 불현듯 등장해 그 문구가 완전히 다른 의미를 갖고 있다고 말하지 않으리라고 확신해서는 절대로 안 된다. 연방 대법원도 예외는 아니다. 그들은 클레이튼법의 제20조가 문자 그대로 아무 의미도 없다고 말했다. 연방 대법원은, 법률의 일부 구절이 위헌으로 선고된다 해도, 나머지 부분은 계속 효력을 가진다고 규정한 거피석탄법의 조항을 정반대로 해석했다. 그리고 그 밖의 수없이 많은 사례에서 연방 대법원은 미국의 제정법을 '해석'해 그 의미를 난도질해 왔다.

예를 들어, 연방의회가 처음으로 사망 시의 돈이나 재산의 이전에 대해 과세하는 상속세법estate tax[8]을 통과시켰을 때, 부자들은 어떻게 하면 죽기 전에 재산을 증여하지 않고도 세금을 피할 수 있는가를 알기 위해 변호사들에게 달려갔다. 부자들에게 제시되고 활용된 가장 보편적이고 효과적인 책략은, 그의 재산을 신탁 — 길고도 복잡한 법적 절차를 거쳐 누군가에게 재산 관리를 위탁하는 것을 의미한다 — 한 뒤, 재산에 대한 다양한 권한을 계속 보유하는 것이었다. 먼저 그는 재산을 언제라도 되돌려 받을 수 있는 권리를 계속 보유할 수 있다. 아니면 이 권리를 포기하고 대신 보통 채권이나 주식의 형태를 취하고 있는 재산에서 나오는 수익을 생전에 지속적으로 취득할 수 있다. 또한 그는 재산의 관리를 지시할 권리, 혹은 자신이 사망할 때 그 권리를 누가 취득할 것인지 말할 수 있는 권리를 가질 수 있다. 아무튼 이 책략은 그가 법적으로는 재산을 더 이상 '소유'하고 있지 않으므로(법적으로는 수탁자가 그를 위해 재산을 '소유'한다), 그가 사망 시에 자신의 권리[사실상 그 재산를 아내나 자녀에게 물려주더라도(수탁자에게 그렇게 지시하더라도) 세금이 부과되지 않는다는 것이었다.

8_1916년, 제1차 세계대전 참전으로 인한 세수의 부족을 메우고자, 미국의 연방의회가 통과시킨 최초의 상속세법.

그러나 의회는 처음부터 이런 꼼수를 내다보고 있었으므로 상속세법에 법률적이긴 하지만 비교적 알기 쉬운 문구의 특별 규정을 작성해 두었다. 이 규정은 '사망 시에 점유 또는 향유享有의 효과를 발생시킬' 모든 재산의 이전은, 유언서 작성과 같은 [유산 상속의] 일반적인 방식을 취하지 않더라도, 상속세의 부과 대상이라는 것이었다. 그리고 곧바로 어떤 문제가 연방 대법원에 제기되었다. 누군가가 생전에는 수익을 자신에게 지급하고, 자신이 사망하면 아들에게 넘기라고 수탁자에게 명령하면서 맡긴 재산이 상속세의 부과 대상이 될 수 있는가 하는 문제였다.

이는 확실히 의회가 얘기했던 바로 그 상황인 듯 보였다. 문제의 당사자는 자신의 수익과 배당을 죽을 때까지 향유할 권리를 계속 갖고 있었다. 자식은 아버지가 죽어서 재산을 넘겨받을 때까지는 주식과 채권의 냄새를 맡을 권리조차 없었다. 자식의 입장에서 보자면, 아버지가 죽을 때까지는, 그 재산에 대한 자신의 '점유와 향유'의 '효과가 발생'하지 않았다.

그러나 제정법에 대한 '해석'과 적용을 문의 받은 연방 대법원은, 실질적으로는 전혀 그렇지 않다고 말했다. 먼저 우리[연방 대법원]는 세법을 납세자에게 유리한 방향으로 엄격히 해석해야 한다는 일반 원칙을 갖고 있다. 물론 우리는 문구가 통상적이고 널리 인정된 의미로 읽혀야 한다는 법률 해석의 또 다른 일반 원칙도 갖고 있지만, 연방 대법원은(짐작건대, 연방 대법원은 '향유'가 '향유'를 의미한다는 것을 부인하는 것에 전혀 개의치 않았던 것으로 보인다) 첫 번째 원칙을 더 중시한 것으로 보인다. 여러 주 법원에서 자기들 주의 상속세법에 있는 동일한 문구를 지금 사안과 같은 형태의 재산 이전에 적용했다는 사실(주 법원들은 거의 만장일치로 그렇게 해왔다)이 우리를 구속하지는 않는다. 마지막으로 상속인(죽은 사람)이 생전에 재산에 대한 자신의 권리를 완전히 포기했다는 강력한 사실이 있다(법에 따르면 당연히 그렇다. 그러나 의회가 언급한 것은 법적 권리가 아니라, 향유 효과의 발생이었다). 어쨌든 아홉 명의 현인은, 탈세 전략이 통했다고 결정했다. 이 경우는 상속세법에 해당되지 않는다. 세금은 없다.

결정이 내려진 그날 바로 반환이 이루어졌다. 같은 날 연방의회는 제정법을 수정해 신탁자가 죽을 때까지 수익을 얻는 재산의 이전에는 특히 상속세법이 적용되도록 했다. 당연히 두 명의 조세 변호사가 잔뜩 기대를 품고, 최소한 어떤 조건하에서는, 이 조항의 의미가 쓰인 것과 다르다고 해석해 주도록 연방 대법원에게 요청했다. 그러나 이번에 연방 대법원은 세금을 인정했다. 이번에는 앞서 말한 제정법 해석의 두 번째 원칙이 첫 번째 원칙보다 중시되었다.

연방 대법원이 성문법을 '해석'하는 또 다른 사례로, 아직도 제정법령집에 존재하는, 오래된 의회 제정법congressional statute이 있다. 그 법률은 연방세의 징수가 '어떤 법원'에 의해서도 금지(금지란 물론 어떤 행위를 하지 못하게 하는 법원의 명령을 의미할 뿐이다)될 수 없다고 말했다. 그 취지는, 옳고 그름을 논외로 한다면, 과다한 금지 소송으로 인한 연방 세입 징수의 지체를 방지하는 데 있었다. 즉 설령 개인이나 회사가 세금이 너무 많거나 가혹하거나 위법적이라고 생각한다 해도, 일단 세금을 낸 후 반환 소송을 걸도록 되어 있었다. 분명 그 제정법은 아주 짧고, 무뚝뚝하고, 간단해서 어떤 상식이 있는 사람이나 비법률가라도 그 뜻을 오해할 수는 없었다. 그러나 아주 기묘하게도, 오늘날 연방 정부의 새로운 과세에 저항하는 가장 보편적인 방법은 금지 청구 소송이 되었다. 연방 대법원은, 법의 추상 원칙에 비추어 그 제정법을 '해석'하는 과정에서, 법률에 너무나 많은 예외를 붙인 나머지 예외가 몽땅 법률을 뒤덮고 말았다.

이와 같은 예는 끝도 없이 들 수 있다. 연방 대법원이 연방의회와 세상을 향해 연방의회에서 제정한 법률의 참된 의미를 밝히고자 할 때, 그들은 오직 천상에서 내려온 추상적인 법적 원칙의 제한만을 받기 때문이다. 연방 대법원의 '해석'이 제시된 이후, 연방의회가 할 수 있는 일은, 이번에는 [다시 새롭게 작성되어 통과된 법안에] 사용된 법률 용어의 의미에 대한 의회와 연방 대법원의 견해가 같아지기를 빌면서 참을성 있게 법률을 수정하는 일 뿐이다.

그러나 세 번째 종류의 사건이 연방 대법원에 회부될 때에는, 법원의 결정이 내려진 후 우회할 방법이 없다. 이런 결정에 대해서는 이를 테면 헌법을 바꾸거나, 연방 대법관을 교체하거나, (가장 어려운 일인) 재판관의 마음을 되돌리지 않고는 어떤 우회로도 없다. 세 번째 종류의 사건(가장 중요한 사건이기도 한)은 누군가가 주 법률이나 연방 법률(혹은 그와 같은 법에 입각한 어떤 행동)이 연방헌법을 '침해'했다고 주장하는 모든 분쟁을 다루는 사건이다. 여기서 연방 대법원은 최종 발언권을 갖는다. 이런 사건에서 연방 대법원의 결정과 발언은 '헌법률'로 알려진 법의 신성 영역을 형성한다.

실용적이거나 비법률적인 관점에서 간단히 말하자면, 헌법률이란 연방 대법원이 연방의회나 주 의회에 "그 제정법을 시행해서는 안 된다"라고 말하거나, 연방 정부나 주 정부나 행정 부서에 "그 규칙을 집행해서는 안 된다"고 말한 모든 사례들의 목록으로 이루어진다. 연방 대법원이 "할 수 있다"라고 허락 한 사례는 중요하지 않다. 이런 경우는 연방 대법원이 사실상 아무런 말도 하지 않은 것과 같다.

그리고 오직 행정부 혹은 행정부의 업무를 수행하는 사람만이, 헌법률을 위반했다는 이유로 법원으로부터 볼기짝을 맞을 수 있다는 사실을 알아 둘 필요가 있다. 연방헌법은 일정한 한계 아래에서 언론의 자유를 보장한다. 그러나 손을 뻗어 남의 입을 틀어막는 사람은, 가벼운 폭행이나 구타의 죄목으로 기소될 수는 있어도, 헌법률 위반의 혐의를 받는 것은 아니다. 그러므로 헌법률이란 연방 통치 기구의 구성원에 지나지 않는 연방 대법원이 (이는 많은 이들이 간과하는 사실이다) 연방헌법의 이름으로 정부의 특정한 행위에 가하는 제약들을 다루는 것이라 할 수 있다. 좀 더 법률적인 의미에서 말하자면, 헌법률이란 단지 자신이 부과한 속박을 설명하고, 정당화하고, 변명하기 위한 연방 대법원의 누적된 시도들에 불과하다.

헌법률 이론의 기본 골자는 단순하고 소박하다. 헌법률 이론에 따르면 어떤 의회, 주, 시, 읍, 면에서 헌법에 어긋나는 법률을 제정한다면, 그 법률은 애초에 제정되지 않은 것과 다를 바 없다. 그 법률은 무시되어야 하고, 유효하지 않고, 위헌이다. 그런데 법률을 위헌으로 판단할 권한이 누구에게 있는지의 문제에 이르면, 얘기는 간단하지가 않게 된다.

왜냐하면 별로 알려지지 않은 사실이지만, 헌법의 어디에서도 그와 같은 권한을 연방 대법원에 부여하지 않았기 때문이다. 초기의 연방 대법원은 적어도 주州 법률에 관해서는 그와 같은 권한을 주장했는데, 연방의회와 대통령 모두 주 법률을 견제하는 성가신 일을 떠맡으려 하지 않았으므로 반론은 별로 제기되지 않았다. 반면 의회와 대통령에게 연방 법률이 위헌이라고 말하는 것에 대해서는 연방 대법원도 매우 조심스러워 했다. 건국 후 첫 60년 동안 연방 대법원이 의회에서 제정한 법률이 부적절하다고 제 목소리를 낸 것은 단 한 번뿐이었다.[9] 연방 대법원이 정부의 나머지 두 부서에 그들이 통과시킨

9_1803년의 마베리 대 매디슨(Marbury v. Maddison) 사건을 통해 연방 대법원의 위헌법률 심사권이 확립되었다. 마베리 대 매디슨 사건은 현대 위헌법률 심사제의 기원이기도 하다. 당시 미국은 연방파(federalist)와 공화파(republican)가 대립하고 있었는데, 1800년 선거에서 공화파가 승리해 공화파의 토머스 제퍼슨(Thomas Jefferson)이 대통령으로 당선되었다. 이에 대해 당시 의회를 장악하고 있던 연방파는 법원조직법을 개편해 즉시 연방 법관을 임명하고자 했는데, 이는 새로운 대통령이 법관을 임명하지 못하도록 하는 데 목적이 있었다. 그리고 당시 대통령이었던 2대 존 애덤스(John Adams) 대통령은 법원조직법에 따라 임기 종료 하루 전인 1801년 3월 2일에 42명의 연방파 판사를 임명했다. 그러나 새 대통령 제퍼슨의 지시에 따라 국무장관이었던 매디슨이 신임 법관의 임명 사령을 보류했고, 이에 대해 신임 판사인 마베리(Marbury) 외 세 명이 법원에 임명장 교부를 청구하는 소송을 걸었다. 그러나 연방 대법원은 법원조직법이 헌법에 어긋나므로 임명장 교부는 무효라고 판결했다. 연방헌법에는 연방 대법원의 위헌법률 심사권과 관련한 규정이 없었으나 연방 대법원은 스스로 그런 권한을 주장했던

법안이 헌법에 위배된다고 통보하는 관습은 20세기에 와서야 완전히 꽃을 피울 수 있었다. 대통령과 의회 또는 이 두 부서가 공동으로 연방 법률이 헌법을 위반하는가 여부를 결정할 권한이나 능력을 아홉 명의 현인만큼 갖고 있는지 여부를 두고는 아직도 논쟁이 계속되고 있다.

아무튼 관습을 인정해, 최종 권한이 연방 대법원에게 귀속된다 하더라도, 의문은 남는다. 즉 과연 연방 대법원은 주 법률과 연방 법률의 위헌 심사 여부를 가리는 이런 막대한 권한을 올바르게 행사해 왔을까? 그들의 위헌 결정은 논리학의 전범이 될 만하고, 정치력을 충분히 발휘하며, 정의에 부합해 왔을까? 말하자면, 법의 그 추상적인 개념들, 애매모호한 말들, 좌충우돌의 원칙과 절연해 왔을까?

연방헌법 가운데는 명료한 언어로 쓰여 누구라도, 심지어 비법률가라도, 그 뜻을 오해할 수 없는 부분들이 있다. 예컨대 미국은 그 어떤 작위도 수여하지 않는다는 조항이 있다.[10] 상원 의원의 임기는 6년으로 한다는 조항이 있다.[11] 주 정부는 화폐를 주조할 수 없다는 조

것이고, 그것이 미국과 전 세계의 현대적 위헌법률 심사제의 기원이 되었다. 그러나 연방 대법원은 그 이후 위헌법률 심사권을 행사하지 않다가, 1856년의 드레드 스콧 대 샌포드(Dred Scott v. Sandford) 사건에서 50여 년 만에 위헌 심사권을 행사한다.

10_연방헌법 제1조 9절 8항.

11_연방헌법 제1조 3절 1항.

항이 있다.[12] 만약 의회가 찰스 린드버그[13]를 육군 대령이 아니라 공작으로 추대하는 투표를 하거나, 상원 의원의 임기를 8년으로 하는 법을 통과시키거나, 오클라호마 주 의회가 조폐국을 만들어 은화의 주조를 개시하는 법률을 만든다면, 그런 모든 법률은 의심의 여지 없이 위헌이다. 이런 문제에 대해서는 연방 대법원의 조언이 거의 필요하지 않다. 제아무리 아둔한 사람이라도 올바른 대답을 할 수 있다.

이렇게 평이하게 쓰이지 않은 다른 부분도 있다. 모호한 법률 용어를 사용하거나 혹은 작성할 당시에는 상당히 명확했던 단어가 그 의미를 법률적으로 곱씹는 과정에서 흐릿하게 변한 부분도 있다. 헌법률이 실제로 구축되는 것은 이런 부분 — 그리고 동시에 문서의 어디에도 쓰이지 않은 부분 — 에서다.

변호사가 연방 대법원 앞에 나타나 주 제정법을 위헌으로 선언해 달라고 요청하는 경우, 그의 요청이 수정헌법 제14조에 근거를 두고 있다면 승소 확률은 언제나 10퍼센트가 넘는다. 그 확률은 그의 요청이 이 가장 긴 수정 조항의 다섯 절 중 한 절의 작은 문구[14]에 기초한

12_연방헌법 제1조 10절 1항.

12_연방헌법 제1조 10절 1항.

13_찰스 린드버그(Charles Augustus Lindbergh, 1902~74). 대서양 횡단 비행(1927년)을 단독으로 성공한 미국의 전설적인 비행사.

14_수정헌법 14조의 1절의 '적법절차'(due process of law) 조항이다. 그 내용은 다음과 같다. "어떤 주도 정당한 법의 절차에 의하지 아니하고는 어떤 사람으로부터도 생명, 자유, 또는 재산을 박탈할 수 없다." 이 조항은 인권 보장의 보루로 여겨지고 있으나, 해당 조항에 대한 연

다면 더욱 높아진다. 다시 말해, 만약 변호사가 문제의 그 제정법이 그의 고객에 대해 '적법절차에 의하지 않은 재산권의 박탈'을 행했다고 주장한다면, 그 변호사가 승소할 확률은 높아진다.

이것은 헌법률의 대부분이 이 작은 조항을 중심으로 주 법률에 적용되거나 연방 대법원에 의해 제정되기 때문이다. 이 하나의 문구를 근거로 연방 대법원은 기업과 기업가에 대한 주 정부의 과세나 규제를 수도 없이 가로막아 왔다. 실제로, 오늘날 주 정부가 이런 종류의 법률을 제정할 때마다 그 법률이 "수정 제14조의 적법절차 조항을 위반하고 있다"는 법적인 울부짖음이 매번 연방 대법원에게 전달되고 있다.

그렇다면 그들의 공식적 해석에 따르면 대체 그 작은 구절의 의미는 무엇인가? 언제는 재산의 박탈이고 언제는 재산의 박탈이 아닌가? 확실히 어떤 면에서 모든 세금은 재산의 박탈이다. 그러나 완벽하게 합법인 주 정부의 세금도 있다. 그렇다면 '적법절차'라는 사랑스럽고 해맑은 율법에 담긴 의미란 무엇일까?

이런 질문에 답을 주고자 연방 대법원은 — 매우 놀랍게도 — 일련의 원칙을 발전시켜 왔다. 주 경찰권police power[15]의 정당한 행사에

방 대법원의 자의적인 해석과 적용으로 말미암아 다양한 비판을 낳고 있다.

15_일반 복지, 공중도덕, 보건, 치안의 유지와 향상을 위해 특정 행위를 금지하거나 명령할 수 있는 주 정부의 권한을 의미한다. 일반적으로 연방 정부에게는 주 정부의 그것과 같은 경찰권

속하는 규제는 합헌이고, 그렇지 않은 규제는 적법절차의 위반이 되어 위헌이라는 일반 원칙이 있다. 공공의 이익에 영향을 끼치는 사업은 대체로 규제할 수 있으나 영향을 썩 끼치지 않는 사업에 대한 규제는 적법절차를 거치지 않은 재산의 박탈이라는 일반 원칙이 있다. 주 정부가 관할권을 가진 사안에 대한 세금 부과는 정당하나 관할권을 갖지 않는 것에 대한 세금 부과는 적법절차를 거치지 않은 재산의 박탈이라는 일반 원칙이 있다.

물론, 단지 주의 경찰권이란 무엇이고, 공공의 이익에 영향을 끼치는 사업은 무엇이며, 주에 관할권이 있는 과세가 무슨 뜻인지에 관해서만도, 사안별로 저마다의 기나긴 이야기가 존재한다. 여기에는 하위 원칙과 하위-하위 원칙과 예외가 있다. 그리고 당연히 헌법에는 '경찰권'이나 '공익과 관계된 사업' 혹은 '주의 관할권'에 대해 단 한 마디도 쓰여 있지 않다. 그러나 이런 사실이 연방 대법원이 그런 개념들을 헌법률의 기초로 삼는 일을 가로막지는 못한다. 미국의 최고법을 제정하는, 나라의 가장 높이 위치한 연방 대법원조차도 근엄한 단어로 구성된 똑같은 말장난(본질적으로 아무 뜻도 없는)을 **뻔뻔한** 얼굴로 반복한다.

이런 비난이 너무 지나친 것으로 들린다면, 어떤 연방 대법관이

은 없는 것으로 여겨지고 있다. 단, 연방정부는 군대, 연방정부 소유 토지(국립공원 등), 아메리카 원주민 보호구역, 미국의 수도인 워싱턴 D. C.에 대해서는 경찰권을 가진다.

수정헌법 제14조의 작은 문구에 대한 동료 대법관들의 남용을 지적한 내용을 한번 생각해 보라. 여기 홈스 판사의 발언을 소개한다.

> 수정헌법 제14조를 근거로, 내가 주들의 헌법적 권한이라고 믿는 것을 제한하려는 시도가 계속 증가하는 경향에 대해 나는 우려를 금할 수 없다. 왜냐하면 지금 내려진 결정에서 이 법원의 다수가 주의 권한을 바람직하지 않은 이유로 무제한적으로 제약하고 있기 때문이다. 당연히 '적법절차'의 문구는 그 문언적 의미에 비추어 봤을 때 이 사안에 적용되지 않는다. 우리는 수정헌법 제14조가 법원에 주법의 유효성을 임의대로 판단할 권한을 줬다고 해석하는 것에 대해 좀 더 신중할 필요가 있다.[16]

법이 모호하고 부정확할 때 법관 개인의 편견이 작용할 위험성을 경고한 홈스 대법관의 이 짧은 발언은, 언제나 그렇듯이, 소수 의견이었다. 그러나 그가 "적법절차의 문언적 의미"를 언급한 것은 어떤 의미에서 였을까? 수정헌법 제14조의 그 작은 문구가, 연방 대법원에 의해 부풀려져 엄청난 의미를 획득하기 이전에는 원래 어떤 의미였을까? 이것은 꽤나 흥미로운 이야기다.

수정헌법 제14조는 남북전쟁이 끝난 직후 흑인의 시민권을 보호하기 위해 연방헌법에 추가된 세 가지 수정 조항 가운데 하나였다.[17]

16_1930년의 볼드윈 대 미주리 주(Baldwin v. Missouri) 사건에서 홈스 대법관의 의견이다.

그 조항의 다섯 절 중 첫 번째는 과거 노예였던 자에 대한 박해의 방지를 목적으로 한 명령을 담고 있었다. "어떤 주도 적법한 절차에 의하지 않고서는 누구로부터도 생명, 자유 또는 재산을 뺏을 수 없고……." 그러나 이 조항에 쓰인 문구는 그 전의 헌법 조항에도 나타난다.

이 문구는 권리장전Bill of Right[18]의 일부인 수정 조항 제5조에 등장한다. 제14조가 제정되기 77년 전, 수정 조항 제5조는 다음과 같이 선언했다. "누구든지 형사사건에서 자기에게 불이익한 진술을 강제당하지 않고, 또 적법한 절차에 의하지 않고 생명, 자유 또는 재산을 박탈당하지 아니하고……." 다만 제5조는 연방 정부만을 규제하는 것으로 간주되었기에, 주 정부에 대한 동일한 규제를 제14조에 신설

17_1820년, 미국의 남부와 북부는, 자유주와 노예주를 상호 인정하는 소위 '미주리협정'을 체결한다. 그러나 연방 대법원은 1857년의 드레드 스콧 대 샌포드 사건에서 미주리협정이 노예 소유주의 '사유재산권'을 침해하므로 위헌이라고 판정했고, 이 판결이 도화선이 되어 미국은 남북전쟁으로 돌입한다. 남북전쟁에서 승리한 북부는 미국에서 태어난 모든 사람에게 시민권을 주는 민권법(Civil Right Act)을 1866년에 제정했고, 수정헌법 14조로 이를 다시 못을 박았다. 드레드 스콧 사건은 미국 사법 사상 최악의 판결로 여겨지고 있다.

18_미국의 연방헌법은 1789년 제정된 원문 헌법과, 그 이후 추가된 수정 조항(amendments)으로 이루어져 있다. 수정 조항 가운데 1791년 제정된 1조부터 10조까지의 조항을 권리장전이라 한다. 1794년 처음 추가되어 현재까지 이어지는 27개의 조항들을 수정헌법(amendments to constitution)이라고 부른다. 권리장전의 취지는 연방 정부의 권한을 제한해 시민의 자유와 권리를 증진하는 데 있었다.

할 필요가 있었다.

그렇다면 과연 '적법절차'가 의도한 바는 무엇이었을까? 왜 그 문구가 누군가를 그 자신에게 불리한 형사 법정에 세우지 못하도록 하는 금지 조항과 결부되었을까? 그것은 어떤 우연이 아니었다. 왜냐하면 '적법절차'란 연방 대법원이 그와 관련된 일반 원칙을 구축하기 전까지는 '적절한 절차' 이상의 복잡한 의미가 없었기 때문이다. 그리고 생명, 자유, 재산에 대한 적법절차 없는 박탈이란 오직 적절한 재판을 거치지 않고 교수대에 걸리거나(생명의 박탈), 투옥되거나(자유의 박탈), 벌금을 부과받는(재산의 박탈) 것을 의미했다.

따라서 '적법절차' 조항은 원래 오직 '형사사건'에만 적용되기 위해 의도된 것이었다. 주 의회에서 정당하게 통과되고, 주지사의 서명을 거친 뒤, 법관에 의해 그 규정이 적용되는, 세금이나 사업 규제와 관련된 어떤 비형사적인 제정법이, '적법절차를 밟지 않은 재산의 박탈'이 될 수 있다는 생각은 과거의 법원에서는 조롱거리였을 것이다. 그러나 연방 대법원은 이상한 생각에 근거한 한 덩어리의 헌법률을 구축해 주 정부에 적용해 왔다. 대법원은 원래는 분명하고 명확한 의미를 지녔던 헌법조항을 가져와 전혀 알아볼 수 없을 정도로 비틀어서, 헌법의 어디에서도 찾아볼 수 없는 공허한 일반 원칙들에 끼워 넣은 뒤, 그 조항과 그 원칙들을 독단적으로 떠들어 대며 주 법률을 내던지거나 지지하는 근거로 삼았다.

그러나 헌법률의 시시하고 엉성한 논리가 소위 '보수적인' 방식으로만 작동한다고 추측해서는 안 된다. 물론 연방 대법원이 수정헌법

제14조의 '적법절차'에 '위배'된다고 나무라는 대부분의 주 법률은 최저임금법, 노조 활동을 보호하는 법률, 공익 요금 규제 법률, 상속세와 소득세의 형태와 용도를 정한 법률, 기타 기업 활동의 규제와 관련된 법률과 같은 진보적인 조치들인 것은 사실이다. 그러나 앞서 언급했듯이, 법이라는 언어의 마술은 사회적 한계를 알지 못한다. 헌법률의 비논리성과 부적절함은 진보적인 방향으로도 발휘될 수 있다.

예를 들자면, 대부분의 사람들이 의식하지 못하지만, 헌법 어디에도 언론, 출판, 종교, 집회의 자유를 주 정부로부터 보호한다는 문구는 없다. 이런 시민적 자유에 대한 헌법 전체의 유일한 언급은 수정 조항 제1조에 있다. 수정 조항 제1조가 이야기하는 내용은 다음이전부다. "연방의회는 종교 창시의 자유, 종교 행위의 자유, 언론 출판의 자유, 평화롭게 집회할 자유, 정부에 청원할 자유를 제한하는 법률을 제정하지 못한다."

그러나 거의 모든 사람이 알고 있듯이, 연방 대법원은 때때로 주 법률이나 시 조례에 의한 침해로부터 시민적 자유를 보호해 왔다(시는 법적으로 주의 하위 조직으로 여겨지므로, 동일한 헌법적 금기의 지배를 받는다). 루이지애나 주의 제정법에 따라 야권 성향의 신문을 압박하고자 한 휴이 롱[19]의 시도는 연방 대법원에 의해 위헌으로 판단되었다.

19_휴이 롱(Huey Pierce Long, 1893~1935). 1928~32년까지 루이지애나 주지사를 역임했다. 주
　　지사를 역임한 뒤 '부를 나눠 갖자!'라는 인민주의적인 정책을 추진해 전국적 인기를 얻고 민

저지 시Jersey City의 조례에 의해 언론의 자유를 억압하고자 했던 프랭크 헤이그[20] 시장의 의도도 마찬가지 꼴을 당했다. 왜 위헌인가? 이런 조치를 취한 것은 분명 의회가 아니었지 않은가? 그 답변은 다시 한 번 수정헌법 제14조의 적법절차 조항에 있다. 법원은 이런 법률이 사람들의 자유를 적법절차 없이 박탈했다고 말했다. 취지는 의심의 여지 없이 훌륭하나, 헌법 문구의 참뜻에 비추어 봤을 때는 비논리적이고 부적절한 결정이다. 다른 덜 유명한 '적법절차' 사건의 결정과 마찬가지로 말이다.

게다가 시민의 자유를 모든 침해로부터 보호하는 포괄적이고 명백한 문구를 헌법에 작성하는 대신, 주 정부의 침해로부터 시민의 자유를 지키는 일을 대법원의 일반적이고 모호한 원칙과 법 논리에 맡기는 것은 명백히 위험하다. 왜냐하면 법원은 언론의 자유에 대한 주 정부의 어떤 제한은 '적법절차' 조항에 따라 위헌이고, 어떤 제한은 수정헌법 제14조에 위배되지 않는다고 자의적으로 결정할 수 있고

주당의 대통령 후보로 거론되었으나, 한편으로는 각종 비리와 추문에 연루되어 있었다. 대선 출마를 앞둔 1935년 루이지애나 주 의회 건물에서 암살되었다.

20_프랭크 헤이그(Frank Hague, 1876~1956)는 민주당 소속의 정치인으로, 뉴저지에 소재한 저지 시의 시장을 30년 동안(1917~47년) 지냈다. 그는 그 기간에 저지 시의 제왕으로 군림했으며, 막대한 이권을 챙기고 갖은 비리에 연루되었다. 특히 1920년대와 1930년대에 연설과 집회를 크게 제한하는 일련의 시 조례를 제정해 언론의 자유를 억압했다. 그 조례 가운데 일부는 연방 대법원에 의해 위헌 결정을 받았다.

실제로 그렇게 해왔기 때문이다. 법적 규칙의 논리가 엉성하다면 법원은 마음껏 변덕을 부릴 수 있다. 헌법률과 관련된 모든 사건에서 그렇듯이, 법원이 접신을 통해 '지배적인' 원칙의 형태를 갖춘 영혼을 불러내기 전까지는 법원이 무엇을 위헌이라고 선언할지 알 수 없다.

헌법률의 태반이 수정헌법 제14조의 '적법절차' 조항에 따라 신비한 방법으로 주 정부의 권한을 억제하는 데 활용되고 있음에도 불구하고, 그 모囲 조항인 권리장전 제5조는 연방 법률을 위헌으로 결정하는 구실로 그다지 이용되지 않았고, 또 그럴 필요도 없었다. 철도 노동자들은 연방의회의 황견계약yellow dog contract[21] 위법 선언이 철도 회사의 자유와 재산에 대한 적법절차를 거치지 않은 박탈이라는 사실을 배웠을 수 있다.[22] 워싱턴에서 일하는 여성들은 의회의 여성 최저임금법 제정이 그들의 고용주의 재산을 마찬가지의 방법으로 박탈했다는 얘기에 틀림없이 관심을 보였을 것이다.[23] 그러나 철도 노동자와 워싱턴의 여성은 노조원에 대한 차별이나 착취적인 임금이 미국

21_비열계약이라고도 한다. 노동단체에 가입하지 않는 것을 조건으로 하는 고용계약이다.

22_철도 회사의 황견계약을 금지하던 연방 법률(1898년 제정된 어드먼법Erdman Act)이 1908년의 아데어 대 미합중국(Adair v. United States) 사건에서 위헌 판정을 받은 것을 말한다.

23_1918년 연방의회는 컬럼비아 특별구(District of Columbia), 즉 워싱턴 지역에서 여성과 아동의 최저임금을 보장하는 법안을 제정한다. 그런데 연방 대법원은 1923년의 애드킨스 대 소아과병원(Adkins v. Children's Hospital) 사건에서 이 법안이 적법절차를 거치지 않고 계약의 자유를 침해했으므로 위헌이라고 판시했다.

의 권리장전 — 물론 수정 조항 제5조가 들어 있는 — 에 의해 의회의 간섭으로부터 보호받는다는 연방 대법원의 이야기를 듣고 아마 깜짝 놀랐을 것이다.

그러나 연방 대법원이 연방 법률을 위헌으로 결정할 때 애용하는 논거는 심지어 '적법절차'라는 속임수보다 더 복잡하고, 심지어 연방헌법과의 연관성도 더 희박하다. 그 기본 내용은 연방 정부는 연방헌법에서 특별히 해도 된다고 허락하지 않는 이상 어떤 일도 할 수 없다는 것이다. 이 관념은 헌법에 대한 "엄격한 해석"strict construction으로 알려진 것인데, 이것은 연방 정부가 요새 벌이는 일을 싫어하는 사람들을 위한 아주 멋지고 아주 편리한 정치적 구호인 "주들의 권리"states' rights[24]라는 구호와 밀접한 관련을 맺고 있다.

연방 대법원이 엄격[축조] 해석의 원칙(이와는 반대로 헌법에서 특별히 금지하지 않았다면 연방 정부는 어떤 일도 할 수 있다고 하는 '자유[확대] 해석'이 있다)을 지지하는 이유로 흔히 제시하는 주된 근거는 두 개를 꼽을 수 있다. 첫 번째 근거는 헌법 제정자들이 개인적으로 엄격 해석

24_연방 정부보다는 주 정부의 자치적 권한을 더 중시하는 미국의 정치 사조다. 주권주의라고도 한다. 미국은 건국 당시부터 연방주의와 주권주의가 치열하게 대립했다. 상공업 중심의 동부는 연방주의를, 농업 중심의 남부는 주권주의를 주장했다. 이와 같은 대립은 남북전쟁의 단초가 되기도 했고, 그 이후로도 많은 정치적 논쟁의 출발점이 되었다. 특히 연방 정부의 적극적 사회경제 정책에 대한 보수적 대응으로 주 정부 권리의 논리가 자주 활용되었는데, 대공황 당시에도 마찬가지였다.

주의자였고 그들이 헌법을 작성할 당시 연방 정부의 손발을 묶을 의도가 있었다는 것이다. 그러나 모든 역사학자가 알다시피 이는 완전한 헛소리다. 헌법 제정자들은 '주들의 권리'에 대한 공공연한 반대자였고, 될 수 있으면 연방 정부에 많은 권한을 주려고 했다. 그러나 '적법절차' 문구의 악용 사례에서 보듯, 역사적 부정확성과 같은 사소한 사정이 법의 일반 원칙을 방해하는 일이란 있을 수 없다.

법원이 주 권리에 대한 열정적 보호의 근거로 제시하는 두 번째 원칙은 수정 조항 제10조다(수정 조항이 원래 헌법 조항보다 중요하게 보이기 시작한다. 법률가들은 실제로 그렇게 생각한다). 수정 조항 제10조가 말하는 바는 다음과 같다. "이 헌법에 따라 연방에 위임되지 아니하고, 주 정부에 금지되지 않은 권한은, 주 정부나 인민에게 남는다." 여기까지는 괜찮다. 그러나 문제는 남는다. 어떤 권한이 헌법에 의해 연방 정부에 위임되었는가? 이런 질문에 대한 답변은, 제10조 조항에 의해도 모호하고 다른 헌법 조항을 찾아보아도 명확해지기보다는 더 혼란스러워질 따름이지만, 연방 대법원은 제10조 조항을 빙자해 초엄격주의자의 영역으로 들어가는 논리적 재주넘기를 자주 감행해 왔다. 법의 이름, 그리고 헌법 제정자들의 이름으로 말이다.

예를 들어, "연방의회는 연방의 부채를 갚고 …… 일반 복지의 향상을 도모하기 위해 세금, 관세, 소비세 등을 부과할 수 있다"[25]는 헌법 조항(원 헌법 조항이다)이 있다. 법률가들과 법학 교수들과 법관들은 이 조항의 의미에 대한 산더미 같은 논문과 책을 내놓았다. 엄격해석론자는 이 조항을 연방의회는 부채를 갚고 국민의 보편적인 복리를 증진하는 목적을 위해 세금이나 기타 조세를 걷을 수 있다는 의미로 해석한다.[26] 자유 해석론자는 이 조항을 연방의회는 조세를 부과할 수 있으며, 그리고 또한 부채를 갚을 수 있으며, 그리고 또한 복리 증진을 꾀할 수 있다(반드시 세법을 통하지 않고도)는 의미로 해석한다. 당신은 연방 대법원이 과연 어느 편을 들지 충분히 짐작할 수 있을 것이다. 왜? 그 이유는 헌법 제정자들의 뜻이 그랬고(역사적 기록에 의하면 전혀 그렇지 않았다), 제10조 조항의 뜻이 그렇기 때문이다(분명히 이 사안과는 전혀 상관이 없다).

연방 대법원이 최초의 농업조정법Agricultural Adjustment Act[27]을 위헌으

25_ 연방헌법 제1조 8절 1항. 소위 과세 및 지출 조항이라고 불린다. 이 조항에 대해서는 저자가 말하는 것처럼 전통적으로 엄격 해석과 자유 해석이 충돌해 왔다.

26_ 엄격 해석은 이 조항을 열거 조항으로 보는 입장으로, 연방의회의 권한은 이 조항에 나열된 권한에 엄격히 한정되는 것으로 간주한다. 따라서 연방의회의 과세권은 이 조항에 나열된 목적(연방의 일반 복지 증진, 부채 청산 등)을 위해서만 인정되며, 동시에 복지 증진을 위해서는 오로지 과세라는 방법만이 허용된다.

27_ 농업조정법은 1933년에 제정된 뉴딜 법안으로, 농산물의 생산 감소를 통해 그 가격을 높여 농업인의 소득을 증대시키는 데 목적이 있었다. 이를 위해 농업조정법은 농민이 농업을 중단할 경우 휴경(休耕) 보조금을 지급했는데, 그 비용은 농산물 가공업체에 부과한 조세수입에서 충당했다. 그러나 이 법은 1936년 연방 대법원에 의해 위헌 판정을 받는다. 연방 대법원은 위헌 판정의 이유로 다음과 같은 논리를 들었다. "경작 감소를 조건으로 하는 보조금 지급은 연방 정부의 권한을 벗어난 행위다. 왜냐하면 각 주에 거주하는 농민의 경작 감소를 유도하는 것은 주 정부의 권한에 대한 침해이기 때문이다. 연방 정부에 농민의 경작 감소를 도모할 헌법상 권리는 없다." 그런데 상술한 과세 지출 조항은 연방정부가 세금을 걷어서 복리 증진에 쓰는 것을 허용했으므로, 농업조정법에서 과세 수입으로 보조금을 지급하는 것은 헌법을

로 선언한 일은 이런 식의 논증을 극단적으로 확대한 바탕 위에 있었다. 그리고 이 일은 연방 대법원이 과세를 통한 일반적 복지의 제공만을 허용한다는 것을 잘 알았던 연방의회가 농업조정법을 농산품에 과세하는 법으로 제정해 그 세수입을 경작면적을 줄인 농민에게 장려금으로 지급하고자 했음에도 불구하고 벌어졌다. 많은 사람들은 농업조정법이 어리석었다고 생각해 연방 대법원의 결정을 환영했다. 그러나 그들도 법률의 어리석음과 지혜로움을 심사할 권한이 연방 대법원에 있다고는 생각하지 않을 것이다. 그것은 말하자면 연방의회의 몫이다. 법원은 스스로도 수없이 공언해 왔듯이 단지 법률의 위헌 여부만을 결정할 수 있다. 연방 대법원이 보기에, 농업조정법이 위헌인 이유는 다음과 같다.

"그 법은 위헌적 목적의 수행을 위해 연방의 세수입을 썼다." 위헌적 목적이란 무엇인가? "농업인에 대한 연방 정부의 규제다." 농업인에 대한 연방 정부의 규제가 위헌인 이유는 무엇인가? "농업인에 대한 규제는 주 정부의 권리이기 때문이다." 그 이유는 무엇인가? "연방 정부는 애초에 권한이 제한된 정부이고(엄격 해석이다), 건국의 아

위반하는 행위가 아니었다. 즉 이 행위는 헌법에 의해 허용되는 행위였고, 헌법 제10조에 비춰 본다면 이는 주 권리의 부당한 침해가 아니었다. 그러나 연방 대법원은 이 점에 대한 규명 없이 '위헌이므로 위헌이다'라는 식의 동어반복적인 논리만을 펼쳤다. 이는 당시에 큰 논란이 되었으며, 로델은 이를 힘주어 비판하고 있다.

버지들의 생각이 그랬고(아 그랬던가?), 특히 수정헌법 제10조에 따르면 헌법상 연방 정부에 위임되지 않은 권한은 각 주에 유보되어 있기 때문이다." 그런데 헌법 조항에 따르면 일반적 복지의 증진을 위해 조세를 징수하는 것은 연방 정부에 위임된 권한이 아닌가? "인정한다." 그렇다면 비록 당신들이 그 법을 좋아하지 않는다 하더라도 농업조정법은 연방 정부에 주어진 권한의 행사가 아닌가? 당신들은 농부에게 보조금을 지급하는 것이 일반적 복지의 증진 행위가 아니라고 주장하는 것인가? "아니다. 우리에게 일반적 복지 증진이라는 문구의 범위를 결정하고, 세금을 농업 보조금에 사용하는 것이 거기에 해당하는지 판단할 권한은 없다." 아이고 하느님 맙소사, 그렇다면 농업조정법이 헌법이 정한 권한 범위에서 일반적 복지 증진을 위해 세금을 사용한 것이 아닌 이유는 도대체 무엇이란 말인가? "그 법률은 연방에 의한 농민의 규제라고 하는 위헌적 목적을 수행하기 위해 세금을 사용했기 때문이다."

이렇게 연방 대법원은 그 의견에 마지막 부분에서, 법원이 그동안 저질러 온 순환논법의 가장 완벽한 사례를 보여 준 뒤, 다시 처음의 시작점으로 돌아왔다. 그러나 수많은 긴 단어들과 장엄한 법 원칙은 이 순환논증에 깊이와 존경심을 부여했다. 결국, 연방 대법원은 오직 헌법이 의회의 농업조정법 제정을 명백하게 금지하고 있음을 열심히 설명했을 뿐이다. 최소한 법률가들만큼은 이해할 수 있도록.

연방헌법에 의해 연방 정부에 주어진 또 다른 권한은 주간통상을 규제하는 권한이다.[28] 이 권한은 아주 명백하고 확실하게 규정되었기 때문에, 가장 중요한 연방 법률의 상당수가 여기에 근거를 두고 만들어졌다. 그러나 연방 대법원에 헌법률을 제정할 권한이 있다면 그들이 이 꼴을 그냥 두고 보겠는가?

연방의회가 아동노동을 억제하기 위한 목적으로 아동노동을 통해 만들어진 물품의 주간통상을 금지했을 때,[29] 연방 대법원은 이것은 주간통상에 대한 연방의 규제가 아니라고 태연하게 말했다. 그것은 그저 주들의 권리에 대한 예의 불쾌한 침해일 뿐이며 그러므로 위헌이다.[30] 물론 이를 뒷받침하는 '지배적인' 일반 원칙이 당연히 있었다. 의회가 조세 징수권은 적어도 자신의 고유한 권한이라 생각하며 아

28_ 연방헌법 1조 8절 3항은 "외국과의, 주 상호 간의 그리고 인디언 부족과의 통상을 규제"하는 권한을 연방의회에 부여하고 있다. 주간통상 규제 권한은 연방 정부가 주 정부의 사회·경제 정책에 개입하는 수단이 되었다. 20세기에 접어들어 대부분의 상품은 주의 경계선을 넘어 전국적으로 거래 유통되었으므로, 특정 물품에 대한 주간통상 금지는 사실상 해당 물품에 대한 판매 금지와 같은 의미가 있었다. 연방 정부는 아동노동으로 만들어졌거나 법이 정한 노동조건을 지키지 않는 회사에서 만들어진 물품의 주간통상을 금지함으로써 그런 사회경제적 행태를 간접적으로 금지하는 효과를 얻을 수 있었다.

29_ 1916년 제정된 키팅-오언법(Keating-Owen Act)이다. 이 법률은 아동노동으로 만들어진 물품의 주간통상을 금지했다. 구체적으로는 14세 이하의 아동을 고용한 공장, 16세 이하의 아동을 고용한 광산, 16세 이하의 아동이 야간에 일하거나 하루에 8시간 이상 근로하는 시설에서 생산된 제품의 주간통상을 금지했다.

30_ 1918년의 해머 대 대건하트(Hammer v. Dagenhart) 사건에서, 연방 대법원은 연방의회가 각 주에서 행해지는 아동노동의 조건을 규제할 권한이 없다는 이유로 키팅-오언법을 위헌 판정했다.

동노동에 고율의 세금을 부과하자, 법원은 말했다. 그것은 세금이 아니라 규제이며, 따라서 여전히 위헌이다.[31] 이렇게 말함으로써, 연방 대법원은 자신이 이제까지 의회가 앞서와 똑같은 고율의 세금 부과를 통해 주법 은행권 발행,[32] 황색의 올레오 마가린(버터의 대용품이었던)의 판매,[33] 아편을 비롯한 마약의 주간통상을 억제한 것을 허용해 왔다는 사실을 간단히 무시해 버렸다. 아마 그 사건들의 '지배적인' 원칙은 달랐던 모양이다.

연방헌법은 아동노동을 사용할 신성한 권리를 연방 정부의 사악

31_1922년의 베일리 대 드래슬 가구회사(Bailey v. Drexel Furniture Co.) 사건에서, 연방 대법원은 아동노동에 대한 세금은 사실상 규제이므로 연방의회의 권한이 아니라고 판결했다. 이후 1941년의 미합중국 대 다비 목재회사(U.S. v. Darby Lumber Company) 사건에서 대법원은 기존의 결정을 뒤집어 의회의 규제 권한을 인정한다.

32_주 별로 산재되어 있던 당시의 은행 체계를 전국적 체계로 정비하기 위해 제정된 국립은행법(National Bank Act, 1863)의 일환으로, 미국 의회는 주 은행에서 발행한 주법 은행권(state bank note)에 10퍼센트의 세금을 부과하는 법을 1866년에 제정했다. 이로써 각 주에서 화폐로 통용되던 기존의 주법 은행권은 시장에서 사라지고, 그 자리를 국립은행에서 발행한 은행권이 대신하게 되었다. 이에 대해 배아지 은행(Veazie Bank)이라는 주 은행에서 해당 법률이 위헌이라고 주장해, 사건이 연방 대법원으로 회부되었다. 연방 대법원은 의회에 과세 권한이 있으므로 해당 법률은 합헌이라고 결정했다.

33_19세기 후반, 미국 낙농업계의 압력으로 의회는 당시 버터의 대용품으로 애용되던 황색 색소가 첨가된 올레오 마가린(마가린의 정식 명칭)에 대해서 1파운드당 10센트의 높은 세금을 부과하는 법률을 제정한다. 이에 맥크레이(McCray)라는 마가린 유통업자가 해당 법률이 의회의 권한을 넘어서 과도한 세금을 부과한다는 이유로 1903년에 위헌 심판을 제청한다. 연방 대법원은 해당 법률의 과세가 정당한 권한 범위 내에서 이루어졌다고 하여 합헌으로 결정했다.

한 간섭으로부터 보호한다고 연방 대법원이 선언했기 때문에, 헌법을 수정하려는 노력[34]에도 불구하고, 아동노동이 20년 넘게 이 나라에서 성행하고 있다는 사실 또한 주목할 필요가 있다(아홉 명의 기름 부음을 받은 법률가들의 힘은 이처럼 엄청나다). 이와 마찬가지로, 연방 대법원이, 여기에 소개하기조차 난감한 일련의 추상적인 개념을 통해 원본 헌법은 연방의회가 시민들에게 세금을 부과하는 것을 금지하고 있다고 엄숙하게 선언한 이래로, 헌법을 개정해 연방 소득세를 부과할 수 있기까지는 근 20년이 걸렸다.[35]

전국산업부흥법[36]이나 거피석탄법 같은 뉴딜 법률이 폐기된 것도

34_ 전술한 두 번의 위헌 판정을 계기로, 미국 의회는 아예 아동노동을 금지하는 헌법의 수정 조항을 제정하고자 했다. 그러나 이는 실패로 돌아간다.

35_ 1895년의 폴록 대 농업인 대부 회사(Pollock v. Farmers' Loan & Trust Co.) 사건에서, 연방 대법원은 연방의회가 부과한 부동산 소득세와 개인 소득세의 세수를 인구에 비례해 각 주 정부에게 분배하도록 판결했다. 그러나 그것은 현실적으로 불가능한 일이었으므로 연방 소득세법은 사실상 유명무실하게 되었다. 그 이후 1913년에 제정한 수정헌법 제16조에서 인구조사나 분배의 과정을 거치지 않고 연방의회가 직접 소득세를 부과할 수 있다고 규정함으로써 소득세법은 부활했다.

36_ 1933년에 제정된 전국산업부흥법은 가장 대표적인 뉴딜 법안으로, 노동 부분에서는 최저임금 설정, 노동시간 제한, 아동노동의 금지, 노동조합의 단체교섭권을 보장했고, 산업 부분에서는 정부가 제정한 산업 규약 내에서 기업들이 자율적으로 가격 협정을 맺는 사실상의 카르텔을 허용했다. 이는 대공황의 원인으로 일컬어지던 과당 경쟁을 방지하고, 노동자들의 협상권을 강화해 그 노동 소득을 늘림으로써 총수요를 증진하는 데 목적이 있었다. 그러나 후술하는 연방 대법원의 위헌 심사 결과 위헌 판정을 받아 폐기되었고, 이로써 뉴딜 정책은 상당한 타격을 받게 되었다.

바로 주간통상 조항이 무엇을 의미하지 않느냐에 대한 연방 대법원의 '해석' 아래에서다. 두 개의 원칙이 있는 듯하다. 하나는 의회는 주간통상에 직접적으로 영향을 주는 것은 무엇이든 규제할 수 있다는 것이다. 다른 하나는 의회는 주간통상에 오직 간접적으로만 영향을 주는 것은 규제할 수 없다는 것이다. 물론 연방헌법에는 주간통상에 대한 직접적 영향 혹은 간접적 영향이라는 문구는 없지만, [연방 대법원이 해석하는] 헌법률에서 이는 중요한 고려 사항이 되지 못한다.

이와 같은 원칙들을 적용해, 연방 대법원은 여러 주에 걸쳐 사업 활동을 하는 회사의 노동조건은 주간통상에 간접적인 영향만을 준다고 말했다. 그러므로 그런 노동조건을 규제하려 했던 전국산업부흥법과 거피석탄법은 당연하게도 완벽히 위헌이었다.[37] 그러나 몇 년 후 와그너법이 제정되었을 때는 여러 주에 걸쳐 사업 활동을 하는 회사의 노동조건이 갑자기 주간통상에 직접적 영향을 주게 되었고, 그래서 그와 같은 조건을 규제하는 법률은 전적으로 헌법에 부합하는 것이 되었다. 물론 관련된 헌법 원칙에 어떤 변화가 있는 것은 아니었다. 그저 단지 '지배적인' 원칙이 달라졌을 뿐이었다.

37_1935년, 연방 대법원은 전국산업부흥법을 만장일치로 위헌 판정했다. 전국산업부흥법은 헌법에 따라 보장된 의회의 주간통상 규제 권한에 근거해 최저임금을 설정하고 노동시간을 제한하고 있었는데, 연방 대법원은 임금이나 노동시간은 주간통상에 간접적인 영향만을 끼치기 때문에 주간통상 규제의 대상이 될 수 없다는 이유로 위헌 판정을 내렸다.

전국산업부흥법이 위헌으로 된 데에는 나아가 두 번째의 이유가 있었다(연방 대법원은 단 하나의 헌법 원칙으로 법률을 장사 지내는 것에 만족하지 않는다). 두 번째 이유는 특히 흥미로운데, 이는 그것이 대부분의 사람들이 헌법이라고 생각하는 문서에 일말의 근거도 두고 있지 않은 한 무더기의 헌법률과 관련되어 있기 때문이다. 연방 대법원은 이것을 스스로 만들어 왔다.

연방 대법원이 만들어 온 기본 원칙은 의회가 자신의 입법권을 누구에게라도 위임하거나 넘겨서는 안 된다는 것이다.[38] 그런데 만약 이 원칙이 정말로 준수되었다면 연방 정부란 것이 존재할 수 없음은 명백하다. 모든 수천 개의 규칙과 조례와 명령, 그리고 사소한 법률 하나하나가, 매일같이 정부 부서에 의해 제정된다. 그것도 주간통상위원회 Interstate Commerce Commission, ICC[39]나 연방통상위원회Federal Trade Commission[40]

38_위임 입법 금지(non delegation doctrine)의 원칙이다. 입법권의 의회 귀속을 규정한 연방헌법 제1조 제1절에 근거해 일찍부터 수립되어 왔다. 그러나 현실적으로 행정부가 사실상의 입법을 하게 되는 경우가 많았고, 이에 대해 연방 대법원은 제한된 조건(법률의 세부적 내용의 작성에 한해) 아래 위임 입법을 허용했다. 그런데 위임 입법을 꾸준히 허용하던 연방 대법원이, 대공황 시기에 돌연 위임 입법을 엄격히 금지하는 입장으로 돌아서 여러 뉴딜 법안을 위헌으로 판정했다. 지금 소개되는 전국산업부흥법의 위헌 판정이 대표적 사례다. 저자는 이런 대법원의 태도 변화에 별다른 근거가 없다고 비판하고 있다. 실제로, 대공황 이후 연방 대법원은 위임입법을 허용하는 기존 입장으로 회귀했다.

39_운수와 교통 부분에 관한 폭넓은 감독 권한을 가졌던 규제 기관. 1887년 설립되었고, 1995년에 폐지되었다.

와 같은 위원회, 열 개의 행정 부처, 특허국patent office이나 해안경비대 coast guard와 같은 각 부처의 국局이나 과課에 의해서 말이다. 이런 모든 규칙과 조례는 의회에서 반드시 통과되어야만 할 것이었다. 연방정부가 그 기능을 수행할 수 있었던 이유는 바로 의회가 폭넓고 일반적인 법률의 대강만을 제시한 뒤, 그 입법 권한의 대부분을 위임해 왔기 때문이다.

그러나 연방 대법원은, 예상했겠지만, 이에 대한 해답을 갖고 있다. 그것은 기본 원칙에 대한 하위 원칙 혹은 예외의 형태로 되어 있다. 그것은 의회는 다른 이에게 법률의 세부를 채울 권한을 위임할 수는 있으나, 법률을 실제로 만드는 권한 만큼은 그럴 수 없다는 것이다. 이로써 모든 위원회나 행정 부서는 제약에서 해방되고, 의심 없이 의회는 안도의 한숨을 돌릴 수 있게 된다. 그러나 전국산업부흥법을 살펴보자면, 의회는 분명 그 법안을 통과시켰고, 평소와 같이 여러 쪽에 걸쳐 법 조항을 작성했음에도 불구하고, 법원은 의회가 자신의 입법권을 청색 독수리[41]의 파수꾼에게 건네주었다고 말했다. 어찌하여, 예를 들어 노동관계위원회는 세부 내용을 채우기만 했을 뿐인 반면, 산업부흥국은 실제로 법을 만들었다는 것일까? 오직 대법원만이 그 해답을 알지만 말해 주지는 않는다. 그들은 헌법률을 해석하는

40_소비자 보호와 독점 규제를 담당하는 연방 정부 기관. 우리의 공정거래위원회와 유사하다.

41_청색 독수리(blue eagle)는 전국산업부흥국의 마스코트였다.

일만으로도 너무 바쁘기 때문이다.[42]

아마도 법원이 천상의 논리로 연방헌법에 적혀 있는 문구의 도움 없이 만들어 낸 이 나라의 최고법the highest law of the land 가운데 가장 유명한 작품은 연방 정부와 주 정부의 상호 과세에 관한 작품일 것이다. 그것은 존 마셜[43] 대법원장의 유명하고도 진부한 "과세하는 권한은 파괴하는 권한을 내포하고 있다"[44]라는 선언에서 처음 시작되었다. 이어서 마셜은 다른 법관들과 한목소리로 주장했다. "우리는 주 정부가 연방 정부의 자산, 사업, 채권, 사용자에게 과세하는 것을 허락하지 않으며 연방 정부가 주에게 과세하는 것도 허용하지 않는다. 만약 이런 과세를 허용한다면, 우리 정부의 일방은 타방을 교활하게 파괴할 것이기 때문이다. 설령 연방헌법에 관련 내용이 없어도, 그런 과세는 위헌이다. 원칙에 따라 말이다."[45]

42_전국산업부흥법은 대통령에게 전국산업부흥국 규약을 초안하도록 했는데, 연방 대법원은 의회가 만든 법률이 내통령에게 이런 권한을 부여한 것은 헌법의 권한 범위를 넘은 위임 입법이라고 했다. 이것이 위헌 결정의 두 번째 근거였다.

43_존 마셜(John Marshall, 1755~1835). 1801~35년까지 연방 대법원장을 역임했다.

44_미국의 정치인인 다니엘 웹스터(Daniel Webster)의 발언을 존 마셜 대법원장이 후술하는 맥컬록 대 메릴랜드 주(McCulloch v. Maryland) 사건의 판결문에서 인용한 것이다.

45_1819년의 맥컬록 대 메릴랜드 주 사건의 판결문에 나오는 문구다. 이 사건에서 메릴랜드 주 정부는 연방 정부에서 설립한 연방은행의 채권에 요금을 부과하려 했다. 그러나 연방 대법원은 헌법에 따라 연방의회가 설립한 기구에 주 정부가 요금이나 세금을 부과할 권한이 없다는 이유로 연방 정부의 손을 들어 주었다.

그리고 언제나 그렇듯이 여러 하위 원칙의 발전이 이루어졌다. 연방 대법원이 만든 원칙 가운데 연방 정부는 주 정부의 '통치 기능'에 대해서는 과세할 수 없으나, '비통치 기능'에 대해서는 과세할 수 있다는 원칙이 있었다. 비법률가에게는 혼란스럽게 들릴 것이다. 정부가 하는 어떤 일이 '비통치적'이라고 생각하기는 힘들기 때문이다. 그러나 연방 대법원에게는 [그와 같은 구분이] 전혀 혼란스럽지 않고 분명했다. 또한 연방 정부와 관계된 것에 대한 주 정부의 '직접세' 부과는 허용되지 않았으나, '간접세'는 허용되었다. 현재, 헌법률의 형이상학적 탐구를 통해 쥐어짜 낸 어떤 이유로, 법원은 상속세를 '간접세'로 취급한다. 그래서 모든 주 정부는 남편이 죽어서 그의 연방 채권을 아내에게 물려줄 때 세금을 물릴 수 있다. 그러나 소득세는 직접세인 까닭에 주 정부는 그 혹은 그의 아내가 연방 채권에서 얻은 소득에 과세할 수 없다. 짐작건대 (기본 원칙으로 돌아가 보자면) 그런 과세는 연방 정부를 파괴할 수 있다.

그런데 이에 상응해 주 정부가 발행한 채권에 대해 연방 소득세를 면제해 주는 것은 또 다른 질문을 야기한다. 연방 대법원의 헌법에 대한 관념이 연방헌법의 개정으로 바뀔 수 있을까? 절대 그럴 수 없다. 연방헌법의 조세 수정 조항은 의회에게 '모든 소득원에서 얻어지는' 소득에 대해 과세할 수 있는 권한을 부여한다.[46] 그 문구는 아주 명백하고 강력한데, 그 작성 목적 중 일부는 연방 소득세가 관계되는 한 면제 규칙을 적용하지 않는 데 있었다. 그러나 연방 대법원은 여전히 연방 정부의 주 정부 채권에 대한 소득세의 과세가 위헌이라고 말한다. 고로 법원이 발견한 불문의 헌법률이 법원 자신에게는 헌법 조문보다 더 중요한 것이다.

마지막으로, 연방 대법관의 봉급이 연방 소득세법의 과세 대상이 될 수 있는가 하는 미묘한 문제에 답을 해달라는 요청을 법원이 받은 일이 있었다. 연방 대법관은 주 정부의 일원이 아니었으므로, 상호 면제 규칙의 대상은 아니었다. 그러나 빠져나갈 구멍이 있었다. 연방 헌법은 연방 대법관의 봉급이 재직 중에 삭감되어서는 안 된다고 규정하고 있었다.[47] 아하! 그래서 연방 대법원은 말했다. "우리가 다른 모든 사람들과 마찬가지로 소득세를 내야 한다면 이는 곧 봉급의 삭감과 다를 바 없다. 그리고 이는 위헌이다." 물론 수정 조항에는 '모든 소득원에서 얻어지는' 소득이라는 그 작은 문구가 여전히 존재했다. 그러나 예의 그 뒤집힌 논리에 사로잡힌 연방 대법원은 기존의 봉급 삭감 금지 조항이 수정 조항을 수정한다고 생각한 것 같다. 그 반대가 아니라 말이다. 물론 다시 한 번 원칙의 문제다.

이 나라의 최고법인 헌법률이 이 나라의 연방 대법원에 의해 어떻게 결정되는지 짧게 살펴보았다. 여기 최고법이 있다. 여기 법률가

46_1913년에 제정된 수정헌법 제16조 조항. "연방의회는 어떤 소득원에서 얻어지는 소득에 대해서도, 각 주에 배당하지 아니하고 국세 조사나 인구수 산정에 관계없이 소득세를 부과, 징수할 권한을 가진다."

47_연방헌법 제3조 1항.

의 최대의 특징, 최고의 권위가 있다. 여전히 산더미 같은 추상적이고, 애매하고, 대부분 부적절한 원칙을, 골목에서 동전 놀이하듯 던져서 비교하고 있다. 여전히 일반적 논리의 엄청나게 긴 언어로 특정한 사회문제에 대한 해답을 포장하고 있다. 그리고 그 목표는 언제나 연방헌법의 명령과 금지 규범을 적용하는 것이다. 찰스 에반스 휴스가 연방 대법원장이 되기 한참 전에 (법률가들에게서는 거의 살펴볼 수 없는 직설적인 표현으로) 다음과 같은 비밀을 불쑥 누설했다고 해도 놀라운 일은 아니다. "우리는 모두 헌법 아래 있다. 그러나 헌법이란 법관이 그렇다고 말하는 것이다."

물론 법관들 자신도 (게임의 규칙이 모호한 경우에 늘 벌어지는 일이듯) 헌법이란 무엇인지에 대한 의견일치를 영원히 보지 못한다. 모든 평범한 사람은 소위 연방 대법원의 '5 대 4 판결'[48]과 그 반대 의견에 대해 들어본 바가 있다. 그러나 반대 의견이란, 그것이 작성자에게 작문의 기쁨을 불러일으킨다 하더라도, 본질상 가끔씩 등장하는 비판적 에세이 그 이상은 될 수 없다. 다섯 명이나 여섯 명이나 일곱 명이나 여덟 명의 다른 법관이 투표한 내용이 법이다. 그것은 앞으로의 관계된 사건에서 만장일치로 결정된 법이 된다.

그러므로 항상 이런 일이 발생할 수 있다. 단 한 명의 인간, 단 한

48_연방 대법원은 아홉 명의 대법관으로 구성되어 있고, 결정은 단순 다수결로 내려진다.

명의 법관이, 그의 손에 헌법의 '의미'를 틀어쥘 수 있다. 이런 가능성이 가장 두드러지게 나타난 사례로, 뉴욕 주의 노동자 최저임금법은 위헌 판정을 받았으나,[49] 1년 뒤에 워싱턴 주가 제정한 같은 법률은 합헌 판정을 받은 일이 있다.[50] 이 모두가 단 한 사람, 오언 로버츠 대법관 때문이었다.[51] 뉴욕 주는 정당한 절차 없이 고용주의 재산을 강탈해 수정헌법 제14조를 위반했으나, 반면에 비슷한 워싱턴 주의 법률은 주 경찰권의 올바른 행사로서 아무것도 위반하지 않은 것으로 결정되었다. 물론 로버츠 대법관 머릿속의 원칙이나 법이 바뀐 것은 아니었다. 그저 이런 사례에는 이런 원칙이 지배적이고, 저런 원칙에서는 저런 원칙이 주어졌을 뿐이다.

다음과 같은 사실을 다시금 유념하고 반복할 필요가 있다. 헌법률에서 내세우는 논리란 한결같이 그 형태가 불분명하고, 한결같이

49_모어헤드 대 뉴욕 주(Morehead v. New York, 1936년)의 재판에서 뉴욕 주의 최저임금법은 위헌 판정을 받았다. 이때 오언 로버츠(Owen Roberts) 대법관은 위헌 의견을 제출했다.

50_서해안 호텔회사 대 페리쉬(West Coast Hotel Co. v. Parrish, 1937년) 재판에서 오언 로버츠 대법관은 기존 입장을 변경해 워싱턴 주의 최저임금법에 합헌 의견을 제시했고, 결국 5 대 4로 합헌 판정이 내려졌다.

51_오언 로버츠는 1930~45년까지 연방 대법관을 역임하면서 연방 대법원의 보수적 법관과 진보적 법관 사이에서 캐스팅보트를 행사했다. 특히 루스벨트의 연방 대법관 충원 계획(court-packing)의 시행을 앞둔 1937년, 로버츠 대법관이 기존의 견해를 뒤집어 최저임금법에 합헌 의견을 표명, 5 대 4의 합헌 판결이 내려진 것을 계기로 법관 충원 계획은 흐지부지되었고, 결국 취소되었다. 이후 연방 대법원은 루스벨트 행정부의 뉴딜 정책에 대한 간섭을 자제했다.

설득력이 없고, 한결같이 어리석다. 법원이 내린 결정이 좋든 나쁘든, 진보적이든 반동적이든, 자유주의적이든 아니든, 상관은 없다. 워싱턴 주의 최저임금법을 축복한 원칙이 뉴욕 주의 최저임금법을 저주한 원칙보다 문제와 더 관련이 있거나 헌법에 부합한 것은 아니었다. 와그너법이 특별한 근거가 있어서 합헌이 되고 농업조정법은 위헌이 된 것이 아니었다. 루이지애나 주의 언론 자유를 보호한 논리가 아동노동의 자유를 지지한 논리보다 더 설득력이 있는 것은 아니었다. 법의 지팡이가 휘둘려지는 방향과는 상관없이, 말장난은 언제나 똑같다.

언급할 가치가 있는 또 하나의 헌법률 원칙이 여기에 있다. 비록 그것이 가련하게 무시되어 왔지만 말이다. 그것은 어떤 연방이나 주 법률도 헌법의 문구에 따라 명백하고 틀림없이 금지되지 않는 한 완전히 적절하고 유효하다는 원칙이다. 그러나 이 원칙이 제대로 지켜졌더라면 다른 원칙들은 그다지 많이 사용되지 못했을 것이다. 그리고 헌법률도 그렇게 많이 존재하지 못했을 것이다.

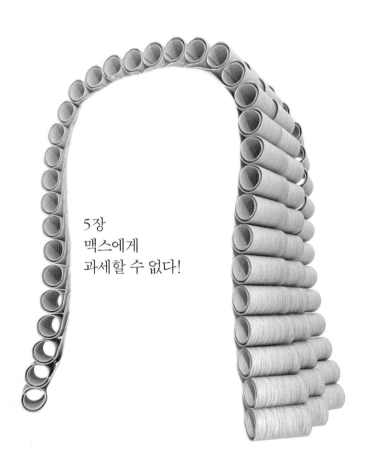

5장
맥스에게
과세할 수 없다!

범블 씨가 말했다. "만약 법이 그렇게 생각한다면, ……

그 법은 바보 멍청이지."

_찰스 디킨스

● 찰스 디킨스(Charles Dickens, 1812~70). 영국의 소설가로 대표작으로는 『황량한 집』, 『올리버 트위스트』 등이 있다. 이 구절 역시 『올리버 트위스트』에 나오는 구절이다.

법률가들이 추앙하는 헌법률이라고 하는 가장 고상한 법의 기술이, 실은 말할 수 없이 멍청하며 부적절하고 전혀 설득력이 없다는 사실을 폭로하려면, 자신들이 생각하는 헌법의 진정한 의미를 설명한 것으로 보이는 연방 대법원의 전형적인 판례를 선택해 철저하게 검토하는 작업이 필요하다. 이 법적인 생체 해부 실험의 대상은 법률가에게 시니어 대 브래든Senior v. Braden 판결로 알려진 사건이다. 이 사건의 연방 대법원 판결은 1935년 봄에 있었다.

물론 시니어 대 브래든 판결은 임의로 선택한 사건이 아니다. 이 사건에서 연방 대법원의 의견은 자비롭게도 그 내용이 매우 짧다. 또한 여기에는 연방 대법원이 즐겨 사용하는 수정헌법 제14조의 적법 절차 조항이라고 하는, 헌법 세계의 도약대가 등장한다. 시니어 대 브래든 사건은, 연방 대법원 판결의 형식주의와 공허함과 추상성을 유감없이 드러내고 있다. 물론 다른 수천 건의 판례도 같은 목적에 복무해 왔지만, 이 사건은 특별하다.

또한 시니어 대 브래든 사건은 만장일치 사건이 아니었다. 판결은 6 대 3으로 내려졌다. 그러나 헌법 해석에서 반대 의견이 존재했던 판결이라도 구속력을 갖는 법적 규범으로 작동하는 데 별 문제는 없다. 과거에도 그랬고, 지금도 마찬가지다. 반대 의견은 분명히 사람들의 기억에 남을 수는 있으나, 그다지 중요하게 여겨지지는 않는다. 다수 의견이 곧 구속력을 갖는 법, 반대 의견을 표명했던 법관이라 할지라도 복종해야 하는 복음이다. 그것은 이 시니어 대 브래든 사건도 마찬가지다. 이 사건이 이후의 법적 분쟁에서 근거로 인용될 때 중요한 것은 다수 의견이지, 결코 소수 의견이 아니다.

시니어 대 브래든 사건은 연방 대법원의 최고의 장인들이 빚어낸, 법률가라면 누구나 알아야 하는 토지법의 필수 판례로 존경받고 있다. 그 판결문을 단락 단위로 분해해 원 문장에 적절한(혹은 부적절한) 해설을 보충한 내용이 여기 있다. 놀라지 마시길.

1932년 1월 1일, 오하이오 주 일반 법령 5238-1조는, 오하이오 주에 거주하는 주민이 소유한 모든 투자자산과 그 밖의 무형자산intangible property[1]에 세금이 매겨져야 한다고 규정했다. 그리고 5235조는 투자자산에 금전적 수익을

1_ 일반적인 자산(부동산, 동산)과 달리 물리적 실체가 없는 자산. 무체재산(incorporeal property)이라고도 한다. 특허권, 상표권 따위가 해당된다.

발생시키거나 시킬 수 있는 무형의 권리가 포함되며, 이 권리에는 양도성 있는 증서에 의해 그 지분의 분할이 보증되는 토지 및 지대 및 사용료에 대한 형평법equity[2]상의 수익권equitable Interests[3]이 포함된다고 정의했다. 5638조는 생산적 투자자산에 대해 그 발생 소득 대비 5퍼센트의 세금을 부과했다. 그리고 5389조는 '발생 소득'이 신탁관리인이 신탁자에게 지불하는 수익의 총합을 의미한다고 정의했다.

해석 | 오하이오 주 법률에 따르면, 오하이오 주에 살면서 주식이나 회사채 따위를 소유한 사람은 거기서 나오는 소득의 5퍼센트를 세금으로 납부해야 한다. 그 소득을 신탁관리인 또는 재산관리인을 통해 얻는 경우라도 마찬가지다.

상고인이 소유한 양도성 증서에 의하면 그는 일곱 개의 개별적인 신탁 서약에 기초해 수익을 얻고 있으며, 또한 토지 — 일부는 오하이오 주에, 일부는 오하이오 주 바깥에 위치하는 — 의 특정 필지에서 거두어지는 임대료에 대한 일정 지분의 권리를 갖고 있다. 이런 수익권에 기초해 그는 1931년도에 2,231.29달러가량을 취득했다. ……

2_보통법과 함께 영미 판례법의 양대 축을 이루는 법체계. 보통법에 비해 상대적으로 유연해, 보통법의 엄격성·형식성을 보충하는 역할을 수행했다. 보통법에서 구제받지 못한 이들이 국왕에게 호소하는 과정에서 국왕 직속의 법무대신(chancellor)이 이를 맡아 소송을 처리했고, 나중에는 독립된 형평법 법원(court of chancery)이 설립되어 보통법과 구별되는 유연한 법체계와 원리를 발전시켰다.

3_형평법상의 권리에 근거를 둔 수익권을 의미한다. 본문에서는 형평법상의 대표적인 제도인 '신탁'과 관련된 수익권이 문제되고 있다.

해석 | 이 사건을 연방 대법원에 상고한 사람 — 법원의 무관심에도 불구하고 소개를 하자면 그의 이름은 맥스 시니어다 — 은 그가 오하이오 주 내외에 소재한 일곱 개 필지의 토지에 지분을 갖고 있음을 표시하는 여러 장의 서류를 가지고 있었다. 그의 지분은 1년에 2천 달러 이상의 가치였다.

상고인이 거주하는 해밀턴 카운티의 세무관은, 이 수익에 세금을 부과하겠다고 위협했으며, 이후 수익의 5퍼센트를 징수하겠다고 위협했다. 이에 대한 대응으로, 상고인은 민사법원common pleas court에 소를 제기했다. 그는 오하이오 주 일반 법령 5325조에 대한 위헌 선고와, 피상고인의 위협적 행위의 중단을 요청했다. 1심 법원은 탄원을 받아들였다. 그러나 항소법원은 이를 뒤집었고 그 항소법원의 결정은 주 대법원에 의해 확정되었다.

해석 | 지방 징세관 — 그중 한 명의 이름이 브래든이었다 — 은 맥스로부터 100달러의 세금을 징수하려 했다. 맥스는 — 당연히 자신의 변호사를 통해 — 헌법이 자신의 100달러를 보호하고 있다고 주장했고, 사건을 법원으로 가져갔으나, 지금까지는 참패를 맛보았다.

칭찬받을 만한 정직성을 지닌 오하이오 주의 변호인단은 다음의 사실을 인정했다. "수정헌법 제14조에 의하면 주 정부는 주 경계선 바깥에 있는 토지 혹은 토지상의 권리에 과세할 권한이 없다. 또한 주 내에 소재하는 토지 혹은 토지상의 권리에 대해서는 그 감정가를 기준으로 하는 통일 규칙에 의하지 않고서는 과세할 권한이 없다." 결론적으로, 그들은 다음과 같이 말했다. "만약 피상고인이 이 사건에서 과세하려고 하는 상고인의 자산이 토지 혹은 토지상의 권리라면, 그것이 오하이오 주에 소재하든 주 바깥에 소재하든 관계없이, 피상고인들의 행동은 위헌이며 따라서 영원히 금지되어야 함을 인정한다."

해석 | 오하이오 주를 대리하는 변호사들은, 단단한 각오가 담긴 어조로 말했다. "만약 법원이

이것을 토지에 대한 과세로 본다면, 그때는 항복하겠다." 그들은 법원이 오하이오 주가, 이를테면 웨스트버지니아 주에 있는 토지에 과세하는 것을 허용하지 않을 것임을 안다. 그런 시도는 적법절차를 거치지 않은 재산의 박탈로 수정헌법 제14조에 대한 침해다. 그리고 또 말하길, — 여전히 단단한 각오로 — "우리는 소송을 완전히 포기하고 오하이오 주가 심지어 오하이오 주에 소재한 토지에 대해서도 이런 방식대로 과세할 수 없다는 것을 인정하겠다. 만약 이것이 토지에 대한 과세라면 말이다." 힌미디 덧붙이지만, 여기가, 무언히 변호사들의 힘변이 제시된 부분으로, 전체 의견에서 수정 14조에 대한 유일한 언급이라는 점을 주목하라.

연방헌법상 과세가 타당했는지에 대한 문제가 제기되고 있다. 따라서 우리는 과세의 대상이 무엇이었는지 규명할 필요가 있다. 우리의 관심은 실질에 있지 명칭에 있지 않다. 모피트 대 켈리(Moffitt v. Kelly, 218 U.S. 400, 404, 405) 사건, 맥캘란 사 대 매사추세츠 주(Macallen Co. v. Massachusetts, 279 U.S. 620, 625, 626) 사건, 교육영화사 대 워드(Educational Film Corporation v. Ward, 282 U.S. 379, 387) 사건, 로렌스 대 주 조세위원회(Lawrence v. State Tax Commission, 286 U.S. 276, 280) 사건을 보라. 만약 과세 부과의 대상이 진정으로 토지상의 권리였다면, 그때는 세금이 허용될 수 없다. 소송 기록에 연방법 문제가 거론되지 않는다는 주장은 무가치하다.

해석 | 누군가가 헌법을 들먹이고 있으므로 이것은 중대한 문제다. 그런고로 우리 연방 대법원은, 이 사건 과세가 토지에 대한 과세인지 아닌지 따져 볼 작정이다. 우리가 과거에 최소한 네 번 말했듯이 — 믿지 못하겠다면 여기를 보시라 — 우리는 표면적인 말에 속아 넘어가지 않는다. 우리는 실제로 무슨 일이 벌어졌는지 알고 싶다. 그러나 만약 우리가 이를 토지에 대한 과세라고 결정한다면, 그때는 굳이 헌법이 이를 금지하는지 귀찮게 따져 볼 필요도 없다. 우리는 이 사소한 문제에 대해서는 법률가들의 이론을 전적으로 채용할 것이다. 그리고 덧붙이자면, 이게 우리의 관할이 아니라는 생각은 심각하게 고려할 가치가 없다.

세 개 필지의 토지는 오하이오 주 밖에, 네 개 필지는 오하이오 주에 소재한다. 그들은 개별적으로 여러 신탁관리자에게 분할되어 있다. 시카고의 클라크 랜돌프 빌딩 부지에 대한 신탁 선언은 오하이오 주 밖의 토지에 대한 신탁 선언을 대표한다. 클리블랜드의 동부 6번가 토지에 대한 신탁 선언은 신시내티의 링컨 호텔을 제외하면 오하이오 주에 소재하는 토지의 신탁 선언을 대표한다. 모든 필지에는 지방 법률에 의한 통상의 조세가 법적 소유주 혹은 임차인에게 부과되어 왔는데, 상고인 등이 토지로부터 이익을 얻는다는 이유로 조세가 공제되거나 삭감되지는 않았다.

해석 | 맥스 시니어와 그의 수익으로 돌아가 보자. 맥스 시니어가 지분을 보유한 각각의 토지들은, 토지에 지분을 가진 모든 권리자들을 위해, 저마다 다른 사람들에 의해 수탁 및 관리되고 있었다. 그리고 각각의 토지에 대해서는 통상 액수의 지방세가 부과되어 왔다. 많은 사람들이 거기서 수익을 얻고 있다는 사정에도 불구하고.

각각의 신탁증서는 다음과 같이 선언하고 있다. 맥스 시니어는 링컨 호텔 자산에 대한 340/1275의 불가분 지분권을 구입한 뒤 값을 치른 소유자다. 그는 시카고 소재 클라크 랜돌프 빌딩 부지의 5/3250에 대해 정당한 소유자이자 수익 향유자로 신탁 장부에 기재되어 있다. 그는 클리블랜드에 소재하는 동부 6번가 토지에 대한 6/1050의 정당한 소유자이자 수익 향유자다. 각각의 신탁 선언문에서 신탁관리자는 기재된 소유자들의 수익과 이용을 위해 자산을 지키고 관리할 책임을 지고 있다. 그는 임대료를 걷어서 소유자들에게 나누어 주어야 한다. 그리고 자산을 매각하는 경우에는 그 매각 대금을 분배해야 한다. 각각의 선언문과 증서들은 세부에서는 차이가 있지만, 그들이 표창하는 수익 향유권들은 그 목적의 측면에서 보면 본질적으로 유사하다. 모든 신탁관리자는 오직 하나의 필지만을 관리하며 수익자의 간섭에서 자유롭다. 수익자들은 자산의 관리에는 참여하지 않는다. 헥트 대 멀리(Hecht v. Malley, 265 U.S. 144, 147) 사건 참조.

해석 | 맥스가 여러 필지의 토지를 소유하고 있음을 증명하는 문서의 법률 용어는 모두 그를 무엇인가에 대한 소유자로 언급하고 있다. 그러나 그가 토지에다 울타리를 두르고 눌러앉을 수 있느냐의 측면에서는, 그는 한 짐의 토지도 보유하고 있지 않다. 그는 토지의 운영에 대해서는 일체 의견을 낼 수 없다. 그는 오직 자기 몫의 수익이 발생할 때만 그것을 취할 수 있을 뿐이다. 다음의 문장을 다시 기억하라. "우리의 관심은 실질에 있지 명칭에 있지 않다."

오하이오 주는 다음과 같이 주장한다. "상고인의 수익권은 형평법상의 권리 동산chose in action[4]들의 묶음으로 구성된 일종의 무체 동산이다. 왜냐하면 증거로 제출된 합의서와 신탁증서의 조항이, 신탁재산을 관리하고 지배할 목적

4_주식이나 채권과 같이 일정한 권리를 증명하는 증서를 의미한다. 이런 증서는 그 권리의 구현을 위해 상대방에게 소송을 하거나 청구를 해야 하므로, 소유 자체로 효용을 누리는 일반적인 동산과는 구별된다. 일반적인 동산은 유체동산(chose in possession)이라고 한다. 증서 자체를 동산으로 본다는 것은 우리 법에는 생소한 개념이다. 다만 영미법에도 권리 동산이 매개하는 채권·채무 관계에 중점을 두고 있으므로, 실제 권리관계에서는 우리 법과 그렇게 큰 차이가 나지는 않는다.
본 사안에서는 신탁 수익권이 권리 동산인지 아닌지가 문제되고 있다. 오하이오 주는 맥스의 신탁 수익권이 부동산(토지)에 대한 물권이 아니라, 수익을 얻을 채권적 권리인 권리 동산이므로, 수정헌법 제14조에 의한 토지 과세 제한 규칙의 적용을 받지 않는다고 주장하고 있다. 반면 맥스는 신탁 수익권이 토지에 대한 물권이라고 주장한다. 후술하는 보충 설명에서 자세히 논의한다.

으로 일정한 특성을 부여해, 그런 성격을 절대적이고 명확하게 못 박았기 때문이다. 신탁이 처음 설정되었을 때, 모든 수익자의 수익권은 단지 여러 권리들의 모음집에 불과했다. 상고인이 여기에 참여하면서 취득한 수익권도 마찬가지였다. 수익자의 권리는 단지 소득에 따른 분배 비율에 따라 여러 신탁관리자들에 대한 신탁자산 존속시의 수익 분배 요구권, 그리고 종료 시 신탁재산의 매각 절차에서 분배 비율에 따른 요구권으로 구성되어 있었다."

해석 | 오하이오 주는 징세를 하고 싶어 주장한다. "맥스는 토지에 울타리를 두를 수도 없고 그 운영에 대해 의견을 제시할 수도 없으므로, 그는 단지 토지에서 나오는 수익을 얻을 권리만을 보유했을 뿐이다." — "우리의 관심은 실질에 있지 명칭에 있지 않다."

상고인은 신탁증서 소유권이 그의 토지 수익권, 그리고 신탁관리자의 법적 지위에 대한 증거라고 말한다. 이런 견해는 오하이오 주 법무부 장관에 의해 의견서 3640호 및 3869호에서 명확히 수용되었는데, 거기서 그는 오하이오 및 다른 주의 법원이 내린 관련 결정들도 열거했다.

해석 | 맥스는 주장한다. "나는 어떤 서류를 보유해 그것을 근거로 돈을 받고 있으므로, 나는 토지라고 할 만한 어떤 것을 확실히 소유했다. 비록 법률적으로 따지면 나를 위해 토지를 운영하는 수탁자가 소유권자라는 사실을 인정하더라도 말이다." 어떤 오하이오 주 전직 법무부 장관도 이런 견해에 일반적으로 동의해 사건을 처리한 바가 있다. 기억하라. "따라서 우리는, 무엇에 대해 과세했는지 고심하여 따져 볼 필요가 있다."

오하이오 주 대법원이 상고인의 권리의 성격에 관해 검토한 이론은 그렇게 분명하지 않다. 다음의 인용문은 그 사건의 준거법으로 작용했던 오하이오 주 판결의 요지에서 가져온 것이다.

해석 | 우리 연방 대법원도 맥스 시니어가 무엇을 소유했느냐에 관한 오하이오 주 대법원의 견해가 무슨 말인지 모르겠다. 한번 직접 읽어 봐라.

다음의 신탁계약(위에서 서술한 일곱 개의 계약)에 관한 토지 신탁증서는, 단지 각각의 신탁관리자에 의해 관리되는 부동산의 임대료 수익을 얻는 데 참여할 권리의 존재에 대한 증명일 뿐이다.

해석 | 맥스가 소유한 권리란 어떤 수익을 얻을 권리일 뿐이다 — 연방 대법원의 판결문을 읽다가 보니 별로 어려워 보이지 않는다.

그 증서들을 아무리 유리하게 해석해도, 그 소지자들은 양도성 증서에 의해 보증되며, 여러 지분으로 나누어지는, 형평법상의 부동산 수익권의 소유주에 불과하다. 일반 법령집 조항 5323(오하이오 주법 114)은, 토지에 대한 형평법상의 수익권에 부과하는 세금이 아닌, 그런 형평법상의 수익권에서 나오는 수익에 부과하는 세금을 규정하고 있다.[5]

해석 | 오하이오 주 대법원은 이어서 다음과 같이 말한다. 비록 우리가 어떤 측면에서는 맥스가 토지라고 할 만한 어떤 것을 소유하고 있다고 인정하더라도, 오하이오 주가 맥스가 소유한 것에 과세한다고는 볼 수 없다. 오하이오 주는 맥스가 거기서 얻는 수익에 과세하고 있다.

5_이 사건의 세금이 재산세(수익권에 부과하는 세금)가 아니라 개인소득세(수익에 부과하는 세금)라는 말이다. 후술할 각주 7 참조.

분명히 어떤 법원의 의견도 피상고인이 지금 내세우는 이론을 수용한 바는 없다. 그러나 어떤 필자들은 일반적 법 원칙과 소위 조화된다는 이유로 거기에 찬동하고 있다. 그런 상반되는 관점은 『콜롬비아 로 리뷰』*Columbia Law Review* (17권, 269, 467쪽, 1917년)에 있는 스콧 교수와 스톤 학장의 논문에 상술되어 있다.

해석 | 연방 대법원의 의견으로 돌아왔다. 맥스가 소유한 것이 수익을 얻을 권리라는 주 정부의 생각은, 우리가 아는 한, 어떤 법원에 의해서도 법으로 인정된 바 없다 — 왜냐하면 '우리'가 오하이오 주 대법원이 이 사건에서 한 말이 이해가 가지 않기 때문이다. 우리는 몇 명의 일개 변호사나 교수들이 그런 생각에 동조하고 있음을 인정한다. 거기에는 나름 이름 있는 사람도 끼어 있는데, 법이 관계된 곳에서 그의 생각이 변하기 한참 전의 일이다. "일반적 법 원칙"이라는 말을 주목하라.

피상고인이 크게 의존하는 맥과이어 대 트레프라이(Maguire v. Trefry, 253 U.S. 12) 사건이 그들의 입장을 지지하지는 않는다. 여기서 매사추세츠 주 법률은 소득에 대해 과세하고자 했다. 소득이 발생하는 증서(동산)는 필라델피아에서 신탁되어 있었다. 증서에서 나오는 수익에 대한 과세는 신탁관리자에게 직접 할 수 있었으므로 법률의 규율 대상이 아니었다. 이 사건의 의견은 블랙스톤 대 밀러(Blackstone v. Miller, 188 U.S) 사건, 피델리티 앤 콜롬비아 신탁회사 대 루이빌(Fidelity & Columbia Trust Co. v. Louisville, 245 U.S. 54) 사건의 원칙을 수용하고 따르고 있었다. 이런 판례들은 농민 대부 신탁회사 대 미네소타 주(Farmers' Loan & Trust Co. v. Minnesota, 280 U.S. 204) 사건에서는 승인되지 않았다. 그들은 안전저축신탁회사 대 버지니아 주(Safe Deposit & Trust Co. v. Virginia, 280 U.S. 83) 사건, 그리고 이중과세와 관해 지금 여기서 수용된 견해와도 일치하지 않는다. 볼드윈 대 미주리 주(Baldwin v. Missouri, 281 U.S. 586) 사건, 베이들러 대 사우스캐롤라이나 주 조세위원회(Beidler v. South Carolina Tax Commission) 사건, 제일은행 대 메인 주(First National Bank v. Maine, 284 U.S. 312) 사건 참조.

해석 | 오하이오 주는 우리 대법원이 과거에 내린, 어떤 주에 살고 있는 사람의 이익이 다른 주에서 그의 재산을 맡아 두고 있는 사람을 통해 나오는 경우에도 수 성부는 그 이익에 대해 과세할 수 있다고 말한 판례를 상기시키려고 노력하고 있다. 그러나 그 판례는 오하이오 주의 주장과는 완전히 다르다. 그 차이점 가운데 하나는 그 판례에서, 세금은 수익에 과세되었다는 것이다 — 그리고 여기가, 분명한 암시를 통해, 오하이오 주의 과세가 맥스의 수익에 대한 과세가 아니라고 연방 대법원이 말한 유일한 부분이다. 어쨌든 그 사건의 '지배적' 원칙은 더 이상 구속력이 없다는 점을 우리는 이후에 여러 판결에서 거듭 말해 왔다. 오늘날 구속력 있는 원칙은 이중과세는 위헌이라는 원칙이다.

브라운 대 플레처(Brown v. Fletcher, 235 U.S. 589, 599) 사건에서, 우리는 신탁 자산에 대한 수익 향유권은 권리 동산이며, 신탁의 대상인 물物, res[6]에 대한 권리가 아니라는 견해를 검토하게 되었다. 라마르Lamar 판사를 통해 우리는 거기서 말했다.

해석 | 실제 문제로 돌아가자. 맥스가 소유한 게 무엇인지와 관련해, 누군가가 우리에게, 일반 원칙에 의거했을 때, 자신을 위해 맡겨지고 관리되는 재산으로부터 돈을 버는 사람이 오직 돈을 받

6_실체를 지닌 물건, 즉 재산을 뜻한다.

을 권리만을 보유했느냐 아니면 그 재산의 어떤 부분을 소유했느냐를 결정하도록 요청한 일이 있다. 여기서 우리는 — 실제로는 오래전에 죽은 아홉 명의 연방 대법관 — 다음과 같이 말했다.

만약 신탁재산이 토지로 구성되어 있었다면, 전체 지분권의 10분의 7을 양도하는 증서가 재판 규칙 제24조에서 말하는 권리 동산이라고 주장될 수는 없다. 만약 신탁 기금이 유형의 동산에 출자되었다면, 이미 부시넬 대 케네디(Bushnell v. Kennedy, 9 Wall. 387, 393) 사건에서 지적된 바와 같이, 권리자의 매도증서에 근거한 "특정물의 반환, 혹은 불법 점유에 따른 손해의 배상" 청구는 동법 24조에 의해 제지될 수 없다. 그리고 그 기금이 현금으로 전환되었더라도, 그것은 여전히 권리가 아닌 자산이므로, 그 소유주는, 그 현금의 귀속이 유지되는 한, 그 현금 혹은 그에 상응하는 자산을, 신탁을 인지하는(선의의) 삼자로부터 돌려받을 수 있다. 두 경우 모두, 그 형태를 불문하고, 신탁 자산은 신탁 수익자에 반해 신탁관리인에게 맡겨지지 않았으므로, 수익자에게 권리 동산을 제공하지만, 그에게 이익이 된다면 유체동산이며, 이는 유언서의 문구에 비추어 봤을 때 그렇다.

해석 | 만약 자신의 토지를 누군가에게 맡긴 사람이 그 토지의 지분 일부를 제삼자에게 양도한다면, 아무리 멍청한 사람이라도 그 양도에 관계된 서류 조각이 '권리 동산', 즉 연방 대법원이 관장할 수 있는 소송의 종류를 정한 연방 법률의 어떤 조항에서 사용된 의미에서의 '권리 동산'이라고 주장하지는 않을 것이다(여기서 권리 동산이란 간단히 말하면 소지자에게 특정한 권리를 주는 문서다. 그 권리는 대체로 누군가로부터 돈을 받을 권리를 의미한다). 만약 토지가 아니라, 물건이나 현금을 맡겼는데, 누군가가 그 물건이나 현금을 슬쩍했다면, 거기에 지분을 가진 사람은 반환을 구하는 소송을 제기할 수 있다. 아무튼 지분을 가진 사람을 위해 토지를 맡은 사람은 그 누구라도 진실로 지분을 가진 사람을 위해 토지를 맡아 온 것이다 — 그런데 이런 것들이 어떤

의미가 있다 한들 맥스 시니어와 그가 지불을 거부하는 세금과 무슨 관계가 있는지 한번 곰곰이 생각해 보라.

이 사건 수익자는 자산에 대해서 단순한 권리righ는 물론이고 권리 동산도 훨씬 뛰어넘는 수익권을 가졌다. 왜냐하면 그는 현재는 신탁 자산을, 그리고 55세가 되있을 때는 신닥의 원본 ㅗ 사제를 향유할 수 있는 공인되고 확정적인 권리를 가졌기 때문이다. 그러므로 신탁관리인이 점유하고 있는 자산에 대한 그의 재산권은, 비록 조건부이긴 하지만, 그의 이익을 위해서, 자신의 소유물과 같은 수준으로 양도성이 있었으며 증서에 의해 실제 양도되었다. 햄 대 반 오든(Ham v. Van Orden, 84 N.Y. 257, 270) 사건, 스트링어 대 영(Stringer v. Young, 191 N.Y. 157, 83 N.E.) 사건, 로렌스 대 바야드(Lawrence v. Bayard, 7 Paige (N.Y.) 70) 사건, 우드워드 대 우드워드(Woodward v. Woodward, 16 N.J. Eq. 83, 84) 사건 참조. 양도의 증명이 되는 수단은 — 그 명칭이 증서deed이건 매매 증서bill of sale이건 양도증서assignment이건 간에 — 양수인에게 지불되는 권리 동산이 아니라, 양수인이 재산에 대해 갖는 권리, 즉 소유권 및 부동산 재산권의 증거였다.

해석 | 이 사건에서 자신을 위해 어떤 자산을 맡겼던 사람은 — 이 사건은 15년이나 20년 전쯤 벌어진 사건이다 — '권리 동산' 이상의 것을 소유했다. 이 친구는, 실제로, 보관시켜 둔 자산에서 나오는 수익에 대한 권리뿐만 아니라 상당한 연령에 도달하면 자산을 되돌려 받을 권리도 갖고 있었다. 그는 또한 자신의 권리를 매도할 완전한 권리도 갖고 있었다 — 그리고 분명히 그는 그렇게 했다. 이런 권리매매의 뜻을 표시한 문서는 '권리 동산'이 아니었다. 그것은 그 권리를 산 사람이 특정한 재산적 권리를 가진다는 증거였다.

브라운 대 플레처 사건의 원칙은 법원이나 학설에 의해 충분히 지지를 받고 있다. 내러갠섯 상호화재해상보험 대 번햄(Narragansett Mutial Fire Ins. Co. v. Burnham, 51 R.I. 371, 154 Atl. 909) 사건, 베이츠 대 유언검인 판사 명령(Bates v. Decree of Judge of Probate 131 Me. 176, 160 Atl. 22) 사건, 보거트Bogert, 『신탁법 교과서』Handbook of the Law of Trust(430쪽). 『포메로이 형평법학』Pomeroy Equity Jurisprudence Fourth ed.(제3권 제4판, 1928년, 975절), 『콜롬비아 로 리뷰』 Columbia Law Review(17권, 269, 289쪽) 참조. 우리는 이 이론을 포기해야 할 이유를 발견하지 못했다.

해석 | 법관과 법률가들은 지금 인용하는 일반 원칙을 지지하고 있다. 그러므로 우리 역시 마찬가지다.

"원판결은 파기되어야 한다."

해석 | 그러므로 맥스 시니어는 세금을 내지 않아도 좋다.

　　신사 숙녀 여러분, 이상이 시니어 대 브래든 사건에 대한 연방 대법원의 의견이다.

● ● ●

시니어 대 브래든 사건에서 연방 대법원이 무엇에 대해 말하고 있는지(또한 무엇을 굳이 말하지 않았는지) 알아내려면, 판결을 '지배'한 것으로 보이는 헌법률의 일반 원칙으로 잠시 돌아갈 필요가 있다. 그 원칙은 수정헌법 제14조(비록 수정헌법 제14조가 법원의 결정에서 아주 작은 역할만 했지만)에서 시작한다. 그리고 물론 그것은 '적법절차' 조항에서 시작한다.

제1의 기본 원칙은 주 정부가 과세 '관할권'이 없는 물건에 조세를 부과할 때, 이것은 적법절차를 거치지 않은 재산의 박탈이 된다는 것이다. '관할권'이 대체로 '권한'을 뜻한다고 한다면, 그런 규칙은 그렇게 부적절해 보이지 않는다. 최소한 법원이 수정헌법 제14조를 부당한 형사재판으로부터의 흑인의 인권 보호가 아닌 다른 목적을 위해 사용해 온 관습을 받아들이는 한 그렇게 부적절해 보이지는 않는다. 그러나 주 정부가 어떤 과세 관할권은 갖고 어떤 과세 관할권은 갖지 않는지 결정하는 일이 전적으로 연방 대법원의 소관임이 분명하다. 그리고 결정을 내리는 과정에서, 법원은 수많은 세부 원칙을 만들어 왔는데, 그 원칙들은 '관할권'에 특별한, 그리고 가끔은 불확실한 뜻을 부여하고 있다.

첫 번째 세부 원칙은 주 정부가 주 경계선 바깥의 부동산에 대해 과세 관할권이 없다는 것이다. 그리고 이는 (그것이 수정헌법 제14조와 어떤 관계가 있다는 것인지 신경 쓰지 않는다면) 너무나도 양식 있고 공정하게 보인다. 또한 너무나도 무의미해 보인다. 예를 들어, 뉴햄프셔 주가 아이오와 주의 농장에 세금을 때릴 수 없는 것은 미국 정부가 아르헨티나의 목장에 과세할 수 없는 것과 마찬가지이기 때문이다. 어떤 방법으로도 그런 과세를 할 수는 없으며 어떤 주 정부도 그런 어리석은 시도를 하지는 않는다.

그러나 이 타당하고 무의미한 원칙에서 출발해, 법원은 차츰 주 정부의 과세 관할권 유무에 관한 또 다른 원칙들을 구축해 왔다. 오늘날의 수많은 재산, 즉 주식stocks, 사채bonds, 차용증서I.O.U., 저당 및 신탁증권mortgages and trust certificates과 같은 재산들은, 토지처럼 견고하고 확고부동하지 않으므로, 서로 다른 주 정부가 그런 종류의 재산에 동시에 과세하는 일이 자주 발생한다. 그리고 재산 소유주는 이것을 싫어한다. 연방 대법원은 그동안 어떤 주 정부가 그런 종류의 재산에 과세하는 '관할권'을 갖거나 갖지 않는지 알려 주는 다양하고 복잡한 세부원칙들을 법 속에 소중히 쌓아 왔다. 그리고 이런 '관할권'의 원칙은 일정한 개선과 예외의 추가를 거쳐, 재산세가 아닌 다른 종류의 세금, 특히 상속세에도 적용되었다.

상속세와 관계된 영역에서, 연방 대법원은 소유주가 죽을 때 발생하는 재산의 이전에 두 주 정부가 동시에 과세한다면, 반드시 둘 중 하나의 주 정부는 그 이전에 과세할 관할권이 없다는 원칙을 만들어 왔다. 비록 소유주가 한 주에서 살면서 다른 주에서 재산을 보유했더라도 말이다. 이것이 연방 대법원이 시니어 대 브래든 사건에서 "여기서 용인된 이중과세에 관한 관점"을 언급한 뒤 여러 판례를 나열하면서 말했던 내용이다. 나열된 모든 판례는 상속세, 혹은 토지가 아닌 종류의 재산에 대한 다양한 과세 관할권 규칙의 적용과 관련된 것이었다.

오하이오 주는, 당연히 이런 모든 판례는 시니어 대 브래든 사건에서 다루는 문제와 별 관련이 없다고 보았다. 오하이오 주는 그 사건은 개인 소득세 문제라고 생각했다. 왜냐하면 주 정부가 맥스 시니어로부터 거두고자 한 세금을 그의 소득액에 대한 5퍼센트의 세율로 계산했기 때문이다. 그리고 연방 대법원이 이제까지 자신의 '관할권' 원칙을 확장해 주 정부가 거주민의 수입에 과세하지 못하도록 한 적은 한 번도 없었다. 그것이 오하이오 주가 맥과이어 대 트레프라이 사건(맥스 시니어에게 부과된 세금과 매우 흡사한 개인 소득세를 인정했던)이, 비록 오래되긴 했지만, 연방 대법원이 인용한 상속세나 재산세 사건보다 더 적합한 판례라고 생각한 이유다.

그러나 연방 대법원은 맥과이어 대 트레프라이 사건의 원칙은 더 이상 '구속력'이 없으며, 그 이유는 그 이후에 결정된 재산세 및 상속세 관련 판례들이 (심지어 개인 소득세와 관련해서도) 더 중요한 다른 원칙들을 수립해 왔기 때문이라고 말한 것 같다. 그러나 사실, 연방 대법원은 '로렌스 대 주 조세위원회'라고 불리는 더 최근의 사건에서 자신이 결정한 사실을 잊어버린 것으로 보인다(비록 로렌스 사건이 이 판결에 언급되었지만, 그 취지는 달랐다). 왜냐하면 개인 소득세를 다루었던 로렌스 대 주 조세위원회 사건에서 연방 대법원은 맥과이어 대 트레프라이 사건의 원칙을 완벽한 선례good law로 따랐기 때문이다. 다시 말해, 연방 대법원은 그동안, 상술한 상속세 및 재산세 관련 판례에서 주 정부의 과세 관할권을 제한하는 원칙들을 만들어 온 뒤에도, 주 정부가 주 거주민의 소득에 과세하는 것은 전적으로 옳다고 (그리고 수정헌법 제14조의 위반이 아니라고) 결정해 왔다.

따라서 시니어 대 브래든 사건이 이치에 닿으려면, 연방 대법원은 맥스 시니어에게 부과된 세금이 소득세가 아니라 재산세라고 말했어야 한다. 그리고 실제로 연방 대법원은 결정문에서 그와 같은 함의를 넌지시 피력했고 이후 분명히 그렇게 말했다.

그런데 모두 알고 있다시피, 재산세는 일반적으로 재산가액에 따라 부과되는 세금으로 알려져 있으며 그 부과는 소유주가 재산으로부터 수익을 얻느냐와 무관하게 매년 이루어진다. 맥스 시니어에게 부과된 세금은 그의 수익에 과세되었고, 만약 어떤 수익이 없었다면 과세도 없었을 것이다. 그러나 이런 사소한 실질적인 문제가 연방 대법원이 그것을 재산세로 부르는 일을 막지는 못했다.

법원은 짐작건대 (법원의 결정을 그들의 원칙에 끼워 맞춰 해석하기 위해 법원의 말뜻을 얼마나 많이 '짐작'해야만 하는지에 대해 주목해 보라) 다음과 같이 변명했다. "오하이오 주 의회가 세법을 작성하는 과정에서, 무심코 그것을 재산세로 기재했다. 비록 과세는 수입에 따라 이루어졌지만." 연방 대법원은 오하이오 주 대법원이 [주 의회의] 이 같은 실수를 무시하고, 세금을 있는 그대로 취급한 사실[즉, 소득세로 부과한 사실에 구애받지 않았다. 오하이오 주 법률을 '해석'하는 업무는 연방 대법원이 아닌 엄연히 오하이오 법원의 소관이라는 사실에 대해서도 마찬가지였다.[7] 연방 대법원은 태평스럽게 세금을 재산세로 취급했

7_오하이오 주는 5238-1조에서 모든 투자자산과 무형자산에 세금이 매겨져야 한다고 규정하고 있다. 오하이오 주 대법원은 전술한 판결문에서 5323조를 내세워 이것이 재산세(수익권에 대한

고, 여러분도 기억할 것이지만, 그 와중에 선언했다. "우리의 관심은 실질이지 명칭이 아니다." 헌법률에 따르면, 장미의 이름이 다른 이름으로 바뀌면, 좋은 향기가 나지 않을 것이다.

맥스 시니어가 지불을 거부한 세금을 재산세라고 억지로 인정한다 하더라도, 오하이오 주는 왜 그것을 거두어들일 '권한'이 없는가? [그렇지 않다] 왜냐하면 '관할권' 규칙의 주요 원칙 가운데 하나는, 주의 거주민이 토지나 동산이 아닌 소유주에게 특정한 권리를 부여하는 주식이나 채권과 같은 증서를 소유하고 있더라도, 주 정부는 여기에 과세할 '관할권'이 있다는 것이기 때문이다. 그리고 분명, 맥스 시니어가 보유한 것은 신탁증서라고 불리는 종이 서류로, 이에 따르면, 그는 일곱 개소의 토지에 울타리를 두르거나 가옥을 건축할 권리는 전혀 없지만, 일정한 수익을 그 토지들로부터 얻을 권한을 그에게 부여하고 있다. 그런데 여기 의심 없이 자명한 사실이 있다. 만약 맥스 시니어가 신탁증서 대신, 자신의 토지를 토지 수탁자와 비슷한 방법으로 관리하는 어떤 회사의 주식을 보유했다면, 오하이오 주는 연방 대법원의 어떤 간섭도 없이 그 주식 지분에 마음껏 과세했을 것이다.

세금)가 아니라, 소득세(수익에 대한 세금)임을 천명하고 있다. 5238-1조가 재산세 조항처럼 애매하게 기재되었으나, 실제 뜻은 소득세임을 주 대법원이 해명(해석)한 것이다. 그러나 연방 대법원은 이를 무시하고, 5238-1 조항을 그대로 해석해 사건 세금을 재산세로 보고, 자신들의 토지 과세 원칙을 적용하려 하고 있다. 여기에 대해 저자는 비판하고 있다.

차이는 무엇인가?

그 차이점은 (그리고 유일한 차이점은) 맥스에게 수익에 참여할 권리를 부여하는 서류에 쓰인 법률 용어에 있다. 만약 그가 주식을 보유했다면 그는 단지 주주일 뿐이다. 그러나 그는 신탁증서를 보유했으므로 법률 용어로 말하자면 '신탁 수익자'가 된다. 그리고 '신탁 수익자'(그 의미란 그저 누군가가 맥스를 위해 재산을 맡아 두고 있다는 것뿐이다)로서 맥스 시니어는 자신이 어떤 측면에서 보면 토지의 일정 부분에 대한 소유자라고 주장했다. 그 토지를 직접 관리하거나 울타리를 두를 권한은 전혀 없고 오직 일정한 수익을 얻을 수 있을 뿐이지만, 그는 자신이 토지의 소유자라고 주장했다.

맥스는 또한 다음과 같이 주장했다. 만약 그 땅이 맥스의 소유이고 주 정부가 걷고자 하는 세금이 재산세라면, 오하이오 주는 과세의 '관할권'이 없다. 왜냐하면 관할권 규칙의 가장 첫 번째 원칙에 따르면, 주 정부는 경계선 바깥의 토지에 대해 과세할 수 있는 '관할권'이 없기 때문이다. 그래서 마침내 여기 연방 대법원이 지금까지 논의되고 완전하게 승인된 문제와 원칙들을 가져와 시니어 대 브래든 사건의 모든 견해에 쏟아부은 질문이 등장한다. 그 질문이란 다음과 같다. 맥스는 토지를 소유하고 있는가, 아니면 그저 다른 사람이 맡아 둔 토지로부터 일정한 수익을 얻을 서류상의 권리만을 소유하고 있는가?

이 질문에 대한 해답의 추구에 있어서 법원은 자신이 공언한 '실체의 추구'에도 불구하고, 맥스 시니어가 대략 연간 2천 달러의 수익을 얻게 된 실질적인 사업 거래의 사정에는 아무런 관심도 기울이지 않았다. 그 대신 법원은 거의 20년 전의 연방 대법원 사건으로 회귀해 일반 원칙을 발견하고자 했다. 그 사건은 '브라운 대 플레처' 사건이었다. 그러나 브라운 대 플레처 사건에서 제시되고 해결된 문제는 수정헌법 제14조 혹은 토지나 그 밖의 물건에 대한 과세와는 어떤 관련성도 없는 것이었다.

브라운 대 플레처 사건의 문제는 순전히 연방 대법원에서의 적절한 법적 절차에 관한 문제였다. 그 절차를 규정하는 연방 법률에 따르면 특정한 '권리 동산의 양수인', 즉 일정한 권리의 존재를 증명하는 문서를 양수한 사람은 연방 대법원에 소송을 제기할 권한이 없었다. 브라운 대 플레처 사건의 핵심 인물은 자신이 양수한 서류가 '권리 동산'이 아니므로 연방 대법원에 제소할 권한이 있다고 주장했다(그의 서류는, 덧붙여 말하자면, 법률 용어의 관점에서 보면 맥스 시니어의 신탁증서와 유사했지만, 맥스 시니어가 증서에서 얻은 것보다 많은 권리를 그에게 부여했다). 연방 대법원은 그 서류가 '권리 동산'이 아니므로 서류의 소유주가 연방 대법원에 제소할 권한이 있다는 사실에 동의했다. 이것이 브라운 대 플레처 사건의 전말이다.

이 결정을 내리는 과정에서 연방 대법원은 길고 이해 불가능한 두 절의 문단을 작성했고, 이 문단의 요약본이 시니어 대 브래든 사건의 판결문에서 나타났다. 그 두 문단에 근거를 두고 관련 일반 원칙을 설명하면서 한 세대의 후의 연방 대법원은 맥스 시니어가 어떤 측면에서 보면 토지를 소유했고 그래서 오하이오 주의 과세 대상이 될 수 없다고 결론을 내렸다.

그러므로 연방 대법원의 시니어 대 브래든 사건에 대한 추론에서 핵심은 다음과 같다. 지금으로부터 20년 전, 우리의 자리에 있었던 아홉 명의 판사들은 연방 대법원의 소송절차에 관한 문제를 결정할 때, 특정한 권리를 소유주에게 부여하는 어떤 문서는 기술적으로 '권리 동산'이 아니라는 일반 원칙을 명시했다. 그러므로 그런 서류와 비슷하게 보이는 신탁증서를 보유한 맥스 시니어가 실제로 소유한 것은 토지다. 그 토지 가운데 일부는 오하이오 주 바깥에 있다. 오하이오 주는 맥스 시니어가 주 바깥의 토지 지분으로부터 얻은 수익에 대해 과세하려고 한다. 그 세금은 비록 소득에 기초해 산정되었고 소득세와 같은 효력을 지녔지만, [오하이오 주] 법률에서는 재산세로 불렸다. 그러므로 그것은 재산세다. 그것은 재산세이므로 맥스가 소유한 것에 대한 세금이다. 그런데 맥스가 실제로 소유한 것은 토지이고, 그 가운데 일부는 오하이오 주 바깥에 있다. 그러므로 오하이오 주는 오하이오 바깥의 토지에 대해 과세하려고 하는 셈이다. 우리는 분명히 주 정부는 경계선 바깥의 토지에 대한 과세의 '관할권'이 없다는 원칙을 가지고 있다. 우리는 또한 '관할권' 없는 물건에 대한 주 정부의 과세는 적법절차를 거치지 않은 재산의 박탈이므로 수정헌법 제14조에 위배된다는 원칙도 가지고 있다. 그러므로 맥스로부터 세금을 걷고자 한 오하이오 주의 시도는 헌법에 의해 금지된다. 그러므로 맥스는 자신의 100달러를 지킬 수 있다.

그러나 이것이 시니어 대 브래든 사건의 전부는 아니다(조금만 더 참아 주길 바란다). 비록 법적 추상의 부적절한 순환논증이라는 측면에서 보면 모두 서술한 셈이지만 말이다. 맥스는 그의 100달러 전부를 오하이오 주 정부의 과세로부터 지킬 수 있었다. 그러나 맥스가 지분권을 가진 토지의 일부는 오하이오 주 바깥에 있지 않았다. 그것은 오하이오 주에 소재했다. 비록 그것이 재산세이고, 맥스가 소유한 것이 정말로 토지였다고 해도, 왜 오하이오 주는 자신의 경계선 내에 소재하는 토지에 과세할 수 없었는가? 어떤 점이 헌법위반이었나?

여기에는 어떤 법적 해답도 없다. 수정헌법 제14조 아래에서 수립된 연방 대법원의 '관할권' 원칙은 주 정부가 자신의 주 안에 있는 토지에 과세하는 것을 허락한다(사실 반드시 허락해야만 한다). 실제로 맥스가 지분을 보유한 오하이오 주의 토지에는 이미 통상의 재산세가 그 해에 한 번 과세된 바 있다. 그러므로 사건 세금을 재산세로 간주한다면 두 번의 재산세가 같은 토지에 과세된 셈이다. 그러나 헌법에 주 정부가 그렇게 하는 것을 금지하는 내용은 없다. 마찬가지로 연방 대법원의 원칙 중에도 그런 것은 없다. 이중과세를 금지하는 연방 대법원의 원칙이 있지만, 이는 서로 다른 두 개의 주 정부가 동일한 물건에 대해 과세하는 것만 금할 뿐이다. 물론 오하이오 주의 헌법이 그것을 금지해 왔을 수도 있다. 그러나 법적 관습에 따르면 오하이오 주의 헌법이 무엇을 금지하고 금지하지 않는가를 논하는 일은 오로지 오하이오 주 대법원의 소관이다. 그리고 오하이오 주 대법원은 자기들이 생각하기에는 맥스 시니어에 대한 과세가 완전히 합헌이라고 말했다.

물론 주 정부 측의 변호사들은, 만약 연방 대법원이 그 세금을 토지에 대한 세금으로 볼 정도로 충분히 정신이 나갔다면, 그때는 연방 대법원이 당연히 모든 세금을 인정하지 않을지도 모른다고 단단히 각오하고 있었다. 그리고 분명히 법원은 그 각오에 부응했다. 비록 오하이오 주의 토지에 부과된 세금 부분까지 내던져 버려야 할 어떤 법적 근거의 실마리조차 없었지만 말이다. 이리하여 헌법 어구의 부정확한 해석, 관할권과 관련된 공허한 일반 원칙에의 호소, 모순된 현실에는 아랑곳없는 조세 명칭에 대한 집착, 논점과 한참 멀리 떨어진 내용을 다루었던 오래전 사건의 흐리멍덩한 언어가, 법률가의 멍청한 허장성세와 함께, 연방 대법원이 한 덩어리의 헌법률을 구축하는 기초로 봉사했다.

여기에 이 나라의 최고법을 구성하는 성스럽고 공허한 주술적 건축물의 축소 모형이 있다. 비법률가들도, 어느 정도의 통찰력을 갖추기만 한다면, 그리고 법률 용어를 둘러싼 연막을 걷어 낼 수만 있다면, 시니어 대 브래든 사건뿐만 아니라 거의 모든 연방 대법원 사건에서 서술된 논리가 지적 사기 이상도 이하도 아님을 인식할 수 있을 것이다. 그 사기가 시니어 대 브래든 사건에서 명백하게 드러난 이유는 법률 용어와 논리의 조작이 평소보다 서투르고 어색했기 때문이다. 그러나 아홉 명의 전문적 요술쟁이들이 가장 매끄럽게 일을 처리할 때라도, 훈련된 눈만 갖추면 그들이 서로 주고받는 근엄한 사상들이 실제로는 뜨거운 공기로 가득 차 쉽게 터질 수 있는 풍선에 지나지 않는다는 것을 볼 수 있다.

그리고 가장 최악인 부분은 연방 대법원이 언제나 실질적인 문제를 다루고 해결하고 있다는 사실이다. 시니어 대 브래든 사건에는 주 정부의 재정이라는 아주 실질적인 문제가 존재했다. 그러나 연방 대법원의 결정에 따르면, 오하이오 주는 맥스 시니어의 100달러뿐만 아니라, 맥스와 같은 방식으로 수입을 얻었던 오하이오 주민들로부터 걷을 수 있었던 수백만 달러의 세수입을 잃게 된다. 오하이오 주는 그렇다면 세수의 부족을 메우기 위해 다른 세금을 신설해야 할까? 아니면 기존 세법을 고쳐, 세목을 소득세로 바꾼 뒤, 3년이나 4년 후쯤에 사건이 희미해지면, 연방 대법원이 법률 문구를 존중해 이제는 법률을 합헌으로 결정하기를 희망해야 할까?

판결의 옳고 그름을 떠나, 맥스가 어떤 형태의 재산을 소유했는지에 대한 연방 대법원의 엄숙한 고찰은 오하이오 주가 당면한 재정 문제의 해결에는 거의 도움이 되지 않은 것으로 보인다. 만약 법원이 오하이오 주가 합법적인 자산에 너무 많은 세금을 부과하고 있으므로 현재의 지출을 좀 줄일 필요가 있고, 사건의 세금이 부과되어서는 안 된다고 윽박질렀다면, 그런 결정은, 비록 법적인 논리에 따른 것은 아니라 해도, 최소한 어떤 '권리 동산'이나 토지 수익이나 그와 유사한 추상적이고 모호한 관념에 대한 논의보다 훨씬 더 이치에 닿았을 것이다.

더욱이 법원이 수정헌법 제14조의 이름으로, 주 정부의 과세 '관할권'의 일반 원칙 아래에서 유쾌하게 처리한 커다란 질문 역시, 매우 실질적인 문제를 포함하고 있었다. 주 정부의 입장에서 볼 때, 문제는 주 정부를 운영하기 위한 과세의 대상인 개인이나 회사나 자산은 오늘날 대부분 전국 각지에 흩어져 있다는 사실이다. 그렇다면 어떻게 그들과의 접촉을 유지하고, 어떤 종류의 세금을 부과해야 우리의 관할을 벗어난 그들을 추적하거나 세금을 제대로 걷지 못해 정부 운영에 곤란이 생기는 일이 발생하지 않을까? 납세자의 관점에서도, 그가 개인이든 회사이든, 문제는 간단하다 — 우리의 사업장과 자산이 전국 각 주에 흩어져 있다는 이유로, 그 모든 주 정부가, 우리에게 똑같은 세금을 때려서 우리가 하나의 행위 혹은 소유물에 대해 몇 번씩이나 세금을 내야 하는 것이 공정하거나 올바른 일인가? 관련된 것이 소득세이든 재산세이든 상속세이든, 기본적인 문제의 내용은 똑같다.

이 문제의 효과적인 해결에 있어서, 연방 대법원의 관할권 원칙이 기여하는 바는 말 그대로 전혀 없다. 수정헌법 제14조는 '주소 등록지 주州'에만 무체재산의 이전에 대한 상속세를 부과하는 관할권을 허락한다는 지상명령은 매우 학술적으로 들릴 수 있다. '주소 등록지 주'에 사업장이 소재한다면 과세의 관할권을 준다는 규칙도 마찬가지다. 그러나 그런 원칙과 세부 원칙과 예외의 표명과 적용은 주 정부와 납세자가 처한 기본적인 어려움에 대해 그 어떤 희미한 실마리조차 주지 않는다.

진실은 연방 대법원이 이 사건에서 주 정부가 처한 문제에 대해, 온전하고 지적이며 쓸모 있는 해결책을 찾을 권한도 능력도 없다는 것이다. 그러나 이런 사실은 법원을 조금도 곤란하게 만들지 않는다. 그들은 그들의 시시하고 작고 추상적인 과세 '관할권' 규칙을 흥겹게 내놓을 뿐이다. 그것도 그런 작고 시시한 규칙이 인민에 의해 채택된

헌법의 수정 조항이라도 되는 마냥 위엄과 권위를 가지고 내놓는다.

시니어 대 브래든 사건과, 모든 과세 '관할권' 사건의 사정은 같다. 진짜 문제의 속살은 간과된다. 법의 이빨은 빠져서 추상 논리의 풀숲으로 떨어져 버렸다. 과세 '관할권' 사건과, 모든 수정 14조의 '적법절차'하의 사건의 사정은 같다. 수정헌법 제14조의 '적법절차'하의 사건과, 모든 헌법률 아래에서의 사정은 같다. 헌법률 아래에서와, 모든 법학의 세부 분야의 사정은 같다. 법의 모든 사정은 같다. 그리고 오직 엄숙하고도 혼란스러운 법률 용어의 주문이 비법률가가 깨닫는 일을 방해하고 있다.

예를 들어, 남북전쟁 직후 흑인의 권리 보장을 위한 수정헌법 제14조의 제정에 직접 혹은 간접적으로 참여했던 시민들은 아마 조금 놀랄 것이다. 그 법에 의거해 오하이오 주가 맥스 시니어로부터 100달러를 걷지 못하게 되었다는 것을 알면 말이다.

이 장은 연방 대법원의 판례문을 직접 다루는 데다가, 신탁법, 재산법, 형평법 등 영미법에 특유한 논점이 복잡하게 얽혀 있어 이해하기가 쉽지 않다.

그러므로 모든 쟁점을 완벽하게 이해하려 하기보다는, 핵심 쟁점을 중심으로 전체적 요지를 파악하는 데 의의를 두는 편이 좋겠다.

이 장의 핵심 주제는 결국 상고인인 맥스 시니어가 보유한 신탁 수익권이 재산적 권리(물권)냐 아니면 채권적 권리냐 하는 것이다. 오하이오 주는 맥스가 보유한 신탁 수익권이 주식이나 회사채와 같은 '권리 동산', 즉 채권적 권리라고 주장했다. 그러나 맥스는 신탁권이 권리 동산이 아닌 토지에 대한 권리, 즉 물권이라고 주장했다.

오하이오 주의 견해에 따르면, 맥스의 신탁 수익권에 대한 과세는 수정헌법 제14조에 기초한 이중과세 원칙에 위배되지 않는다. 왜냐하면 이중과세 원칙에 따르면 주 거주민의 주식이나 회사채와 같은 권리 동산에 대한 과세는 허용되기 때문이다.

● 이 "보충 설명" 글은 옮긴이가 작성한 것이다.

반면 맥스의 주장에 따르면, 맥스는 토지에 대한 물권적 권리를 소유했으므로, 여기에 대한 과세는 이중과세 금지 원칙에 대한 위반이다. 왜냐하면 주 경계선 바깥에 위치하는 토지에 대한 과세이기 때문이다.

연방 대법원은 이에 대해 맥스의 손을 들어 주고 있다. 즉 신탁수익권이 권리 동산이 아니라 토지에 대한 물권이므로 이에 대한 과세는 토지에 대한 과세로 이중과세 원칙을 위반한다는 것이다.

이 판결의 쟁점을 이해하려면 신탁법과 관련된 역사적 연원을 살펴볼 필요가 있다. 신탁제도가 영미법에서 출발했지만, 영미법의 커먼로 체계는 처음에는 신탁 행위에 법적 권리를 부여하지 않았다. 즉 신탁 행위는 당사자 사이의 단순한 도덕적 약속이라고 보았고, 신탁 관리인이 자산을 반환할 의무를 강제하지 않았다(우리 법의 명의 신탁과 연결 지어 생각하면 이해가 쉬울 것이다).

그러나 시일이 흐르면서 형평법 법원을 통해 신탁 관계에 법적 의무와 권리가 부여되기 시작했다. 특히 13세기 초 십자군 전쟁에서 귀환한 병사와 그 가족들이 영국의 법무대신에게 신탁재산의 반환을 호소한 것이 역사적 계기로 작용했다.

형평법 법원은 신탁 관계를 채권적 권리·의무 관계로 보았다. 즉 신탁 관리인은 신탁 자산을 성실하게 관리하고, 신탁인에게 수익을 지급하며, 요청이 있을 때 반환할 권리가 있었다. 그러므로 신탁인이 가진 신탁 수익권은 권리 동산이었다.

그러나 신탁 관계가 계속 강화되면서, 19세기에는 권리 동산을 뛰어넘어, 물권으로 정립되었다. 즉 신탁 관계는 신탁자와 신탁 관리인 사이의 채권적 관계가 아니라, 신탁자가 자산에 대해 갖는 물권적 관계로 변했다. 그러므로 그것은 일반적인 물권과 같이 양도성이 있었다.

따라서 본 사안은 신탁 관계에 기인한 신탁 수익권이 물권적 권리임을 확인하는 재판이라고 볼 수 있다. 다만 저자는 이런 결론에 이르기까지의 논리적 비약, 불친절, 형식주의적 태도를 비판하고 있다.

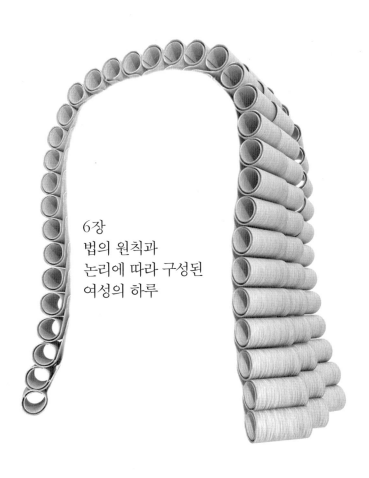

6장
법의 원칙과
논리에 따라 구성된
여성의 하루

여성은 보통의 경우 매우 간단한 도덕률을 지니고 있다.

"하고 싶은 것은 옳고, 하기 싫은 것은 틀리다"

_헨리 아담스

● 헨리 아담스(Henry Brooks Adams, 1838~1918). 미국의 유명한 문필가, 역사가. 하버드대학교
  교수를 역임했다.

법률가는 자신들이 법적 추론이라고 부르는 말놀이의 난장판을 너무나 복잡하게 벌려 놓았으므로, 그런 추론의 아주 작은 부분을 절개해 그 속임수를 드러내는 일조차 힘들 수밖에 없다. 이와 같은 점이, 어느 정도는, 법의 최후의 지적 방어선이 되어 왔다. 오랫동안 수많은 사람들은 법률가가 장황한 언어를 사용해 총체적인 속임수를 만들어 내고 있는 것은 아닌지 의심해 왔다. 그러나 정작 수많은 장식물들로 치장한 그와 같은 속임수들을 걷어 내려고 하는 순간, 어떻게 하면 좋을지 종잡을 수 없게 된다. 법적 논리라는 거울 미로에서는 친절한 안내를 받는다 해도 이내 지치고 혼란에 빠지기 마련이다.

그러나 어떤 결정들이 일상적으로(말하자면, 좀 더 직접적이고 효율적인 방식으로) 내려지는 영역에 법이 문제를 해결하는 방식을 상상적으로 적용해 보는 것만으로도, 법적 절차의 공허함과 부적절함을 보여 줄 수 있다. 그 어떤 부류의 사람보다도 실용적인 사고방식을 가진 가정주부가 원칙, 반대 원칙, 개념이라는 법적 양식에 따라 아침부터 저녁까지 일어나는 모든 사건을 처리한다고 가정해 보자.

우선 첫째로, 그녀가 따르는 지침은 물론 개인적 정의라는 흐릿하고 모호한 개념이 될 것이다. 그녀는 옳은 일을 해야하고 옳은 결정을 내려야 한다는 부담감을 느끼겠지만, 그녀 스스로가 자신에 대한 최고법원이므로, 자신이 한 일은 결국 모두 옳은 일이 될 것이다. 다만 무엇을 하고 무엇을 하지 않을지를 자신의 개인적 법의 준엄한 원칙에 따라 사전에 결정하는 일은 여전히 어려운 일일 것이다.

그 법에는 두 개의 주요 원칙이 있을 것이다. 첫째는 지금 하고 싶은desirable 것으로 보이는 일은 옳다는 것이다. 둘째는 지금 하고 싶은 일도 장기적인 안목에서 보면 틀릴 수 있다는 것이다. 물론 두 원칙을 어떤 특정 상황에 적용할 때 가끔 서로 충돌하는 듯 보일 수도 있겠지만, 그것은 별 문제가 되지 않는다. 추상적인 관점에서는 둘 다 완전히 적절한 법적 원칙이기 때문이다. 더욱이 그들은 확실한 결정을 내리는 데 있어 여러 하위-원칙과 하위-하위-원칙들의 도움을 받는다.

부인의 하루가 시작된다. 그녀의 첫 번째 결정은 당연히 바로 일어나느냐 아니면 좀 더 침대에 누워 있느냐다. 그녀가 지금 하고 싶은 일은 옳다는 법의 원칙을 떠올리자 침대에 누워 있는 것이 옳게 여겨진다. 그러나 결정을 성급하게 내리기에 앞서, 그녀는 지금 하고 싶은 일도 장기적인 안목에서는 틀릴 수 있다는 또 다른 원칙도 염두에 두어야 한다. 물론 이 원칙에는 일정한 예외나 단서가 존재한다.

그중 하나는 현재 어떤 행위(혹은 비행위)를 너무나 간절히 하고 싶은 나머지, 그 욕구가 충족되지 않는다면 일정 시간 동안 기분이 엉망이 될 수 있으며, 이런 기분이 장래에도 계속 영향을 끼칠 수 있다고 간주된다면, 그 행위(혹은 비행위)는 옳은 행위가 된다는 것이다. 분명이 예외는 지금 적용된다.

그러나, 공정을 기하는 차원에서, 그녀는 이런 '욕구=정당'이라는 원칙desirable-equals-right rule에는 또 하나의 예외, 즉 하고 싶은 일을 포기하는 것이 고결감을 불러일으킨다면 그 일을 하지 않는 것이 좋다는 예외가 존재한다는 점 또한 간과해서는 안 된다. 교착상태가 발생했다. 결정을 내리는 일이 벽에 부딪혔다.

아마도 선례가 도움이 될 수 있다. 어제 그녀는 분명히 일찍 일어났다. 그러나 어제의 결정에는 지배력이 없다. 왜냐하면 어제는 날씨가 화창했지만 오늘은 날씨가 궂기 때문이다. 이런 관련 사실 간의 불일치를 무시하지 않는 것이 공정하다. 여전히 문제는 해결되지 않았다.

그다음 부인은 아침에 미용사와 약속이 잡혔다는 사실을 떠올린다. 이리하여 잘 알려진 법적 원칙이자 '욕구=정당 원칙'의 하위 원칙인, 자발적으로 한 중요한 약속은 반드시 시간을 지켜야 한다는 약속이 작동한다. 성급하게 한 약속이 나중에 후회스럽게 느껴진다면 지키지 않아도 된다는 하위-하위 원칙이나 억지로 한 약속은 지키지 않아도 된다는 하위-하위-하위 원칙은 신경 쓸 필요가 없다. 마침내 법은 지상地上으로 강림해 부인이 일어나야 한다고 선언한다.

이렇게 해서 부인은 일어난다. 물론 그녀가 미용사와 약속을 지키고 싶어서는 결코 아니다. 그보다는 지금 당면한 문제와 관련된 모든 법의 원칙이 그런 결정을 지지하고 있기 때문이다. 지금 하고 싶은 일은 해야 한다 → 그녀는 머리 손질을 하고 싶다. 지금 하고 싶은 일이라도 장기적인 관점에서 보면 틀릴 수 있다 → 그녀는 침대에서 좀 더 자고 싶다. 지금 하지 않으면 몇 시간 동안 괴로울 수 있는 일은 해야 한다 → 오늘 머리를 하지 않으면 그녀는 몹시 화가 날 것이다. 하고 싶은 일을 포기하는 것이 고결감을 준다면 하지 않는 것이 좋다 → 분명히 일어나면 고결감을 맛볼 것이다. 자발적으로 한 약속은 시간을 지켜야 한다 → 약속 시간에 늦게 되면 미용사가 머리를 해주지 않을지도 몰라 걱정이다. 또한 어제의 선례 역시, 비록 지금 지배력을 갖는 것은 아니나, 그런 결정을 암시하고 있다. 그러므로 이 사안에서 법에 관한 어떤 의심도 없다. 그리고 결정은 법에서 자동적으로 도출된다.

부인 앞에 놓인 다음 두 개의 문제는 비교적 쉽다. 그 해답은 그동안 견고하게 쌓인 선례에서 바로 도출된다. 부인은 이를 닦아야 하는가? 그렇다. 왜냐하면 그녀는 건강에 좋은 것은 무조건 좋다는 원칙에 따라 그녀의 법을 해석해 왔기 때문이다. 그녀는 뜨거운 물로 샤워하다가 마지막에는 찬물 샤워를 해야 할까? 아니다. 왜냐하면 그녀는 건강에 좋은 일이라 할지라도 하기 싫으면 하지 않아도 된다는 원칙에 따라 법을 해석해 왔기 때문이다.

시내에 입고 나갈 옷을 고르는 문제, 즉 구입한 지 2개월이 된 실용풍의 검은색 옷을 입느냐 아니면 청백색의 신상품 옷을 입느냐를 선택하는 문제를 해결할 때는 다른 법적 개념이 동원된다. 여기에는 경제성이라는 개념이 동원된다. 경제성이라는 개념은 경제적인 것은 옳다는 원칙과 당장에 경제적으로 보여도 장기적으로 볼 때는 낭비가 될 수 있다는 하위 원칙으로 구성되어 있다. 경제성의 원칙을 따른다면 쉽게 때가 타지 않는 검은색 옷을 선택해야 할 것이다. 그러나 그 뜻과 내용이 시간과 장소에 따라 끊임없이 변하는 '세련됨'이라는 법적 개념에 따르면 청백색 신상품 옷이 나아 보인다.

이 문제에 대한 부인의 결정은 극도로 법률적인 견지에서 이루어진다. 그녀는 그 예외가 거의 존재하지 않는 세련됨이라는 법 최고 원칙에 절대적으로 복종한다. 그러나 경제성이라는 원칙 또한 무시하지 않고 전차 대신에 택시를 타서 옷을 더럽히지 않도록 한다. 이렇게 상호 충돌하는 원칙을 요령 있게 융화시키는 행위를 통해 그녀는 자신이 법의 수행에 통달해 있다는 것을 보여 준다.

시내에 나간 부인은 완전히 다른 법의 관할구역에 와있다는 것을 깨닫는다. 여기서는 적용되는 법의 원칙은 같으나 그 해석이 달라진다. 예컨대 현재 하고 싶은 것은 옳은 것이며, 현재 하고 싶다 해도, 장기적으로 보았을 때에는, 틀릴 수 있다는 원칙은 여전히 유효하지만, 지금 이 순간 하고 싶은 일을 결정하는 기준은, 집에서와는 달리 다른 사람들이 어떻게 생각하느냐에 달렸다. 시내에서는 타인이 옳다고 믿는 것은 대체로 귀찮은[하고 싶지 않은] 것이라는 집에서의 규범이 통하지 않는다.

그래서 부인은 미용사에게 적당한 팁을 줄 것인가 후한 팁을 줄 것인가를 조심스럽게 고민한 다음 집 밖에서는 사람들이 옳다고 여기는 것이 바람직하다는 원칙에서 그 해답을 발견한다. 그 원칙상의 '사람들'을 한 '개인'으로 좁히고, 다시 그 '개인'에 미용사가 해당한다고 하는 간단한 법적 추론을 거쳐 부인은 미용사에게 후한 팁을 건네준다. 이런 결정은 당장에 경제적인 것도 긴 안목으로 보면 문제가 될 수 있다는 경제성이라는 추상적인 법적 관념에도 아주 잘 맞는다. 인색하게 팁을 낸다면 미용사는 다음에 머리를 할 때 최선을 다하지 않을 것 아닌가?

점심을 먹을 때 부인은 기름진 디저트 과자를 주문할 것인가 하는 선택에 부닥친다. 여기서는 하고 싶은 것과 관련된 첫 번째 원칙과 건강에 관한 두 번째 원칙이 둘 다 설득력이 있게 보이므로 충돌이 발생한다. 그러나 이는 당연히 표면적인 것에 불과하다. 법 원칙의 궁벽한 구석을 뒤적이던 중 그녀는 하고 싶은 일을 하지 않는 것은 고결감을 주기 때문에 바람직하고, 따라서 옳다는 하위 원칙에서 나온 적절하고 유용한 논리적 귀결이 있음을 기억해 낸다. 그 귀결이란, 하고 싶긴 하지만 그렇게 많이는 하고 싶지 않은 것이, 엄청나게 하고 싶은 것보다 쉽게 포기된다는 것이다. 왜냐하면 포기로 인한 고결감은 포기 자체에 달린 것이지 그 대상이 얼마나 하고 싶은지의 정도에 달린 것이 아니기 때문이다. 따라서 그녀는 슈크림을 포기하게 된다.

그녀와 점심을 같이 먹은 친구가 쇼핑을 가려고 한다. 그녀도 같이 가야 할까? 그 결정은 물론 일시적인 기분이 아닌 법의 지시를 받아 내려져야 할 것이다. 그 법이란 시간을 낭비하는 것은 나쁘다는 법이다. 그 법은 또한 다른 중요한 일이 있을 때 시시한 일에 시간을 쓰는 것은 나쁘다는 내용도 담고 있다. 실제로 여러 집안일이 그녀를 기다리고 있다. 그러나 집 바깥에서는 집안일이 사소한 일이 된다는 규범도 존재한다. 내키지 않는 초대가 있을 때는 집안일이 극도로 중요한 것이 된다는 예외 원칙은 이 경우 해당하지 않는다. 또한 여기서는 타인의 요청에 응하는 것이 응당 옳다는 형평법의 원칙이 법의 고지식한 규범을 대체할 수 있다.

쇼핑 도중 모자가 부인의 눈에 띈다. 부인은 모자가 별로 필요하지는 않으나 마음에 들었으므로 사고 싶어졌다. 이때 결정은 기본적인 법 원칙에 근거해 극도로 간단하게 내려진다. 이 원칙은 헌법의 신조만큼 신성한 것으로 존엄한 시민적 자유권 중 하나와 관련되어 있다. 그것은 계약의 자유는 그 어떤 상황 혹은 어떤 법적 원칙에 의해서도 거부되어서는 안 된다는 것이다. 그녀의 개인적 법의 모든 선례와 전체 역사가 모자를 사지 않는 것은 계약 자유에 대한 침해를 구성한다는 결론을 확고하게 가리키고 있다. 이 사안에 대한 판결은 그러므로 자동으로 내려진다.

만사가 이처럼 진행된다. 하루에 발생하는 모든 문제는 대소를 막론하고 그녀의 법을 구성하는 추상적이고 장중한 원칙의 지배를 받는다. 사안에 대한 결정은 그런 원칙에 따라 엄격하게 내려진다. 원칙이 결정을 좌지우지하고 있다.

저녁을 마친 후, 부인과 남편이 영화를 보러 갈 것인가 아니면 집에 머물러 라디오를 듣다가 일찍 잠자리에 들 것인가 하는 문제가 제기된다. 그녀는 영화를 보길 원한다. 남편은 집에 머무르기를 원한다. 그러나 의심의 여지 없이 남편의 결정은 지배력이 없다. 하급심의 판결과 마찬가지로, 남편의 결정은 진지하게 숙고되긴 하지만, 모든 문제는 최종 판결이 법에 따라 내려질 수 있도록 처음부터 다시 세심히 검토되어야 한다.

부인이 지금 하고 싶은 일은 모두 옳다고 하는 법을 떠올리자 영화관에 가는 것이 옳아 보인다. 그러나 성급하게 결론 내리기에 앞서 지금 하고 싶은 일도 길게 보면 틀릴 수 있다는 원칙을 유념해야 한다. 물론 이 원칙에는 일정한 예외나 단서가 존재한다. 그 가운데 하나는 지금 하지 않으면 앞으로 몇 시간 동안 괴로울 수 있는 일은 지금 해야 한다는 예외다. 분명히 지금 상황에 해당하는 예외다.

그러나 공정을 기하고자 부인은 '욕구=정당의 원칙'에 예외가 존재한다는 사실을 인정해야 할 것이다. 그 예외란 하고 싶은 일을 하지 않는 것이 고결감을 준다면 하지 않는 것이 좋다는 원칙이다. 결정을 내리는 일이 벽에 부닥쳤다.

이때는 선례가 도움이 될 수 있을 것이다. 지난밤 부인과 남편은 영화를 보러 갔다. 그러나 어젯밤에 내린 결정이 반드시 구속력을 갖는 것은 아니다. 왜냐하면 어젯밤에 본 영화는 게리 쿠퍼 주연의 영화였으나 오늘 밤에는 외국 영화의 상영이 예정되어 있기 때문이다. 관련된 사실 요소의 차이점을 무시하지 않는 것이 공정하다. 문제는 여전히 해결되지 않았다.

부인은 자신이 매우 피곤하고, 내일은 바쁜 하루가 될 것이라는 점을 깨닫는다. 이리하여 '장기-관점-욕구-부당'이라는 하위 원칙이 작동한다. 이는 다소 불편함이 있어도 티파티Tea Party에서는 가장 산뜻한 모습을 보이는 것이 안전하다는 원칙이다. 이 원칙이 감내할 수 있는 물편함의 정도에 대한 여러 하위 원칙과 예외와 한계가 있긴 하나 지금은 문제가 되지 않는다. 마침내 법은 하늘에서 이 땅으로 내려와 부인과 남편이 잠자리에 들 것을 명령한다.

그리하여 둘은 집에 머무른다. 부인이 내일 티파티에서 잘 보이고 싶어서는 물론 아니다. 그보다는 관련된 모든 법의 원칙이 그런 결정을 지시하고 있기 때문이다. 지금 하고 싶은 일은 옳다 → 부인은 충분히 잠을 자고 싶다. 지금 하고 싶은 일도 길게 보면 틀릴 수 있다 → 그녀는 여전히 영화관에 가고 싶다. 지금 하지 않으면 몇 시간 동안 괴로울 수 있는 일은 일정한 범위에서 하는 것이 옳다 → 내일 산뜻하게 보이지 않는다면 그녀는 자신을 용서할 수 없을 것이다. 하고 싶은 일을 하지 않는 것이 고결감을 일으킨다면 하지 않는 것이 옳다 → 집에 머무르길 원하는 남편의 바람을 들어준다면 고결한 기분을 느낄 것이다. 티파티에서는 최선의 모습을 보이는 것이 안전하다 → 부인은 이런 원칙을 무시하면 매우 불쾌해질 수 있다는 점을 걱정한다. 이 사안에서 법과 관련한 어떤 의심도 없다. 결정은 법에 따라 자동으로 도출된다.

···

이상의 내용은 모든 결정이 추상 원칙이나 법의 규칙의 지배를 받아 이루어지는 부인의 하루를 요약한 것으로, 아마 극도로 어리석게 보일 것이다. 대부분의 원칙은 너무나 공허하고 일반적인 언어로 표현되었고, 그것이 개별 문제에 대한 개별적 해답이 될 수 없음은 명백하다. 실질적으로 모든 원칙은 다른 원칙이나 예외와 부분 혹은 전체적으로 충돌하고 있음이 명백하다. 부인의 어떤 결정도 필연적으로 원칙이나 개념에서 도출되고 지시받았다고 할 수 없음은 명백하다. 모든 사례에서 '지배적인' 원칙이나 원칙들은 일종의 느슨한 합리화로서, 부인이 먼저 결정을 내린 뒤에 동원되었음이 명백하다.

만약 다른 사람, 예를 들어 부인의 남편이 그녀에 대한 최고법원 노릇을 했다면, 비록 똑같은 원칙들의 인도가 엄격하게 고수되었다 할지라도, 대다수의 규칙은 다른 방식으로 작동했을 것이다. 예를 들어, 세련됨과 경제성의 개념이 충돌한다면, 그 결정은 경제성에 호의적이며 경제적인 것이 현명한 것이라는 규칙 아래에서 세련됨 또한 적절히 고려했을 것이다. 계약의 자유는 아마 모자를 사지 않을 권리로 해석되었을 것이다. 제한된 범위에도 불구하고, 부인의 법 시스템은 줄곧 이중 임무를 수행하기 위해 팔을 뻗칠 필요는 없었을 것이다.

참으로 기묘하다. 그러나 우리가 머리 위에 이고 살아가는 법체계보다는 조금도 더 기묘하지 않다. 왜냐하면 대부분의 법적 원칙은 너무나 공허하고, 일반적인 언어로 표현되어, 개별 문제에 대한 개별적 해답이 될 수 없으며, 실질적으로 모든 법적 원칙은 다른 원칙이나 예외와 부분적으로 혹은 전체적으로 충돌하고 있으며, 어떤 법원의 결정도 필연적으로 법적 원칙이나 개념에서도 도출되고 지시받았다고 할 수 없으며, 모든 사안에서, '지배적인' 법적 원칙이나 원칙들은, 일종의 느슨한 합리화로, 법원이 먼저 결정을 내린 뒤 동원되기 때문이다.

부인의 법 시스템과 그 작동 방식이 법의 작동 방식보다 더 우스꽝스럽게 보인다면, 그 이유는 오직 대부분의 법의 원칙이 더욱 생소하고 근엄한 언어로 표현되므로 그 모든 공허함과 모순과 결론을 사후에 정당화하는 습관적이고 명백한 행태가 비법률가의 미숙한 눈에는 잘 들어오지 않기 때문이다. '하고 싶은 것'이라는 단어를 '입법 취지의 범위에서'라는 단어로 대체하고, '미용사와의 약속'을 '정당한 대가를 기대하는 미이행의 계약'으로 대체하고, '올바르다'를 '적법절차를 위반하지 않는다'로 대체한다면, 부인의 법 원칙도 위조된 장중함과 엄숙하고 중요한 듯한 분위기를 갖추기 시작한다. 더욱이 이런 장중함은 사용된 언어의 진짜 의미와는 어떤 관련도 없다.

아니면 이번에는 거꾸로 사기업에 대한 주 정부의 규제는, [그것이] 주 경찰권의 정당한 행사로 인가되지 않은 이상, 적법절차를 거치지 않은 재산권 침해가 된다는 널리 인정받는 법 원칙을 가져와 보자. 그리고 이것을 어떤 주 법률이 좋지 않은 이상 나쁘다는 간단하지만 똑같은 의미의 설명으로 바꾸어 보자. 이제 법도 부인처럼 어리석게 보이기 시작한다.

사실, 법과 법을 제정하는 사람들은 대부분 부인보다 더욱 어리석다. 왜냐하면 부인은 앞서 명백히 서술된 바와 같이, 자신이 무엇을 원하는지 알아서 그에 따라 결정을 내렸고, 그 과정에서 자신이 내린 각각의 결정들을 원칙의 광범위한 일반화를 통해 정당화해야 한다는 요구에 시달리지 않았기 때문이다. 그런 요구는 자동적으로 충족될 수 있었는데, 왜냐하면 그녀가 내린 결론의 적용 대상은 그녀 자신이었고, 또 자신이 이미 내린 결정에 따라 원칙을 끼워 맞추는 일은 법이나 다른 분야에서 항상 그렇듯이 쉬운 일이었기 때문이다.

　그러나 법적 결정을 내리는 법관은 대체로 자신이 결정을 내리는 사건의 결과에 그 어떤 관심(이해관계)도 갖고 있지 않다. 물론, 만약 그들이 관심이 있다면 — 법관이라 해도 정치나 사회적인 감정을 갖지 않는 것은 아니다. 그들은 뉴딜이나 노동조합이나 대기업에 대한 나름의 호오를 가지고 있다 — 그들은 의식적으로 혹은 무의식적으로 부인의 법적 판단 과정(결정을 내리고, 이에 원칙을 끼워 맞추는)을 되풀이할 수 있으며 실제로 자주 그렇게 한다. 다시 말해, 그들은 먼저 판결하고 나중에 정당화한다. 그리고 그렇게 함으로써 그들은 최소한 사법적이 아닌 실질적인 방법으로 일을 하게 된다(실질적인 것과 사법적인 것은 상호 배타적이다).

　그러나 법률 업무의 많은 부분을 차지하는 광산 경영과 같은 사건에서 법관은 누가 이기는지 그리고 판결의 결과가 어떻게 될 것인가를 신경 쓰지 않는다. 반면에 사건 변호사는 관심이 있다. 그들은 자신이 어떤 결과를 원하는지 미리 알기 때문에 부인과 비슷한 방법으로 원하는 결과에 맞는 일반화와 법적 진술을 수행한다. 그러나 법관은 그렇지 않다. 그렇다면 그들은 어떻게 법적 해답에 도달하는가?

법관들이 하는 일은 사실은 부인이 하는 척 했던 일[법률적 추론을 통해 자신의 행위를 정당화하는 것이다. 그들은 한 묶음의 추상 원칙들과 다른 원칙들을 서로 저울질한 다음, 일종의 신들린 정신적 전이를 통해 특정한 결론을 내놓는다. 그들은 긴 단어들과 유창한 법의 문구들을 그것들이 얼마나 모호하고 무의미하고 서로 모순되는지 아랑곳하지 않고 가져온다. 그리고 이런 단어들과 표현들을 진공 속에서 무게 달아 본다. 그리고 나서 그들은 무거운 쪽을 당해 분쟁에 '적용'한다. 신으로부터 직통으로 수여받은 최종 결론인 것처럼.

만약 이런 완벽한 초연함을 갖춘 법원이 우리 친구 부인의 사건을 다루었다면 이와 같았을 것이다. 그들은 서로 대립하는 변호사로부터 제출된 하고 싶은 건 옳다는 원칙과 하고 싶은 건 틀리다는 원칙을 저울질했을 것이다. 그리고 당연히 추상적으로, 하고 싶은 건 틀리다는 원칙이 둘 가운데서 더 설득력이 있다고 결정했을 것이다. 그리고 하고 싶은 건 틀렸다는 게 법이므로 부인에게 침대에서 당장 일어나야 한다는 사실을 통보했을 것이다. 확실히 언제나 반복되는 일인데, 실제의 법적 사안에서 서로 대립하는 변호사는 그들 주장의 근거로 훌륭하지만 서로 모순되는 원칙들을 제시한다. 법률상-구제방법-미존재시-형평법-작용-원칙(법에 적당한 구제 방법이 없을 때만 형평법을 적용할 수 있다는 원칙) vs 법률상-구제방법-미존재시-형평법-작용-불필요-원칙(구제 방법이 법에 없다 하더라도 형평법을 적용할 필요가 없다는 원칙). 평화적-피케팅-합법-원칙 vs 피케팅-무조건-불법-원칙. 원고측-기여과실[1]-피고책임-면제-원칙 vs 원고측-기여과실-피고책임 -불면제-원칙. 그리고 언제나 반복되는 일인데, 법원은 약간의 고심을 거쳐 두 개의 모순되는 원칙들 가운데 하나를 움켜쥔 뒤 그것을 결정의 기초로 삼는다.

왜냐하면 법의 신화에 따르면 모든 법적 분쟁은 추상적 법 원칙을 땅으로 끌고 와서 해당 분쟁에 밀어 넣음으로써 해결될 수 있고 되어야 하기 때문이다. 어떤 법원이라도 결정을 내릴 때 현실적인 점을 고려했다는 사실을 절대로 인정하지 않는다. 설령 그 결정이 아주 현실적일 때라도 마찬가지다. 그것을 인정하면 결정을 지시한 것이 법이 — 장황한 추상개념들이 잔뜩 쌓인 것 — 아니었음을 인정하는 것과 마찬가지이기 때문이다.

그렇다면 의심의 여지 없이 똑똑한 법관들은 분명히 깨달을 수 있을 것이다. 실제 사건에 대한 실제적 해결책을 주기 위해 법을 공부할 필요가 전혀 없다는 사실을 말이다.

1_법률상 자신의 이익을 위해 기울여야 하는 통상의 주의 의무를 게을리 해 자신의 권리 침해나 손해에 기여하는 행위. 보통법에서는 피고가 원고의 기여과실을 입증한다면 원고는 손해배상 을 받지 못한다.

7장
신화와 사실

"이 일에 대해 뭔가 아는 게 있는가?" 왕이 앨리스에게 물었다.

"없어요." 앨리스가 말했다.

"전혀?" 왕이 되물었다.

"네, 전혀요." 앨리스가 말했다.

"이게 바로 중요한 점이오." 왕이 배심원을 향해 말했다.

_루이스 캐롤

● 루이스 캐롤(Lewis Carroll). 영국의 동화 작가 겸 수학자. 『이상한 나라의 앨리스』로 유명하다.

그 어떤 사실보다, 모든 법률업 종사자(연방 대법관으로부터 즉결 심판소의 변호사에 이르는)가 펼치는 법이 엄밀한 과학이라는 억지 주장이야말로, 법이라는 사기술의 활력과 생명력을 유지하는 데 핵심을 이룬다. 모든 법적 분쟁의 해결 배후에는 하나의 가정이 존재한다. 그것은 법관의 성스러운 말에 의해 해결되든 혹은 법원 밖에서 해결되든, 법에 따르면 특정 문제에 대한 올바른 답은 오직 하나만 존재하며, 이는 이미 예정되었다는 가정이다. 그러므로 법의 신화에 따르면, 변호사나 법관은 그저 법이라고 하는 방대하고 복잡한 가감승제加減乘除의 계산기를 조작하는 숙련된 기능공에 불과하다. 그들이 아무 문제나 선택해, 그것을 올바른 법적 부호로 번역하고, 그 부호에 부합하는 커다란 기계 위의 단추를 누르면, 올바른 해답이 자동적으로 튀어나온다.

확실히 비법률가들이 계속해서 그들의 문명을 법의 규율 아래 복속시키는 이유는 오로지 법이 기계와도 같은 냉철한 특성을 갖고 있다고 열렬히 믿기 때문이다. 마찬가지로 법률가들 자신도 그들의 위엄과 권력을 유지하려면 계속해서 그런 주장을 관철해야 한다는 사실을 잘 알고 있다. 심지어 연방 대법원조차 그 판결문에서 판결을 지시한 것은, 오류에 빠질 수 있는 아홉 명의 인간이 아니라, 오류에 빠지지 않는 자동기계인 법이라고 진술하려는 의도를 가끔씩 내비친다. 왜냐하면 법률가들은 만약 보통 사람들이 그들의 삶이 법(즉 어떤 엄격하고 몰인격적이며 자동적으로 적용되는 규칙의 조항)이 아니라 법률가 집단(비교적 소수의 영특하고 요령 좋고 잘난 채 하는)에 의해 운영된다는 사실을 혹시라도 깨닫게 된다면 자신들에게 큰 화가 미칠 것임을 잘 알고 있기 때문이다.

그러나 이 시점에서, 법이 [실제로는] 어떻게 작동하는지에 대한 사례들을 좀 더 들거나, 법의 번지르르한 개념들과 원칙들 그리고 복잡한 논리를 더욱 자세히 검토해, 법이 매우 부정확한, 갈지자걸음의 '과학'이며, 문제들에 대한 법의 그 어떤 해답도 미리 예정되어 있거나, 정확하거나, 필연적인 것이 아니라는 점을 보여 줄 필요는 없을 것이다. 쇼를 진행하는 당사자는 지루한 허튼소리를 지껄이는 법률가이지 모호한 추상의 덩어리인 법이 아니다. 비록 법이 법적 언어로 쓰인 질문에 자동적인 해답을 주는 커다란 기계로 간주된다 하더라도, 그 질문을 작성하고 어떤 단추를 누를지 결정하는 당사자는 법률가와 법률가-법관이다. 그리고 담배 자동판매기를 작동시켜 본 사람은 누구라도 체스터필드 담배를 살려면 체스터필드 단추를 눌러야 한다는 것을 알고 있다. 기계는 나머지 일을 처리한다.

그러므로 연방 대법원은 '적법절차에 의하지 않은 재산의 박탈'이라는 단추를 누르면, 그 답은 '위헌'으로 나오는 것을 알고 있다. 만약 '주의 경찰권' 단추를 누르면 답은 '합헌'으로 나올 것이다. 그러나 법의 기계가 법원에게 어떤 단추를 눌러야 한다고 말해 주지는 않는다.

마찬가지로, 사업 약정과 관련된 분쟁의 결정에 참여하는 법관은, '청약', '승낙', '약인' 따위로 표시된 단추를 누르면, 그 답은 유효한 계약으로 나오는 것을 알고 있다. 그러나 만약 '청약 없음' 단추를 누르면 그 답은 '계약 없음'으로 나올 것이다. 이와 같이 간단하다.

즉 요점은 실제로 결정이 내려지는 모든 사건에서, 그 사건의 판결을 결정하는 법은, 기계가 작동한 이후가 아니라 그 전에 작성된다는 것이다. 모든 문제의 핵심은 어떤 단추를 누를 것인지, 어떤 원칙이나 개념을 따를 것인지 선택하는 일에 달려 있다. 시니어 대 브래든 사건에서, 연방 대법원은 '재산세'와 '토지에 관한 권리'로 표시된 단추를 누르기로 결정했다. 이에 대해 기계는 부드럽게 윙윙거리며 '과세 관할권 없음'과 '적법절차에 의하지 않은 재산의 박탈'을 대답으로 내놓았다. 다시 말해, 위헌! 그러나 만약 연방 대법원이 그 거룩한 손가락을 '소득세' 단추 위에 놓았거나, 혹은 '토지에 관한 권리'의 단추를 건너뛰었다면, 법의 기계는 똑같이 부드럽게 윙윙거리며 정확히 반대의 결론을 내놓았을 것이다.

그리고 언제나 최소한 두 개의 단추들, 두 개의 원칙들 가운데 선택을 하게 된다. 많은 경우 그런 선택을 여러 번 해야 한다. 어떤 법적 분쟁이나, 법적 사례에서도, 이런 선택은 반드시 존재한다.

생각할 수 있는 가장 진부한 사례를 하나 들어보겠다. 정신이 멀쩡한 어떤 남자가 다른 남자를 여러 명의 증인이 보고 있는 가운데 죽였다. 사건과 관련된 모든 성문 제정법과 법률을 아우르고 있는 법의 원칙은 하나의 답을 가리키는 듯 보인다. 즉 일급 살인first degree murder.[1] 그러나 모두가 알다시피, 어떤 변호사가 이 사건을 맡아서, 그 살인자가 무고하다는 것을 선언하는 공인되고 존경받는 법의 원칙을 깊이 파고든 뒤, 올바른 법적 결론은 무죄라고 법원을 설득할 수 있다(이런 일은 실제로 자주 벌어지고 있다). 그렇다면, 이보다 덜 극적이고 외관상 덜 명백한 법적 분쟁에서, 양 당사자 모두가 자신에게 유리한 원칙이나 원칙들의 조합을 법에서 언제나 발견할 수 있다는 것은 놀라운 일이 아니다. 모든 법적 문제는, 법관이 한 묶음의 원칙을 사건에 적용한 뒤 그에 입각해 '법에 따른' 결정을 내리기 전까지는, 언제나 양면성을 지니고 있다는 것 역시 놀라운 일이 아니다.

그렇다면 과연, 법을 구성하고 있는 모든 이런 추상적인 원칙, 다시 말해, 너무나 다양하고 복잡하고 모순투성인 까닭에 그것들을 조합해 단추를 누르면 그 어떤 결과라도 얻을 수 있는 이런 규칙이란 도대체 무엇인가? 성문 제정법은 물론이고, 헌법마저 능가하는 이런

1_미국법에서는 살인을 여러 단계로 분류하는데, 일급 살인은 의도적이고 계획적인 살인을 의미한다. 최고 사형이나 높은 양형이 선고된다.

위대하고 지도적인 진리란 무엇인가? 모든 법적 사고나 법적 행위에 불가결한 이런 자동 계산기란 무엇인가? 그것들은 도대체 어디서 왔는가. 저 높은 법학의 하늘에 머물며 땅으로 내려오길 기다리고 있는 그런 규칙들을 황새가 물어다 준다는 이론은 이미 사라지지 않았는가?

간단한 진실은 이렇다. 그런 규칙들은 모두, 어떤 법관이 자신이 담당한 사건에 기존의 원칙(즉 다른 법관들의 생각)을 적용하기보다는, 무엇인가 과학적이고 자동적이며 필연적으로 보이는 자신만의 견해를 적용하고자 했을 때 드러낸 생각에 그 기원을 두고 있다. 모든 법적 원칙은 어떤 법적 결정에 대한 합리화, 정당화, 이유 붙이기에서 생겨났다. 그리고 그 원칙이 이후에 다른 결정의 합리화에 많이 이용될수록 그 명성은 높아진다. 법 원칙은, 해포석 파이프와 같이, 오랫동안 사용될수록 가치가 올라간다.

형평법상의 구제救濟는 '깨끗하지 않은 손'을 가지고 법원에 온 자에게는 인정되지 않는다는 법의 원칙이 있다.[2] 그 기원은 몇 세기 전, 법에 의하면 원고 측이 유리해 보였던 사건에서, 피고의 손을 들어주며 억지스러운 변명으로 이를 옹호했던 어떤 판사의 열정에 있다. 그 변명은 다른 사건에서도 유용하게 쓰였다. 그리고 오늘날 그것은 형

2_소위 깨끗한 손 원칙(clean hands doctrine)이다. 원고 측이 부도덕하게 행동했거나 신의성실의 원칙을 위배했을 때 피고 측에서 주장할 수 있는 항변이다. 항변이 받아들여지면 피고 측은 배상 책임을 지지 않는다.

평법의 제1원칙이 되었다.

주는 '공공의 이해에 관계있는' 사업을 규제할 수 있다는 원칙 역시 마찬가지다. 어떤 연방 대법원의 판사가, 그런 규제를 지지하면서, 그의 의견에 권위적인 색채를 더하고자 사건 기업은 공공의 이해와 관련이 있으므로 결론적으로 당연히 규제에 복종해야 한다고 진술한 바 있다. 그 말이 먹혔다. 그 합리화는 공인된 원칙이 되었다. 게다가 이 견해를 정반대로 뒤집어서, 또 다른 법관은 더 유용하고 더 널리 쓰이는 법 원칙을 만들었다. 공공의 이해에 관계가 없는 기업은 주의 규제에 복종할 필요가 없다는.

유효한 계약에는 약인이 필수적이라는 원칙도 마찬가지다. 연방 의회는 주간통상에 오직 간접적으로만 영향을 주는 산업 활동을 규제해서는 안 된다는 원칙도 마찬가지다. 법의 그 모든 수많은 원칙들이 다 마찬가지다. 그들은 모두 동료 판사들과 자신에게 좀 더 유식하고 논리적으로 보이는 결정을 내리고자 어떤 판사들이 시도한 자의적인 합리화의 결과로 거룩한 지위를 획득했다.

그리고 당연히 이와 같은 원칙들이 일단 법의 일부로 인정되면, 즉 법률가들이 자주 말하듯이 법의 일부로 '발견'되면, 그것들의 활용은 원칙이 처음 등장한 것과 같은 종류의 문제에만 엄격하게 한정되지 않는다. 특정 사건에서 법관의 메시아적인 웅얼거림이 법의 자랑스러운 원칙이 되어, 다른 사건에 인용되고 모범이 되었다고 하더라도, 그런 원칙의 활용은 최소한 법관이 웅얼거렸던 사건과 같은 종류의 사건에 한정되는 것이 옳다고 생각할지 모른다. 전혀 그렇지 않다.

법의 원칙은 일단 풀려나면 뒤뜰에 감금되는 일 없이, 법의 모든 들판을 활보하도록 허용될 뿐만 아니라 오히려 장려된다.

따라서 두 기업가 사이에 있었던 재산 분쟁을 처리할 때 판사가 재잘거린 소리로부터 탄생한 원칙이, 헌법 해석의 보루가 얼마든지 될 수 있다. 또 처음에는 명예훼손과 관련된 소송의 결정을 뒷받침하고자 내뱉어진 원칙이 그 뒤에 벌어진 살인 사건에서 법의 열쇠로 나타날 수도 있다. 예컨대 주 정부 조세와 연방헌법의 문제를 중점적으로 다루었던 시니어 대 브래든 사건에서, '지배적인' 원칙은 주 법률이나 연방헌법과 아무 관계가 없었고, 단지 재산법과 언방 제정법 아래의 적법절차에 관한 사소한 문제를 다루었던 사건에서 가져온 것이었다.

법적 원칙(그리고 개념들)은 너무나 모호하고 관념적이므로 완전히 다른 종류의 여러 사건에 적용해도 똑같이 말이 되거나 혹은 말이 되지 않는다. 또한 그 의미는 너무나 이율배반적이므로 같은 원칙을 같은 분쟁의 양 당사자가 활용하기도 한다. 유명한 법적 개념인 '계약의 자유'에 대한 '간섭'을 비난하는 유명한 법의 원칙이 있다. 그 원칙과 개념은 추상적인 법의 대표적이고 참된 예시로서, 둘 다 그 어떤 헌법이나 성문법으로부터도 나오지 않았다. 그 원칙들은 법관의 머리, 그리고 입에서 곧바로 나왔다. 파업으로 생긴 노동 관련 분쟁에서 노동자 측 변호사는 파업에 대한 간섭은 노동자의 교섭권을 약화시키므로 그들의 '계약의 자유'에 대한 간섭이 된다고 항변한다. 한편 사업주의 변호사는 파업이 사업주의 '계약의 자유'를 간섭했으므로 법령에 따라 중단되거나 해산되어야 한다고 주장한다. 대부분의 법적 개념과 마찬가지로 '계약의 자유'도 사람마다, 심지어 재판관마다 전혀 다른 의미를 지닐 수 있다. 대부분의 법적 개념과 마찬가지로 이 같은 개념에 기반을 둔 원칙은 특정한 분쟁을 해결하는 지침으로 아무런 의미가 없다.

　냉엄한 진실은, 오래된 속담과 별반 다르지 않은 수많은 법의 원칙들이, 법률 용어라는 옷을 입고 복음처럼 행진하고 있다는 것이다. 존 마셜 판사는 "과세하는 권한은 파괴하는 권한을 내포하고 있다"라고 읊조린 뒤 그 원칙에 근거해 어떤 주 정부의 세금이 위헌이라고 선언했는데, 아마 그가 "거대한 떡갈나무도 작은 열매에서 자라났다"를 그 판결의 근거로 삼았어도 문제는 없었을 것이다 — 그 소리가 썩 인상적으로 들리지 않는다는 점만 빼면 말이다. "손에 화상을 입은 아이는 불을 무서워한다"는 격언은 형법 원칙의 상당수를 대체할 수 있다. 그리고 "낭비하지 않으면 곤궁하지 않다"라던가 "1페니의 절약은 1페니의 수입"과 같은 격언도 업무 관련 분쟁의 해결에서 계약이 유효하려면 약인이 필요하다는 원칙과 마찬가지로 유용하고 적절할 수 있다.

　법 그 자체, 법에 해당하는 것, 법을 이루는 것, 법률가는 알지만 비법률가들은 모르는 것, 그것은 바로 수없이 많고 다양한 추상적 원칙들이다. 그리고 그런 모든 원칙은 본질적으로 어떤 법관이 자신의 판결을 합리화하기 위해 서술하고, 다른 법관이 이를 끄집어내어 반복하는, 일반화된 지혜의 보고寶庫에 불과하다.

더욱이 이 지혜의 보고가 어떤 법적 문제의 결정에 대한 적절하고 논리적인 근거를 그럭저럭 제시했다 하더라도(물론 이런 경우는 흔치 않다), 전체적인 과정 가운데는 여전히 똑같은 함정이 존재한다. 왜냐하면 그런 지혜의 보고들은 너무나 일반적일 뿐만 아니라, 너무나 많고, 너무나 잡다하고, 너무나 혼란스럽기 때문이다. 그리고 그 함정은 올바른 보고, 즉 올바른 원칙을 어떤 특정한 사실과 짝 지울 때 발생한다.

이것이 모든 법적 분쟁의 해결 과정에 존재하는 결정적 단계, 핵심적 움직임이다. 이것이 법의 요술쟁이들이 언제나 그들의 등 뒤에서 취하는 움직임이다(나중에 자신들이 고른 원칙을 의기양양하게 과시할 수는 있겠지만 말이다). 법이 엄밀한 과학이 아닐 뿐만 아니라 엄밀한 과학이 될 수 없는 이유는 바로 이 때문이다. 법이 추상적인 원칙에 근거해 특정 사안을 해결하는 한 말이다. 악마가 언제나 자신의 목적을 위해 성서를 인용할 수 있는 것과 마찬가지로, 모든 사안에서 양쪽 변호사는 자신의 목적을 위해 항상 법을 인용할 수 있다.

물론 자신의 직업을 옹호하는 어떤 법률가가 나타나 법의 존엄성, 신성함, 정확성에 대한 이 모든 비난을 열렬하게 논박할 수 있다. 그는 비록 법의 원칙들은 대체로 추상적으로 표현되지만, 오랫동안 사용되면서 (적어도 변호사나 법관의 마음속에서는) 특정한 의미와 용법을 획득한다고 말한다. 법은 일관성과 확실성이라는 두 가지 특성을 반드시 지녀야 한다(그 법률가는, 법이 유지되기 위해서는 일관성과 확실성을 가진 것처럼 보여야만 한다고 말하지는 않을 것이다). 일관성과 확실성을 달성하려면, 법은 반드시 다양한 사례에 오랫동안 적용될 수 있는 일반적이고 추상적인 원칙에 근거해야 한다. 만약 당신이 추상적이고 일반적인 원칙이 어떻게 일관성과 확실성을 유지할 수 있는지 그에게 따진다면, 그는 다음과 같이 말한다. 법적인 문제나 상황은, 그 유사성과 비유사성을 토대로, 자연스럽게 여러 그룹으로 나뉠 수 있다. 어떤 그룹은 어떤 법적 원칙의 지배를 받고, 다른 그룹은 다른 법적 원칙의 지배를 받을 것이다. 간단히 말해, 새로운 사안이나 새롭게 제기되는 문제는 과거에 나타났던 특정한 묶음의 사안이나 문제와 충분히 비슷하므로, 그것들에 적용되었던 같은 원칙의 지배를 받을 수 있다. 법률가들이 말하는 확실성이란 바로 그런 것이다. 법률가들이 말하는 존엄, 신성함, 정확성이란 바로 이런 것이다.

사실, 얼핏 보면 나름 괜찮은 이론이다. 비록 아주 약간의 실질적인 문제가 해명되지 않았지만 말이다. 그 이론은 다음과 같은 의문들, 즉 만약 법의 확실성이라는 가치가 부분적으로 법 원칙이 변호사나 법관의 마음속에 구체적인 의미를 획득했다는 사실에 의존한다면, 어째서 그토록 많은 법적 소송을 둘러싸고 유능한 변호사들이 편을 나누어 법정에서 싸우는 것인가? 법을 잘 알지 못하는 변호사들이 있기 때문에 그렇다고 한다면, 왜 하급법원의 결정이 끊임없이 항소법원에 의해 뒤집어지는가? 왜 그토록 많은 의견 충돌이 존재하는가? 왜 전국 최고의 변호사 57명이 그들의 고객에게 와그너법에 대해 자문을 하면서 하나같이 오류를 범했는가? 하는 의문들에 답하지 못한다.

그 이론은, 또한 다음의 의문들, 즉 왜 같은 교회에 두 사람이 각각 돈을 기부하기로 한 약속이 담배와는 비슷하나 같은 여자에게 선물을 하기로 한 약속과는 다른가?(이 책의 3장에서 말했듯이, 처음 두 개는 유효한 계약의 약인이나 세 번째 것은 그렇지 않다). 왜 시니어 대 브래든 사건이 법적 절차의 문제에서 브라운 대 플레처 사건과 비슷한 사건으로 같이 묶이고, 그래서 같은 일반 원칙의 지배를 받는가? 등에 답변하지 못한다. 얼핏 보면, 추상적으로는, 여전히 괜찮은 이론이다.

이 이론의 우스운 점은 어떤 두 개 이상(혹은 스무 개 이하)의 사안들이나 법적 문제들이 (억지로가 아니라) 자연스럽게 같은 범주로 분류될 수 있다는 가설에 있다. 어떤 두 개의 사안이나 문제들의 존재는 그 자체로 그들 사이의 차이점을 의미한다. 그리고 여기, 그의 기술을 옹호하는 법률가가 다시 튀어나와, 그런 차이는 중요하거나 중요하지 않은 것, 주되거나 부수적인 것이 있다고 말한다. 그는 '본질적'인 사실이 같다면, 같은 원칙이 적용될 수 있다고 말한다.

그러나 어떤 상황이나 문제에서의 '본질적' 사실이란 무엇이며 무엇이 그것을 본질적 사실로 만드는가? 만약 '본질적' 사실의 결정이 관련 원칙에 달려 있다고 한다면, 이야기는 너무나 명백하게 논리적 순환의 고리를 맴돈다. A라는 원칙이나 원칙들의 조합의 관점에서 보면, A라는 사실들이 "본질적"인 사실이 된다. B라는 원칙이나 원칙들의 조합의 관점에서 보면, B라는 사실들이 '본질적'인 사실이 된다. 본질적 사실을 정하려면 먼저 원칙을 골라야 한다. 비록 본질적 사실을 찾는 일의 모든 의의는 어떤 원칙을 적용할지 밝히기 위해서였지만 말이다.

그러나 만약 '본질적' 사실이 관련 원칙의 구애를 받지 않는다면, 그때는 특정인이 비본질적인 사실로부터 본질적인 사실을 골라내야 할 것이다. 누가 할 것인가? 법률가와 법관 말고 누가 있겠는가? 그리고 '본질적' 사실을 결정하면, '비슷한' 과거의 사례들이 결정되고, 그 사례들로 다시 적절한 법적 원칙이 결정되므로, 이런 선택은 법률가나 법관이 처음부터 적절한 법적 원칙을 고르는 것과 다를 바 없이 자의적이고 광범위하다.

간단한 예를 들어보자. 시카고를 향해 1939년형 캐딜락을 타고 링컨 가도 위를 달리는 남자가 울퉁불퉁한 길 위에서 가도로 굽어 들어 온 농민의 T형 포드와 충돌해 포드는 망가지고 농민은 무사했다고 해보자. 농민은 소송을 제기하고 지방법원 판사는 사건과 관련된 것으로 여겨지는 법의 여러 원칙에 근거해 100달러의 손해배상 판결을 내린다. 2주일 뒤에 같은 링컨 가도에서 또 다른 1939년형 캐딜락이 또 다른 농민의 포드와 충돌해 같은 결과가 발생하고 농민이 소송을 제기했다고 해보자. 이 사안은 먼젓번의 사안과 같아 보인다. 그렇다면 이 사건의 처리에서도 같은 법 원칙이 적용되어 농민이 100달러의 배상을 받게 되는 것일까?

그것은 상황 나름이다. 왜냐하면 당연히 양 사안에는 다른 사실들이 존재하기 때문이다. 비슷한 사실들도 물론 있을 것이다. 그러나 언제나 서로 다른 사실이 존재할 수밖에 없다. 그리고 그 사실 간의 차이점은 말 그대로 무한할 수 있다.

첫 번째 사건의 캐딜락은 60마일로 달리고 있었고 두 번째 사건에서는 15마일로 달렸거나, 첫 번째 사건에서는 45마일로 달렸지만 두 번째 사건에서는 40마일로 달렸거나, 둘 다 45마일로 달렸지만 첫 번째 사건이 있었던 날에는 비가 왔지만 두 번째 사건에서는 날씨가 화창했거나, 첫 번째 사건에서 농부는 경적을 울렸지만 두 번째 사건에서는 울리지 않았거나, 한 농부는 교차로에서 멈췄으나 다른 농부는 그렇지 않았거나, 한 농부는 면허가 있으나 다른 농부는 없었거나, 한 농부는 젊었지만 다른 농부는 늙고 안경을 썼거나, 둘 다 안경을 썼지만 한 사람은 근시고 다른 사람은 원시일 수도 있다.

첫 번째 사건에서 캐딜락의 번호판은 전국 면허였지만 다른 차는 지역 면허였거나, 첫 번째 사건에서 캐딜락 운전자는 세일즈맨이지만 다른 사건에서는 의사였거나, 한 사람은 다쳤으나 다른 사람은 그렇지 않거나, 한 사건에서는 보조석에 여자가 있었지만 다른 사건에서는 그렇지 않거나, 둘 다 여자가 동승했으나 한쪽은 여자와 얘기 중이었고 다른 쪽은 그렇지 않았을 수 있다.

한 사건에서 캐딜락은 왼쪽 뒷바퀴로 포드를 쳤으나 다른 사건에서는 왼쪽 앞바퀴로 쳤거나, 이 사건에서는 자전거를 탄 소년이 고속도로를 지나갔으나 다른 사건은 그렇지 않았을 수 있다. 첫 번째 사건 이후로 교차로의 가로수에 잎이 돋아났을 수 있고, 신호등이 고장 났을 수도 있다.

요점은, 서로 완전히 동일한 두 개의 사실 상황이란 그 언제 그 어느 때고 결코 존재할 수 없다는 것이다. 그러나 법원은 언제나 두 사실 상황 간의 어떤 사소한 비본질적인 차이점도 '본질적인' 사실 간의 차이점이라고 칭할 수 있다. 그러므로 두 번째 자동차 사고에서, 먼젓번 사고로부터의 사실 변화 가운데 아무것이나 선택되어, '본질적' 변동으로 분류될 수 있다. 그리고 무엇이 본질적 변동이냐에 따라 그 사건이 포함되는 사건의 그룹(판례), 그리고 그 사건을 결정하는 법적 원칙이나 원칙들이 달라진다.

두 번째 사안이 법정으로 갔을 때, 법관은 가도의 신호판이 일주일 전에 날아가 없어졌다는 사실을 전혀 중요성이 없는 사실이라고 무시할 수 있다. 그러나 반대로 이 사실을 걸고 넘어져서, 충돌의 법적 책임(당연히 법의 공인된 원칙에 따라)을 이번에는 캐딜락 운전자 대신 농민이나, 쌍방 모두에게, 또는 주州 고속도로 당국에 묻는 근거로 삼을 수도 있다. 그뿐만 아니라 한 운전자는 45마일로 달렸으나 다른 운전자는 40마일로 달렸다는 사소한 사실도 두 번째 사안을 첫 번째 사안과 구별해, 철도 차량이 우마차를 친 사례의 묶음에 포함하도록 법관을 충분히 쉽게 설득할 수 있다. '본질적인' 사실이 비슷하면 법관은 똑같은 '지배적'인 법의 원칙을 여기에 밀어 넣는다.

두 개의 자동차 사건에서의 사정은, 이제껏 제기되었거나 앞으로 제기될 모든 두 개의 사안에서도 마찬가지다. 다만 대부분의 법적 분쟁은 훨씬 더 복잡하며, 더 다양하고 많은 사실들을 포함하고 있으므로, 결과적으로 법관에게는 '본질적' 사실을 고를 때 훨씬 더 넓은 선택지가 제공되며, 적용할 수 있거나 적용할 수 없는 법적 원칙의 범위도 엄청나게 확장된다는 사실만 제외하면 말이다. 그리고 그 어떤 두 개의 사안도 결코 '자연스럽게' 같은 범주로 분류되어 자동적으로 같은 법적 규칙의 지배를 받을 수가 없으므로, 20개, 혹은 30개, 혹은 100개의 사안들을 하나의 '지배적인' 법 원칙 아래로 모을 수 있다는 생각은 도가 지나칠 정도로 어리석은 것이다.

그러나 궁지에 몰린 법률가에게는 법과 그 원칙과 법적 안정성을 옹호하기 위해 날릴 수 있는 최후의 한 방이 있다. 그는 당신에게 말하길, 법은 법원에 실제로 제기되어 법관에 의해 처리되는 문제보다 더 대단한 것을 다룬다. 법은 사람들이 그 아래에서 일상을 영위하고 그들의 문제를 처리하고 함께 사업을 하는 일관된 행동 규칙을 유지하는 일과 주로 관련되어 있다. 오직 이상하고 희귀한 사건만이 법적 사례로 발전한다고, 그는 말한다. 대부분의 경우, 인간사는 노련하고 주의 깊은 법률가(물론 돈을 받은)의 지도 아래 소송이나 분쟁을 거치지 않고 매끄럽고 확실하게 처리된다.

예를 들자면, 매일같이 체결되고 서명되는 수많은 종류의 모든 사업 약정과 법적 합의 가운데서, 극히 일부분만이 최종적으로 법원으로 간다. 채권 발행, 매매계약, 보험증권, 토지 임차 계약, 유언 계약, 기타 각종 계약과 서류가 우리 생활에서 끊임없이 활용되지만 비교적 소수만이 법적 분쟁의 대상으로 발전한다(일반 사회에서 법적 확실성에 대한 주장은 언제나 사업 거래와 상사 사건에서 법의 활용을 그 근거로 내세운다는 점에 주목하라). 그렇다면 재판으로 비화되는 법률 문서가 소수에 지나지 않는 까닭은 무엇인가? 간단하다. 법률가는 당신에게, 그 이유는 법적 서류가 법률가에 의해 법과 공인된 법의 원칙에 비추어 작성되고 표현되었기 때문이라고 말한다. 그것이 법적 서류를 안전하고 믿음직하며 효율적으로 만들고 사람들이 법원에 가지 않고도 일을 처리할 수 있게 한다. 그리고 여기가 법의 안정성이 실제로 존재하고 의의를 갖는 지점이다.

그러나 절대로 이런 말을 믿어서는 안 된다. 먼저 첫째로, 그런 모든 종류의 법적 서류와 서술은, 사람들의 일을 법원 밖에서 처리하도록 하기 위해서가 아니라, 사건이 법원으로 갈 때 누군가에게 승리할 기회를 부여하기 위해 쓰인 것이다. 만약 그 서류가 할부 계약서, 토지 임대차 계약서, 보험증권, 저당 증서라면, 당신은 '누군가'가 누구인지 짐작할 수 있다. 만약 그 서류가 양쪽이 동등한 사업적 흥정의 결과물이고, 변호사가 양 당사자를 위해 일한다면, 사건이 법원으로 갔을 때 계약의 어떤 조항은 한쪽에 유리하고 어떤 조항은 다른 쪽에 유리할 것이다. 어떤 경우라도 모든 법적 합의는 법적 투쟁을 염두에 두고 체결된다. 그러므로 그 문서는 법관이 법을 위해 이용하는 똑같은 애매하고 관념적인 원칙에 초점을 두고 작성된다. 그리고 법률가가 의뢰인의 이익에 복무하는 법률 언어를 고안하기 위해 어떤 노력을 기울이더라도, 추상개념에서 확실성을 뽑아내는 일은 양배추에서 피를 뽑아내는 일만큼이나 불가능하다.

그러나 법률 자문이나 지도 덕분에 대부분의 사업적 합의나 거래가 법원 밖에서 처리된다는 법률가의 주장이 왜 완전히 잘못되었느냐에 대한 훨씬 더 중대한 이유가 있다. 사람들은 거래 계약의 문언이 비법률적이고 불명확하게 작성되었기 때문에 법원에 가는 것이 아니며, 또 관계 문서가 정해진 양식에 따라 쓰였기 때문에 법원에 가지 않는 것도 아니다. 사람들은 자신이 부당한 대우를 받고 있다고 생각하거나, 상대방이 합의를 이행하지 않는다고 확신하거나, 혹은 계약의 내용 자체에 불만을 품고 있다면, 설령 그 서류가 미국 변호사협회의 특별위원회에서 만들어졌다 하더라도 분쟁을 법원으로 가져갈 것이다. 그리고 그는 변호사를 찾아 사건을 의뢰하고 공인된 법원칙에 따라 주장을 펼치도록 부탁할 것이다.

그러나 대부분의 사업 문제는 당사자 선에서 평온하게 처리되고 있다. 양 당사자는 대체로 그들의 약속을 지키며 속았다거나 협박당했다고 느끼지 않는다. 이것은 심지어 거래 문서가 지긋지긋한 법적 관념으로 뒤덮여 있는 경우에도 마찬가지다. 그리고 단적으로 말하자면 법원까지 이르게 되는 사업 분쟁이 소수에 지나지 않는 이유는 이 때문이지, 변호사가 끊임없이 눈앞에서 어른거리며 조언하고 대금을 청구하기 때문은 아니다.

사실, 변호사들이야 말로 그들의 조언과 원칙과 기묘한 언어를 통해, 분쟁과 소송으로 귀결되는 거래의 숫자를 줄이기는커녕 오히려 늘리고 있다. 만약 사람들이 법률가 없이 자신들의 업무를 스스로 처리하고, 관계된 사람들이 이해할 수 있는 간단하고 구체적인 용어와 언어로 합의를 체결했다면, 오해는 사라지고 불평의 모든 원인도 제거되었을 것이다. 나아가 다른 법의 분야에서도, 각종 성문법이나 제정법이 법률가에 의해, 법률가를 위해 작문되는 것이 아니라 쉬운 언어로 쓰였다면, 그런 법률의 '해석'을 둘러싼 소송 그리고 특정한 실제 사례에 대한 법의 적용을 둘러싼 논쟁도 의심 없이 줄어들었을 것이다.

법률가가 역설하는 소위 법적 안정성이란 법원의 안팎을 막론하고 전적으로 하나의 농간에 불과하다. 어떻게 그렇지 않겠는가. 법 전체가 연방 대법관의 의견 속에서 찬란하게 빛나든 혹은 매매 증서를 작성하는 두 변호사의 대화에서 음울하게 반영되든, 추상 원칙에 근거해 구축되는 한 추상 원칙 이상의 무엇이 될 수는 없지 않겠는가?

이런 옛날 얘기가 있다. 숲 속을 걷던 세 명의 남자가 길 위에 떨어져 있는 엄청나게 큰 다이아몬드를 발견했다. 그들은 그것을 동시에 발견했지만, 나눠 가질 생각은 모두 없었다. 그들은 모두 평화를 사랑했으므로 소유를 다투기보다는 논리적인 방법으로 각자의 주장을 펼치기로 결정했다.

"너희들도 알겠지만", 첫 번째 남자가 말했다. "다이아몬드가 있던 지점에 다가갈 때 우리는 앞뒤로 걷지 않고 일렬로 나란히 걸었다. 너희 둘은 내 왼쪽에 있었는데, 이 사실이야 말로 최우선으로 중요하다. 왜냐하면 너희들은, 단언컨대, 오른쪽right(옳은 쪽)이 승리한다는 사실을 결코 부인하지 못할 것이기 때문이다. 그러므로 다이아몬드는 분명히 나의 것이다."

"분명히," 두 번째 남자가 말했다. "나는 오른쪽이 언제나 승리한다는 사실을 부정하지 않는다. 그러나 너는 당시의 상황을 요약하면서 지극히 중요한 점을 빠뜨리고 있다. 우리들의 문제의 요점, 중심, 전체의 골자, 실질을 이루는 것은 결국 다이아몬드다. 그리고 다이아몬드의 시각에서 봤을 때 오른쪽에 있는 사람이 진짜 오른쪽이며, 따라서 그가 당연히 승리하게 된다."

"너희 둘 다 아주 영리하다." 세 번째 남자가 말했다. "그러나 너희의 영리함이 너희를 망치는 것 같다. 보건대 내 왼쪽에서 걸었던 첫 번째 사람과, 또 내 오른쪽에서 걸었던 두 번째 사람이, 각각 자신이 오른쪽에 있었다고 주장하는구나. 나도 오른쪽이 승리한다는 사실을 인정한다. 그러나 내가 믿기로는, 양극단의 논쟁이 벌어질 때, 그 중간 지점이 옳다$_{right}$는 것이 공인된 진리다."

그중에 누가 다이아몬드를 획득했는가는 전해져 오지는 않으나 그것은 별문제가 아니다.

그들은 틀림없이 모두 법률가였을 것이다.

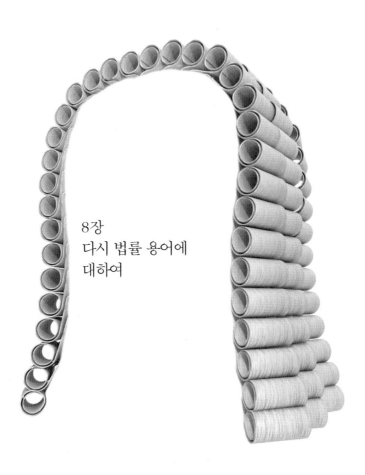

8장
다시 법률 용어에
대하여

그런 사회(유토피아)에는 변호사가 없다. 왜냐하면 그들은

변호사를 사실의 위장을 업으로 삼는 무리라고 생각했기 때문이다.

- 토머스 모어

● 토머스 모어(Thomas More, 1477~1535). 영국의 인문주의자, 정치가. 1524~32년까지 대법관
   을 지냈다. 헨리 8세가 제정한, 교황의 권위를 부정하고 캐서린 왕비와의 이혼을 허용하는 왕
   위 계승법에 반대해 처형당했다. 모어는 1516년에 가상의 이상향을 그린 소설 『유토피아』를
   출간했으며, 여기 인용문도 『유토피아』의 한 구절이다.

수년 전의 일이다. 연방 대법원장이 판결문에서 법에 관해 다음과 같이 말한 적이 있었다. "이런 견지에서 이 과세의 유효성을 고찰하자면, 일반적 관점에서 그것이 소득에 대해 직접적이고 재산에 대해서는 간접적인가는 논외로 치고, 실질적 측면을 고려하면 헌법적으로는 재산에 대해서 직접적인데 이는 소득에 세금의 형태로 부담을 지우는 것은 실질적으로 그 소득의 원천이 되는 재산에 대한 과세이므로 따라서 그 규정이 직접세 배분에 있어서 막고자 하는 그 일을 한 것이기 때문이다. …… 게다가 폴록 사례의 결정에는 소득세는 일반적이고 필연적으로 재산에 대한 직접세의 종류에 포함된다는 견해가 결코 포함되어 있지 않고, 오히려 이와 반대로, 소득에 대한 과세는 그 본성상 그 집행이 직접세 규정이 막고자 하는 결과를 달성하지 않는 이상은 본질상 소비세로서 집행될 수 있음을 인정하고 있으며, 또한 이 판례는 과세는 형식은 무시하고 그 실질만을 고려해야 하므로 따라서 소비세라면 적용되지 않을 배분 규정에 복종해야 한다는 것이다. …… 여기서 실질적으로 당연히 제기되는 것은 …… 수정 조항은 소득에 대한 세금을 그것이 비록 배분 규정의 적용에서 제외되긴 하지만 직접세로 보고 이는 필연적으로 직접세가 아닌 세금에만 적용되는 통일 규칙의 구속을 받지 않으며, 따라서 원래부터 승인되고 집행되어 온 소득세의 구별 기준을 파괴하는 것은, 전혀 근거가 없는 일인 바 이는 과세의 원천이 무엇인지를 고려해 모든 소득세는 배분 규정의 지배를 받지 않는다고 본 수정 조항의 명령은 오직 폴록 사례에서만 나타난 그런 세금은 통일 규칙의 지배를 받는 소비세나 관세나 부과세의 종류에 속하지 않고 다른 직접세의 종류에 속한다는 원칙이 적용되는 것을 금지하기 때문이다."

이것은 몇 시간이고 계속될 수 있었다. 그리고 실제로 그랬다. 덧붙여 말하자면, 이 박식한 판사가 수정처럼 투명하게 밝히고자 한 법적 논점은 재판의 결론과는 조금도 관련이 없었다.

그러나 무의미한 법률 언어의 사례를 수집하는 일은 너무나도 쉽다. 인용된 구절은 물론 과장된 사례다. 그러나 정도의 과장일 뿐, 본질의 과장은 아니다. 거의 모든 법률 문장은, 법관의 의견에서 나타나든 성문법이나 매매 증서에서 나타나든, 영어에 대한 빈약한 지식만을 지닌 사람이 번역한 독일어 문장처럼 읽히곤 한다. 그 문장들은 길다. 예외 없이 어색하다. 예외 없이 그리고 필연적으로 수많은 추상적이고 애매하고 졸렬한 언어를 사용한다. 이 언어들은 법이라는 엄숙한 속임수의 필수 요소다.

196

오늘날 언어의 목적은 일반적으로 글이건 말이건 몸짓이건 간에 어떤 사람의 생각을 다른 사람에게 전달하는 데 있다고 여겨진다. 가장 좋은 형태의 언어, 가장 좋은 용법의 언어(거트루드 스타인[1]이나 제임스 조이스[2]의 사례를 제외하면)는 생각을 명백하고 온전하게 전달하는 것이다. 그러나 법의 언어는 전달하려는 생각을 불분명하고 혼란스럽게 하기 위해 의도적으로 설계된 것처럼 보인다. 이런 법률 언어의 특성은 오직 한 가지 측면에서만 유용하다. 그것은 생각 자체가 혼란스럽고 불분명하고 공허한 까닭에, 그런 생각을 명쾌하고 구체적인 언어로 표현하려는 시도가, 그와 같은 생각의 참된 본성에 위배될 때에만 유용하다. 이 경우 표현의 불분명함은 관념의 불분명함을 감추는 데 아주 훌륭하게 봉사할 수 있다. 그리고 오늘날 사용되는 영어 가운데 법의 언어만큼 공허하고, 혼란스러우며, 그 담겨진 의미를 파악하기 어려운 것은 없다. 법률 언어는 모호함과 전적으로 이해 불가능함 사이의 어딘가에 존재한다.

앞서 여러 번 언급했듯이, 비법률가에게 법률 언어는 사실상 일종의 외국어처럼 보인다. 그 용어나 표현은 일반인에게 너무나도 생

1_거트루드 스타인(Gertrude Stein, 1874~1946). 미국의 시인, 소설가. 실험성 높은 소설과 시를 발표한 대표적인 모더니스트.

2_제임스 조이스(James Joyce, 1882~1941). 20세기 초의 아방가르드 사조를 대변하는 아일랜드 출신의 작가.

소하다. 혹 그 용어나 표현이 일반인이 알고 있는 단어로 이루어진 경우라도 그는 곧 자기가 아는 바와는 전혀 다른 법적 의미가 거기에 담겨 있음을 깨닫는다. 간혹 법률 문장이 보기 드물게 쉬운 단어와 일반적인 용법으로 쓰였다 할지라도 그 문장의 구조가 너무나도 복잡하기에 이해는 여전히 불가능하다. 그래서 일반인은 난처한 듯 어깨를 으쓱이며 말한다. "음, 뭔가 법률가에게는 의미가 있겠지."

이것이 사람들이 의회의 법령이나 저당증권이나 보험증서를 굳이 읽으려 하지 않는 이유다. 그들은 이른바 '전달'되고 있다는 관념의 대부분을 자신들이 결코 붙잡을 수 없음을 잘 알고 있다. 설령 법률적으로 서술된 어떤 문서가 거기에 서명을 하거나, 그 내용을 들은 사람에게 개인적으로 극히 중요하다 할지라도, 거기에 쓰인 우스꽝스러운 법률 용어의 뜻이 무엇인지를 머리에 명료하게 담기 위해 고통스러운 노력을 기울이는 사람은 거의 없다. 그는 그저 자기 (혹은 남의) 변호사를 믿으며, 거기엔 뜻이 있겠지, 뭔가 확실한 뜻이 있겠지, 내가 이해할 수 없는 방식으로 말하는 데는 어떤 좋은 뜻이 있겠지라고 생각한다. 그 같은 막연한 믿음은 많은 경우 후회의 씨앗이 된다.

그러나 잠시만이라도 생각해 보라. 왜 사람들은 자신에게 직접적으로 영향을 끼치는 성문법과, 서명해야 하는 사업 문서와, 그 감독 아래 계속 살아야 하는 규칙과 제한을 완전하고 정확하게 이해하는 권리를 가져서는 안 되는 것일까? 모든 법률 용어의 배후에 존재한다고 하는 관념이, 항상 그렇듯이 누군가에게 극히 중요하다면, 법률가 집단의 사적이고 은밀한 소유물이 아닌, 관계된 모든 사람이 자유롭게 이용할 수 있는 공유물이 되어야 하지 않을까?

앞서 지적했지만, 법이란 그 지적 허세에도 불구하고, 근본적으로 예술 평론이나 고등 미적분, 생화학과 같은 심오하거나 고도로 전문적인 활동 분야를 다루지 않는다. 만약 법이 그런 전문 분야를 다루는 것이라면, 백 명 중 아흔아홉 명의 사람에게 생소하고 난해한 용어를 사용하는 일에도 나름의 이유나 근거가 있다고 할 수 있을 것이다. 또한 그 아흔아홉 명은 그런 사실에 신경을 쓸 이유도 없을 것이다. 그러나 진실은 법이란 평범한 사람들이 매일의 일상에서 겪는 평범한 사건을 다룬다는 것이다. 그렇다면 법이 그런 평범한 사람이 이해할 엄두조차 내지 못하는 언어(언어란 단지 생각을 전달하는 수단일 뿐임에도)를 사용해야 하는 이유가 무엇인가?

만약 어떤 사람이 라디오를 할부로 구매하거나, 가족을 위해 신탁 기금을 설정하는 등의 일정한 사업적 거래business deal에 참여한다면, 그에게는 당연히 거기서 무엇을 얻고 무엇을 주어야 하는지를 충분하고 완전하게 알아야 할 권리가 있다고 할 수 있다. [그러나] 그가 서명하는 법률 문서는 그것을 알려 주지 않는다. 민주적으로 선출된 정부가 어떤 사람을 규제하거나 세금을 부과하거나 혜택을 부여하는 법률을 제정한다면, 당사자는 당연히 법률이 자신에게 어떤 영향을 끼치는지 알 권리가 있다고 할 수 있다. 그는 변호사에게 조언(옳을 수도 그를 수도 있는)을 구할 수 있을지언정, 법률을 읽어서는 아무런 뜻도 알 수 없다. 소송에 진 사람은 당연히 소송에 진 이유를 알 권리가 있다고 할 수 있다. [하지만] 판결문은 아무것도 말해 주지 않는다. 왜인가? 도대체 그리고 어째서 법률 용어는 자신의 의미를 명료하고 완전하게 전달하지 않는가? 요리책이나 달력이나 광고는 누구나 그 뜻을 알 수 있도록 쉽게 쓰이지 않았는가?

물론 그 대답은 다음과 같다. 법률 용어가 수행하는 주된 기능은 관념을 명쾌하게 전달하는 것이 아니다. 그것은 오히려 법률적 사고의 혼란·모호·공허함을 은폐함으로서, 법을 이해하고자 애쓰는 보통 사람들을 괴롭히는 난해함이, 관념이 아니라 언어 자체에 기인한 것처럼 보이게 하는 것이다. 길고 생소한 언어와 끊임없이 반복되는 문장이 그와 같은 책략을 작동시킨다. 그들은 언제나 그렇듯이 엄숙하게 서술되거나 낭독됨으로써 깊고 심각한 인상을 전달한다. 실제로는 아무런 내용도 없음에도 불구하고.

이에 더해, 계속 언급해 온 바와 같이, 법률가 본인들 역시 일반인과 마찬가지로 법률 용어의 장중한 거드름에 거의 예외 없이 완전히 사로잡혀 있다. 그들은 위대하고도 놀라운 생각이 법률 용어로 전달된다고 실제로 믿으며 결연히 주장한다. 그들은 비법률가에게 말한다. 당신이 그리스어(말하자면, 법률 용어)를 알지 못한다면, 우리들이 말하는 그리스어를 이해하지 못하는 것은 당연한 일이 아닌가? 그렇다고 우리 법률가들이 서로를 완벽하고 정확하게 이해하지 못할 것이라고 함부로 추측하지는 말기 바란다.

물론 문제는 법률가가 그리스어(혹은 러시아어나 산스크리트어)로 말하고 있지 않다는 것이다. 그들은 그저 독특한 영어로 말하고 있을 뿐이다. 더욱이 그들은 일반인도 충분히 이해할 수 있는 사업상의,

정치상의, 일신상의 평범한 문제에 대해 얘기하고 있다. 그뿐만 아니라 그들이 그리스어로 말하고 있다면, 그들은 짐작건대 의미를 손상하거나 빠트리지 않고 정확하고 알기 쉽게 그 내용을 우리 말로 번역할 수 있을 것이다. 그러나 그들은 법의 은어隱語를 결코 평범한 일상 언어로 번역할 수 없으며 그렇게 하려 하지도 않는다. 그러므로 법적 관념의 전달은 법률가의 특수한 방언에 의존하지 않고서는 이루어질 수 없음은 명백해 보인다. 이는 불행히도 틀림없는 사실이다.

이는 법이란, 앞서 여러 번 말했듯이, 그 모두가 추상적인 일반 원칙들로 구성되어 있기 때문이다. 이런 원칙들은 인간사의 구체적 실체와 실질적이고 필연적인 연관이 전혀 없다. 그들은 모두 모호하고 그들 중 대다수는 모순적이므로 법을 구성하는 원칙의 덩어리에서 가장 간단하고 작은 문제에 대한 명쾌하고 확실한 해답을 찾아내는 일조차 말 그대로 불가능하다. 이런 진실이 법률가는 물론이고 비법률가에 의해서도 인식되지 못하는 유일한 이유는, 그 원칙이 표현된 언어가 그 자체로는 도무지 이해가 되지 않을 뿐만 아니라 인간사의 구체적 실체와 실질적이고 필연적인 관련이 없는 단어들로 구성되었기 때문이다.

그러므로 모든 법의 주문呪文은 일종의 순환적인 모순의 고리를 맴돈다. 법률 언어는 (제정법과 문서와 판결문에서) 이상하고 생소한 단어를 사용하는데, 그 이유는 그런 단어들이 법을 구성하는 추상 원칙과 한 묶음을 이루고 있기 때문이다. 그와 같은 원칙과 관련해서 쓰이지 않는 이상, 그 단어는 아무런 의미도 없다. 그러나 법 원칙은 자신을 표현하는 법률 단어에 의거하지 않고서는 결코 이해될 수 없다. 단어도 원칙도 이 땅의 실체와 직접적인 관련이 없다. 알폰소와 가스통 Alphonse and Gaston[3]의 경우처럼 그들은 그저 서로 앞서거나 뒤서거나를 반복하고 있을 뿐이다.

그러므로 법률가가 그들의 전문용어를 쉬운 영어로 번역해 그 의미를 밝힐 수 없다는 사실은 놀라운 일이 아니다. 어떤 법률 용어의 의미를 물으면, 그들은 그 용어를 언급하는 법의 원칙에 비추어 그것을 정의해야 한다. 그 원칙의 의미를 물으면, 그들은 그것을 표현하는 법률 단어에 의거하지 않고는 그것을 설명할 수 없다. 예를 들어, 권원權原, title[4]이라는 법률 용어의 의미는 권원과 관련된 것으로 간주되는 추상 원칙을 언급하지 않는 이상 드러나지 않는다. 반대로 "권원은 저당권 설정자에 귀속된다"거나 "권원은 저당권자에 귀속된다"와 같은 법적 원칙의 의미 역시 권원을 알지 못하는 이상 드러나지 않는다.

물론 특정한 법의 원칙을 쉬운 영어로 표현하는 한 가지 방법, 유일한 한 가지 방법이 있다. 그것은 어떤 구체적인 결정이 법에 근거해 내려졌다고 법원이 설명하는 특정한 재판을 묘사해 보는 것이다.

3_지나치게 겸양을 떠는 프랑스인 콤비를 소재로 한 미국의 신문 만화. 알폰소와 가스통이 서로에게 양보만 하다가 끝내는 아무 일도 하지 못하는 모습이 반복된다.

4_재산에 대한 일정한 이익을 보유하는 권리의 묶음을 의미하는 재산법상의 개념.

그러나 이런 과정이 필요하다는 사실 그 자체가 그 원칙이 본질적으로 무의미하다는 사실을 나타낼 뿐이다. 법 원칙을 정의하기 위해 그것을 근거로 내려진 결정들을 다시 열거해야 한다면, 어떻게 그 원칙이 결정의 이유가 될 수 있겠는가?

어느 모로 보나 결과는 동일하다. 법률 언어는 어디서 사용되더라도 희한한 단어와 문장들의 뒤범벅일 수밖에 없으며 그 이유는 그와 같은 단어와 문장들을 통해 법의 원칙들이 만들어지기 때문이다. 법의 원칙들이 그런 희한한 단어와 문장들로 만들어지는 이유는 그것들이 사실은 결정의 근거가 아닌 결정에 대한 모호하고도 전혀 불확실한 합리화이기 때문이다. 그리고 만약 법의 원칙이 평범한 영어로 쓰인다면 누구라도 그것이 얼마나 시시하고 부적절하고 무의미한지 금세 알아차리게 될 것이다. 만약 모든 사람이 법의 원칙이 얼마나 시시한지를 알게 된다면, 법과 법률가들은 그 권위와 힘을 잃게 될 것이다. 따라서 관념의 전달을 돕기보다는 오히려 방해하는 법률 용어는 법률가에게 참으로 유용하다. 법률 용어 덕분에 법률가는 무의미한 이야기를 중요한 뜻이 있기라도 한 것처럼 지껄이며 얼버무릴 수 있다.

그러나 법률가 모두를 기만적인 논리와 값비싼 법의 원칙 그리고 허풍떠는 언어로 대중을 고의로 농락한다는 죄목으로 기소할 수는 없다. 그들 역시 자신들이 하는 말이 근본적으로 무의미하다는 사실을 망각하고 있기 때문이다. 이는 이상할 것이 전혀 없다. 왜냐하면 자기기만이야 말로 자기만족을 위한 가장 용이한 수단이기 때문이다.

생각해 보라. 법률가(여기에는 법관도 포함된다)는 법률 언어와 법적 원칙의 주술을 수년간에 걸친 맹훈련을 통해 익혀 왔다. 그들은 저 추상적인 용어들을 구사하는 어려운 기술을 배웠다. 그들은 끊임없는 문답식 교습법을 통해 법의 전지전능함을 머릿속에 심어 왔다. 그들은 연방 대법원의 판사나 월가의 고문 변호사와 같은 중요 인물이 법을 마치 성서와 같이 공손하고 귀중하게 떠받드는 것을 목도해 왔다. 그들은 또한 모든 비법률가가 매우 생경한, 그래서 매우 중요한 법의 언어에 매우 감탄하는 것도 발견해 왔다. 그렇다면 뭐 하러 의문을 제출하겠는가? 모든 사람이 지구는 당연히 평평하게 생겼다고 믿고 있다면 왜 이것을 의심하겠는가? 그리고 특히 이것을 받아들이고 믿는다면 개인적인 이득이 생긴다는데, 뭐 하러 의심하겠는가? 외려 연방 대법관이나 월스트리트의 고문 변호사가 되기 위해 노력하지 않겠는가?

그러나 아주 가끔씩은, 법률가 중에서도 완고한 회의심을 갖고 법이라고 하는 엄숙한 정신적 요술의 실체를 꿰뚫어 본 뒤 그것을 과감히 폭로한 사람들이 있었다. 대표적으로 고故 홈스 판사 같은 이가 그들인데, 특히 헌법률이 관련된 사안에서 그러했다. 그는 몇 번씩이나 50여 쪽에 걸쳐 제시된 법원의 의견(추상 원칙에 추상 원칙을 쌓아 올린 유창한 법적 문장으로 가득 찬)을 평범한 영어로 쓰인 짧은 반대 의견으로 여지없이 깨뜨려 버렸다. 홈스 판사는 다음과 같이 말했다. "여러분이 내세우는 '법'은 매우 인상적이고 흠결이 없는 것처럼 보인다. 그러나 이 사안의 사실과는 사실상 아무런 관계도 없다." 법률가들은, 홈스를 업계의 큰 원로로 존경하고 그가 젊은 시절 집필한 법학 저술들에 경의를 표하지만, 홈스가 법적 논리의 정밀한 실타래를 손가락으로 튕겨 내며 묵살한 점에 대해서는 언제나 언짢아하고 당혹해 한다.

낯설게 보이긴 하지만, 오늘날 법률가 집단이 한목소리로 휴고 블랙[5] 대법관에게 맞서는 이유는 그가 홈스 판사와 마찬가지로 법의 신성함을 곧이곧대로 믿지 않으려 하기 때문이다. 그들이 그를 미워하는 이유는 뉴딜의 지지자라서가 아니다. 스탠리 리드[6] 대법관도 뉴딜을 지지하지만 존경받는다. 그들이 그를 미워하는 이유는 과거 KKK 단원이었기 때문도 아니다. 제임스 멕레이놀스[7] 대법관의 악명 높은 인종차별에 대해 법률가들은 아무런 불만도 표시하지 않았다. 법률가들이 블랙 대법관을 미워하는 이유는, 홈스 대법관과 같은 연륜이나 학문적 명성을 방패막이로 갖추지 못했음에도, 감히 지면을

5_휴고 블랙(Hugo Lafayette Black, 1886~1971). 루스벨트 대통령이 임명해 1937~71년까지 연방 대법관을 역임했다. 진보적 성향으로 뉴딜 정책을 지지하고 시민적 자유를 옹호하는 의견을 주로 제출했다. 특히 추상적 법 이론을 부정하고 헌법의 문구를 문자적으로 해석하는 입장을 고수해 당시의 법률가들로부터 비판을 받았다. 또한 연방 대법관으로 재직하기 전인 1921년경에 KKK단에 가입한 전력이 논란이 되기도 했다.

6_스탠리 리드(Stanley Forman Reed, 1884~1980). 루스벨트의 임명으로 1938~50년까지 연방 대법관을 역임했다. 그 전에는 법무 차관(solicitor general. 송무 차관으로도 불린다)을 지냈다.

7_제임스 멕레이놀스(James Clark McReynolds, 1862~1946). 1914~41년까지 연방 대법관을 지냈다. 뉴딜 법안에 반대했던 보수파 대법관 가운데 한 명이었다.

통해 공인된 법 원칙의 배후에는 보편적인 진리가 있다는 것과 법률 언어의 배후에는 견고한 실체가 있다는 것에 의심을 표명했기 때문이다. 법률가들은 그에 대해 "블랙은 법에 대해 무지한 것이 아닌가?"라고 말했다. 이는 블랙 판사가 법의 참된 존재 이유를 아주 잘 이해했다는 것을 의미할 뿐이다.

법률가들이 법관이나 동료 법률가에게 바라는 것은 법의 게임을 함께 즐기는 것, 그들만의 대화를 나누고 그들만의 규칙을 숭배하고 그들만의 아름다운 법의 원칙을 휘젓지 않는 것이다. 그가 뉴딜 지지자든 KKK 단원이든 단수 과세론자single taxer, georgist[8]이든 자유연애 옹호론자이든, 법에 위배되는 자신의 생각과 편견을 법적 용어라는 친숙한 틀 속에서 표현한다면 문제될 게 없다. 어떤 변호사가 직장 점거 파업이 완벽하게 합법적이라고 주장하면서, 자신의 주장을 전적으로 법적인 원칙에 근거해 법률 언어로 표현할 경우, 이 변호사는, 자신이 한 사업상의 약속은 반드시 지켜야 한다고 주장하면서도 이를 증명하기 위해 계약법을 가져오지 않는 변호사보다 동료들로부터 훨씬 더 많은 존중을 받을 것이다.

법률 용어를 하나도 빠트림 없이 사용하고, 법적 원칙에는 오직 법적 원칙으로 대응할 생각만 하고(실질적인 논쟁 따위에는 관심이 없

8_미국의 진보적 경제학자 헨리 조지(Henry George, 1839~97)의 토지 단일 과세론에 동조하는 사람들을 의미한다.

다), 법의 작동 방식에 대해 감히 의심을 품지 않는 종류의 법률가. 그런 법률가는 그 자체로 업계의 자랑이자 기쁨이다. 그는 거의 모든 법률가가 되고자 발버둥치는 존재다. 그는 '법률가 중의 법률가'로 알려져 있다.

유용하고도 값비싼 그들의 순수한 전문적 능력을 제외하면, 그들로부터는 될 수 있는 한 멀리 떨어지는 편이 좋다. 그들은 법률가가 무의미한 자신들의 언어에 대해 품은 신앙의 생생한 견본이다. 그들은 법률가 업계에 만연한 지적 근친교배의 완벽한 표본이다.

그리고 법률가 중의 법률가는 동료들의 우상이므로, 법률가가 그들의 법과 법적 표현에 죽을 정도로 집착하는 것은 당연한 일이다. "박탈될 만한 확정적인 권리"나 "형체가 없는 상속재산"이 벽돌로 된 집과 같이 실재하고 명확하고 견고하다고 생각하는 것은 당연한 일이다. 이는 거의 모든 법률가가, 그들의 마음속으로는 자기 나름대로, 법률가 중의 법률가라는 슬픈 사실 때문이다.

그러므로 법률 용어는 법의 강력한 속임수를 이중으로 보호하는 기능을 한다. 한편으로는 법적 논리가 실제로는 텅 빈 구멍으로 가득 차 있다는 사실을 법에 문외한 이들이 발견하지 못하도록 한다. 다른 한편으로, 법률 용어를 그럴듯하게 구사하는 것은 법률가에게 하나의 직업적 훈장(말하자면, 법률가 중의 법률가에 대한 보증서)으로 보편적으로 받아들여지고 있기에, 그들은 용어의 배후에 존재한다는 관념에 결코 의문을 표하지 않고 계속해서 언어를 조작해 법률업계의 영웅을 모방한다. 사실 법률가도 일반인과 마찬가지로 법률 용어가 말이 되지 않는다고 생각한다. 그러나 감히 어떤 법률가가 그런 사실을 인정할 수 있단 말인가? 지역사회에서의 지위, 업계 동료들 사이에서의 위신, 스스로에 대해 갖는 자부심이 몽땅 자신이 말하는 것을 자신이 알고 있다는 가정 위에 매달려 있다면 말이다.

법률가가 법률 언어와 법적 원칙 그리고 법을 구성하는 혼란스럽고 인공적인 용어들을 변명하기 위해 내놓는 또 하나의 논리가 있다. 한번 살펴보자. 법률가들은 법이 추상적인 생각과, 개념과, 원칙 위에 구축되었다는 점을 흔쾌히 인정한다. 그리고 추상적인 관념은 특별한 단어로 표현된다는 점도 인정한다. 그리고 그 특별한 단어는 추상적인 관념을 다루므로 '바위'나 '음식점'이나 '장난감 자동차'와 같은 물리적 실체를 다루는 단어처럼 그 의미가 명확하기는 힘들다는 점도 인정한다.

근데 이게 무엇이 문제란 말인가? 그는 반문한다. 인간은 언제나 추상적인 개념을 통해 사고하고 말하며 '민주주의', '사랑', '혼란', '추상'과 같은 단어들을 자신의 생각을 전달하기 위해 사용한다. '의도하지 않은 이익'contingent interest[9]이라는 단어가 법률가에게 의미가 있는 것은 '호의'라는 단어가 일반인에게 의미가 있는 것과 매한가지다. '호의' 역시 구체적으로 엄밀히 정의하기는 어려운 단어다. '법의 정

9_불확정 이익이라고도 한다. 조건이 성취되어야만 얻을 수 있는 이익으로, 조건이 성취되지 않으면 그 이익을 향유할 수 없기 때문에 불확정 이익이라 한다.

당한 절차'의 명확성은 '독재'의 명확성과 다를 바 없다. '합헌'이나 '위헌'이 '좋음'이나 '나쁨'보다 뭔가 더 모호한 것은 아니다.

여기서 더 나아가, 그는 법의 모든 이상과 목적이 인간들 사이의 관계와 사안에서 중요한 것으로 잘 알려진 '정의'라고 하는 추상개념을 유지하는 데 있다고 주장한다. 정의라는 개념을 정확하게 정의하는 것은 그 어떤 법적 개념을 정의하는 것보다 어려운 일이다! 실로 법은 고도의 과학으로서 그 주된 목적은 정의라는 관념을 좀 더 정확하게 만드는 것, 장차 발생할 수 있는 모든 분쟁과 문제와 상황에 더 용이하고 더 확실하게 적용될 수 있도록 만드는 것이다. 그리고 추상적인 관념을 여러 부분(원칙들과 하위 원칙들)으로 쪼개려면 그것을 추상적인, 따라서 어느 정도는 모호한 용어로 표현할 수밖에 없다. 즉 법률 용어로 말이다.

법과 그 언어에 대한 이 같은 변명에 대한 반론은 바로 그 변명 자체에 들어 있다. 법이 자주 불공평하고 '부정의'한 결과를 낳아 사람들을 당혹스럽게 만들며, 법률가들은 이에 대해 하나같이 "아, 안타깝지만, 법에 의하면 그게 맞습니다"라고 말한다는 명백한 사실은 제쳐 놓더라도 말이다. 그 반론이란 당신은 결코 추상적인 관념을 여러 부분, 즉 여러 개의 원칙 혹은 하위 원칙으로 나눌 수 없다는 것이다.

'정의'를 여러 부분, 혹은 원칙들로 쪼개어 좀 더 확실하고 제대로 파악하려는 모든 노력은, 벌레를 조각조각으로 잘라서 확실하게 파악하려는 일만큼이나 어리석다. 먼저 첫째로, 벌레의 원래 몸통은 그 과정에서 순식간에 조각난다. 둘째로, 분리된 각각의 작은 부분들, 각각의 하위 원칙들은, 그 자체로 꿈틀거리는 추상체가 된다. 그것들은 여전히 파악하기 어려우며, 명확하게 규정짓기 어렵다. 애초의 추상체 못지않게 말이다.

그러므로 '정의'라는 개념을 법적 문제의 해결에 적용하고자 하는 법률가나 법관은 거의 존재하지 않는다. 대신, 그들은 몽땅 법률 용어로 표현된 수많은 추상적 개념들과 씨름하며, 그들 가운데 무엇을 적용해야 할지 결정하고자 한다. 그리고 앞서 얘기했듯이, '올바른' 개념이나 '지배적인' 원칙의 선택은 (문제의 사실관계가 아무리 간단하더라도) 매우 임의적이고 우연적으로 이루어진다. '약인'이나 '공익에 대한 영향'이라고 해서 '정의'보다 무엇인가 더 자동적이고 확실하게 사실과 연결되지는 않기 때문이다.

게다가 이게 사실 더 중요한 일인데, 법의 사랑스러운 자녀인 개념과 원칙에 대한 집착은 전통적이고 비법률적인 정의 개념과의 슬픈 이별을 부르고 말았다. 법률가는 추상적인 법적 개념들의 짝짓기 놀이에 너무 열중한 나머지 법이 자신의 존재 목적으로 삼은 애초의 추상개념을 완전히 잊어버렸다. 그들은 '정의'는 등한시하며 '계약'이나 '불법행위' 등에 몰두한다. 그러나 '정의'를 잘게 썰어 법률 용어라는 벽장 속에 처박아 두는 것 이상으로 그것을 등한시할 수 있는 방법은 없다.

법률가(추상적인 법의 언어를 옹호하는)들은 일반 사람들 역시 자신들의 행동에 대해 '옳음'이나 '그름', '공정'이나 '불공정'과 같은 용어를 사용하며 추상적인 방식으로 생각하고 말한다고 항변한다. 맞는 말이다. 그러나 그가 법의 기묘한 추상개념들이 구체적인 인간 행동이 아닌 어떤 이상적인 요소와 실질적이고 필연적인 관련을 맺고 있다고 자부한다면 그는 완전히 틀린 것이다. 법의 언어와 개념과 원칙은 추상적 관념의 천국과 평범한 사실의 지옥 사이에 있는 자신들만의 연옥에서 표류하고 있을 뿐이다.

바로 이것이 궁극적으로 법의 언어가 본질적으로 무의미할 수밖에 없는 이유다. 법은 한쪽 손으로는 인간 생활의 구체적인 사실들을 일반적인 방식으로 붙잡으려 한다. 다른 쪽 손으로는 위대한 추상 관념인 '정의'를 일반직인 방식으로 붙집으려 한다. 그러나 추상과 구체 사이에 다리를 놓아 '정의'를 '과학적'이고 자동적으로 실제 문제와 연결하려는 법의 노력은, 결국 사실로부터도 분리되고 관념으로부터도 분리된 일련의 공허한 법률적 주문呪文을 발전시키는 것으로 귀결되고 말았다.

그럼에도, 법률 용어는 그것으로 사는(그것을 가지고 사는) 사람들에게는 여전히 위대한 작은 언어다. 법률 용어를 우습게 여긴다면 횡령 소송trover[10]이나 인수 소송assumpsit[11]과 같은 단어는 쓸 수 없다. 예를 들어, 최근 연방의회에 제출된 법안에는 다음과 같은 매력적인 조

10_횡령물 회복 소송이라고도 한다. 재산에 대한 불법적 탈취 등으로 말미암은 피해의 회복을 구하는 소송이다.

11_계약의 위반이나 미이행으로 인한 손해를 구하는 소송.

항이 담겨 있었다. "이 법률에서 현재형은 과거형 및 미래형을 포괄하고 미래형은 현재형을 포괄한다. 남성은 여성 및 중성을 포함한다. 단수는 복수를, 복수는 단수를 포함한다."

그 결과, 법률가에게 "남자들이 그를 폭행하고 있다"men are beating him라는 문장은 "여자가 그것을 폭행할 것이다"woman will beat it와 같은 의미가 될 수 있다.

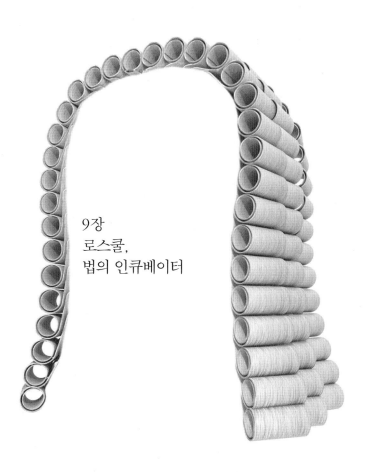

9장
로스쿨,
법의 인큐베이터

도제 변호사, 그는 모든 원리를 습득하기 위해 땀을 뻘뻘 흘린다.

천신만고 끝에 그는 끝내 더 많은 지식을 얻게 된다.

_지은이 미상

모든 유능한 파시스트가 알고 있듯이, 궁극적으로 파시즘의 영구화는 새신자를 훈련하는 일에 달렸다. 독재자는 젊은 신병을 모집해 오리걸음의 행렬 속에서 그들을 세뇌한다. 믿음에는 보상을 약속하고 불순종에는 처벌을 경고하며 풋내기들이 거짓과 난센스에 세뇌되도록 조장한다. 의심은 아무리 사소한 것이라도 죄악으로 취급받는다. 이단자란 있을 수 없다.

법에 모여드는 예비 신도들의 나이는 그렇게 어리지 않다. 그러나 법에 대한 맹목적 믿음을 심는 데는 동일한 정신적 세뇌 과정이 진행된다. 법을 둘러싼 신화의 영구화 역시 견습생들을 어떻게 엄격히 훈육하느냐에 달렸다.

법이 다른 실무적이고 유용한 분야와 마찬가지로 원숙한 변호사 사무실에서 [도제식으로] 교육되던 시절이 있었다. 법률가 지망생은 변호사 협회원의 사무실에서 견습 보조로 일하면서 법률가의 수칙들과 법의 원칙들을 익혔다. 오늘날 협회의 구성원들은 그들의 견습 보조에게 지혜의 말씀으로 가장한 수많은 법률 용어 이상의 어떤 것을 보수로 지급해야 한다. 법률업은 이제 어엿한 학문의 위상을 획득했으며, 로스쿨로 알려진 그 논리적 사술의 성채는 단순한 법의 인큐베이터가 아니다.

결론적으로, 법의 희망(즉, 법이라는 게임이 무기한으로 이의 없이 건재하기를 바라는 법률가들의 희망)은 이제 로스쿨에 달려 있다. 그리고 반대로, 속임수로 부풀어 오른 커다란 풍선이 내부 연소로 폭발해 버릴 것이라는 가느다란 기대 역시 로스쿨에 주어져 있다. 일단 직업적인 말재간이 훈련 단계를 뛰어넘어 계속된다면, 그것은 이미 너무 늦다. 법의 신봉자가 되게 하거나, 이단자가 되게 하려면, 어린 생도 시절에 붙잡아 두어야만 한다.

초심자에게 언어를 말하는 법과 추상적으로 순환 논증을 하는 방법을 가르치기 위해, 로스쿨은 커다란 법 원칙의 덩어리를 여러 부분으로 나누어 왔다. 각각의 부분은 법의 어떤 '분야'를 대표하며, 개별 과목 혹은 여러 과목으로 나뉘어서 가르쳐진다. 계약이 있고 불법행위가 있고 신탁이 있다. 헌법이 있고 형법이 있고 노동법이 있다. 여러 '분야'가 있고 많은 과목이 있다. 물론 실제 사건에서는 여러 '분야'가 동시에 관련될 수 있다. 예컨대 한 사건에 헌법 혹은 형법이나 노동법이 동시에 관련되어 있을 수 있다. 그러나 로스쿨은 여기에 전혀 구애받지 않는다. 정말로 중요한 것은 원칙(관련이 있다는 가정하에)이지 개별 사건이 아니다. 그래서 동일한 사례가 헌법에도 등장하고 형법에도 등장하고 노동법에도 등장한다. 그러나 그것들은 같은 모습으로 나타나지 않는다. 헌법에서는 헌법과 관련 있는 원칙이 검토된다. 형법에서는 형법과 관련된 원칙이 검토된다. 노동법에서는 노동법과 관련된 원칙이 검토된다. 한 과목을 다룰 때 다른 두 과목과 관련된 부분은 명목상으로만 거론되거나 아예 생략된다. 따라서 학생들은 세 과목을 모두 공부해야 하나의 법적 결정이 어떤 의미를 갖는지 제대로 이해할 수 있게 된다. 로스쿨의 과목은 법이라는 사이비 과학[학문]의 일부인 까닭에 필연적으로 일반성과 추상성에 초점을 맞추며 실제 문제 해결에는 별로 관심을 기울이지 않는다. 학생은 하나의 사례를 공부하기 위해 열두 개가량의 과목을 수강하지만 — 다시 말해 그 사건과 관련된 법을 모두 공부해야 한다 — 실제 재판 과정에서 그 사례가 제기하는 현실적인 어려움이나 쟁점에 대해서는 여전히 아는 바가 거의 없다.

가끔 어떤 법의 '분야'가 너무 방대해서 한 과목으로만 가르치기 어려운 경우가 있다. 예를 들어, 재산법property은 보통 '부동산'real property이나 '동산'personal property이나(물론 여기서의 real과 personal이란 단어는 일상적 대화에서 쓰는 것과는 다른 의미를 갖고 있다) '유언'wills이나 '저당'mortgages이나 '유통증권(어음수표)'negotiable instruments이나 그 밖의 여러 과목으로 나뉜다. 그러나 그렇더라도 재산법은 계약법의 하나의 큰 가지일 뿐이다. 또한 회사법corporation law은 상당히 방대해 여러 부분으로 나뉘는 분야이지만 본질적으로 재산법의 한 가지에 지나지 않는다. 법의 분야와 과목을 위계적으로 질서 정연하게 분류하는 일은,

각 과목에 존재하는 추상적인 원칙들을 분류하는 것만큼이나 어려운 일이다. 어느 것이나 칼로 물을 베는 것과 비슷하다.

가장 방대하고 기묘하기 짝이 없는 법학 교육의 '분야' 가운데 하나는 변론 및 소송절차pleading and procedure로 알려진 것이다. 로스쿨에서는 소송절차를 많은 과목으로 나누고, 이 가운데서 증거와 같은 과목들은, 그 자체로 하나의 분야로 분류된다. 그러나 소송절차의 기묘함은 그 방대함에 있지 않다. 방대함으로 따지자면, 추상적인 원칙으로 가득 찬 재산법 역시 마찬가지다. 그 기묘함은 법률가와 로스쿨이 소송절차가 실제 문제를 해결하는 과정과 관련이 있다고 주장조차 하지 않는다는 점에 있다. 소송절차는, 일반적으로, 법률가가 법률 실무를 수행하기 전에 암기해야 하는 수많은 복잡한 언어나 전문용어의 조합으로 받아들여지고 있다. 그리고 이런 자기 인정은 물론 법에서는 독특한 일이다. 사실, 법률가와 로스쿨에서는 소송절차 이외의 나머지 모두(계약, 형법, 신탁, 불법행위를 비롯해 여타의 추상 원칙의 목록들)를 한데 묶어서 '실체법'이라고 부르는데, 이는 소송 절차상의 '절차법'이나 '소송법'과 대조된다. '실체법'이라는 용어에는 계약이나 불법행위와 같은 분야가 실제로 인간과 사회의 문제를 다루고 있다는 의미가 내포되어 있다. 그러나 심지어 법률가라 할지라도 소송절차가 그렇다고는 주장하지 못한다.

소송절차는 법률가가 법의 원리와 규칙을 사용하는 방법을 규율하는 모든 법의 원리와 규칙을 포괄한다. 이 말이 복잡하게 들린다면, 원래 소송절차가 그렇기 때문이다. 소송절차에는 분쟁이 법원에 도착했을 때 진행되는 법의 게임에 관한 모든 규칙이 망라되어 있다. 게다가 추상적 원칙을 적절하게 조작하는 방법에 관한 수많은 추상적 원칙을 다루기 시작하게 되면, 이내 혼란에 빠질 수밖에 없다.

또한 소송절차의 원리와 규칙들이 법의 다른 원칙보다 무엇인가 좀 더 구체적이거나 덜 모호하다고 생각한다면 그것은 오산이다. 형사 법정에서의 어떤 증거가 소송절차상 "관련성 결여, 증거능력 결여, 중요성 결여"의 등급으로 분류되는 일이 살인이 "이급 살인"으로 분류되는 일보다 뭔가 더 자동적으로 이루어지는 것은 아니다. 법적 분생이 소송절차상 "두 개의 분리된 소송 사유"(그저 두 개의 분리된 재판에서 그것들을 다뤄야 한다는 의미일 뿐이다)를 포함하는 일이 어떤 서류에 "미이행 계약"이 포함되는 일보다 뭔가 더 수월하고 과학적으로 이루어지는 것도 아니다. 소송절차의 원칙을 소송에서 다루는 사실에 적용하는 것은 여타의 법적 원칙을 소송의 배후에 있는 사실에 적용하는 것과 마찬가지로 까다로운 일이다.

그런데 소송절차의 원칙이 법이 해결을 요청받은 문제의 실제 해답에 기여하는 바가 이처럼 전혀 없음에도 불구하고, 모든 법적 사건의 결정은 '실체법'상의 원칙 못지않게 '절차법'상의 규칙에 좌우된다. 어떤 변호사가 의뢰받은 사건을 처리할 때 절차법상의 규칙을 잊거나 위반했다는 이유로, 정의뿐만 아니라 실체법상의 통상적인 원칙마저도 창문 밖으로 내던져지는 경우가 매우 빈번히 발생한다. 그러므로 어떤 살인 행위가, 의심 없이 처벌받아 마땅한 모살murder[1]이더라도, 공판 과정에서 제출된 어떤 증거가 "관련성 결여, 증거능력 결여, 중요성 결여"로 분류되었다는 이유로, 살인자가 잠시 혹은 영원히 풀려날 수도 있다. 어떤 사람의 법적 주장이 지극히 명백하고 유효해 법률가는 물론이고 비법률가도 그의 주장이 받아들여져야 마땅하다고 생각하더라도, 단지 그의 변호사가 소송 과정에서 소송절차의 원칙에 비추어 보았을 때 잘못된 용어를 사용했다는 이유로, 그는 재판에서 소송비용 청구서를 제외한 어떤 것도 얻지 못할 수 있다.

어쩌면 소송절차 분야에 관한 이런 모든 논의는 로스쿨이 어떻게 하여 법의 신실한 추종자를 만들어 내느냐는 질문과 관련성이 없고, 증거능력이 없으며, 중요성이 없어 보일 수 있다. 그러나 여기 기억해 둘 점이 있다. 그것은 법률가와 로스쿨에서는 소송절차(혹은 실무라고 불리기도 한다)가 오로지 직업적 요령만을 다룬다는 사실을 인정한다는 점이다. 법에 막 발을 들여놓은 학생들은 소송절차라는 과목에서 배우는 것은 법률가들이 부리는 기예의 기술에 해당한다는 말을 듣는다. 치과 의사가 드릴의 사용법을 배우듯이 법률가는 소송절차를 배운다.

반면 법의 나머지, 즉 재산법이나 준계약quasi-contracts법[2]이나 회사

1_사전에 의도를 가지고 모의해 사람을 죽이는 것을 의미한다.

2_당사자 간에 유효한 계약이 존재하지 않음에도 불구하고 어느 일방이 그 대가에 대한 보상을 기대하고서 타방에게 물건이나 서비스를 제공하고 상대방은 이로 인해 부당이득(unjust enrichment)을 입었을 경우에, 계약관계가 없다고 하여 그들의 관계에 법이 침묵하는 것은 정의의 관념에 반한다고 보아, 법이 개입해 그 당사자 간의 손익 관계를 청산하도록 한 형평법상

법이나 기타 모든 분야의 '실체적' 원칙은 젊은 학생들의 머릿속에 인생의 궁극적 진리로 각인된다. 심지어 로스쿨을 졸업한 수습생이 치르는 변호사 시험에서도 그런 구별은 섬세하게 유지된다. 한 부분은 그의 '실체적인' 법에 대한 지식을 테스트한다. 다른 부분은 소송절차에 대한 그의 지식을 테스트한다. 한쪽은 지혜를 상징한다. 다른 쪽은 기술을 상징한다.

　법의 도제가 거의 배우지 못하는 그리고 발견할 기회가 조금도 주어지지 않는 사실은 모든 법 전체가 갈고닦아야 하는 기술이요, 달성되어야 하는 능숙함이라는 사실이다. 그 기술이란, 가장 간단히 말하자면, 새로운 언어를 사용하는 기술이다. 그것이 로스쿨 학생이 그들의 소송절차 수업에서 배우는 내용의 전부다. 그것은 또한 실체법 과목에서 로스쿨 학생이 배우는 내용의 전부다. 그러나 절차법은 기술로 솔직히 분류되고 실체법은 진리로 분류됨에 따라, 로스쿨 학생은 둘 사이에 질적인 차이(사실은 정도의 차이일 뿐임에도)가 있다는 암시를 은연중에 받는다. "본래의 입증 책임은 원고 측에 있다"는 소송절차의 원리는 법률가가 승소하는 데 도움을 준다. "피고의 행위가 손해의 직접적인 원인이 아니면 피고에게 법적 책임은 없다"라는 불법행위법의 원리는 법률가가 승소하는 데 도움을 준다. 학생이 이 두

에서 기원한 제도.

개의 원칙(그리고 그 밖의 법의 원칙들)에서 배우는 모든 내용은 그것들을 어떻게 언제 어디서 말해야 자신들에게 유용한가 하는 것이다.

핵심은, 로스쿨이 법학 교육의 한 부분이 업계의 수법을 다룬다는 사실을 인정함으로써, 법의 나머지 부분은 무엇인가 더 실질적이라는 그럴듯한 신화를 만들어 낸다는 점이다. 한쪽에는 소송절차를 솔직하게 기술로 두어서, 다른 과목의 길고 공허한 단어와 추상 원칙은 깊이와 실체가 있다는 인상을 신참자에게 전달한다. 그러면 신참자는 그 단어에 뜻이 존재하고 그 원칙은 지혜의 보고라고 믿게 된다. 이와 같은 믿음은 법을 둘러싼 신화를 영구적인 것으로 만드는 데 필수적인 것으로, 신참자는 이를 반드시 믿어야만 한다. 법률업(업계에 있는 이들의 자부심, 위엄 그리고 그들이 행사하는 힘)에 치명적인 것은 새로운 세대의 법률가들이 자신들이 공부하는 것의 진실을 발견하도록 장려되거나 허용되는 일이다. 그들이 배운 모든 법의 원칙이 단지 기교에 불과하고 그들이 수강한 모든 과목이 소송절차와 다를 바 없다는 진실 말이다.

그래서 로스쿨은 그들의 법 원칙, 그리고 그 원칙이 법률가가 세상만사에 우아하게 적용할 수 있는 불멸의 진리를 나타낸다는 허위를 고수한다. 사실, 그 원칙들은 한때 학생들에게 아무런 포장 없이 그대로 제공된 적이 있다. 그것은 로스쿨이 막 발명되어, 법 실무의 예비 단계로 전혀 효용이 없고 무가치하다고 대부분의 법률가에게 멸시를 당하던 때의 얘기다. 오늘날 언론대학원이 대부분의 신문기자에게 멸시를 당하듯이 말이다.

로스쿨이 처음 만들어졌던 당시만 해도, 로스쿨 학생들은 실제로 날것 그대로의 법 원칙만을 배웠다. 법의 각 '분야'의 원칙과 하위 원칙과 반대 원칙들이 계약법이나 신탁법 따위의 '입문서'에 순서대로 기재되었다. 학생들은 그들의 입문서를 공부했고, 원칙들을 해명하고 '조화'시켜 미세한 추상적 관념의 틀에 끼워 맞추는 데 열중하는 강의를 들었고, 경건한 마음으로 그 원칙들을 암기했다. 그들은 아마 단 한 건의 소송 기록도 읽지 않았을 것이다. 위대하고 보편적인 진리를 배우기도 바쁜 와중에, 왜 사소하고 혼란스러운 사실관계들을 염두에 두어야 한단 말인가?

그러나 19세기 말, 법학 교육 방법에 유명한 변혁이 생겨나 로스쿨을 진동시키기 시작했다. 그 새로운 구상은 실제 사례에서 법관이 기술한 견해를 학생에게 제공한 뒤 그 견해 속에서 법 원리를 찾아내도록fish[낚도록] 하는 것이었다. 명백히, 새로운 법학 교육 방식은 원칙의 중요성을 축소하기 위한 의도에서 나타난 것은 아니었다. 그 목적은 학생들이 현실의 법이 그 원칙을 어떻게 사용하는가를 숙고하도록 하는 데 있었고, 법관들의 견해는 단지 실제 재판의 판결을 그것을 '지배하는' 원칙의 용어로 설명하는 것에 불과했다. 학생들은 여전히 그들의 원칙을 공부해야 했지만 먼저 그것을 찾아내야 했다.

물론 학생들이 암흑 속에서 낚시질을 할 필요는 없었다. 저명한 권위자들이 법 분야별로 의견들을 취합해 각각의 원칙에 따라 묶어놓은 두꺼운 '사례집'[판례집]이 있기 때문이다. 학생들이 올바른 순서대로 올바른 사례를 읽기만 하면 원칙이 지면에서 실제로 튀어나왔다. 사안의 실제 사실관계는 중요하지 않았으므로 법관의 의견을 재편집 하는 과정에서 다른 분야의 법과 관련된 의견과 함께 그것이 완전히 빠지는 일도 있었다. 중요한 것은, 여전히 불멸의 원칙 — 법관의 입에 오르내렸다는 사실에 힘입어 좀 더 그럴듯하게 보이는 — 을 배우는 일이었다.

'판례집 연구법'casebook method[3]을 통한 법학 교육은 지금도 로스쿨에서 인기가 좋다. 풋내기 법률가는 더 이상 그들의 법 원칙을 직접 배우도록 장려되지 않는다. 계약이 유효하려면 청약에 대한 승낙이 필요하다는 것을 배우기 위해, 그들은 그 얘기를 수천 번 반복하는 법관의 장광설을 여섯 번 정도는 들입다 파야 한다. 주 정부가 자신의 관할권 밖에 있는 재산에 대해 과세하는 것은 헌법 위반이라고 하는 사실을 배우기 위해, 그들은 시니어 대 브래든 사건과 같은 귀중한 판례들을 다섯 개 내지 열 개 정도 통달해야 한다. 그러나 그들이 일을 끝냈을 때, 그들은 보통 계약이 유효하려면 청약에 대한 승낙이

3_판례 연구법(case method)이라고도 한다. 하버드대학교 로스쿨의 크리스토퍼 랑델(Christopher Columbus Langdell) 학장이 19세기 후반에 도입한 학습 방법론으로, 실제 사례를 통해 문답식으로 법의 원칙을 익히는 것을 골자로 한다. 그 이전의 법학 교습이 추상적 법 원칙을 체계적으로 익히는 방법으로 진행되었다면, 판례집 교습법에서는 실제 사례로부터 학생이 법 원칙을 귀납적으로 이끌어 내야 한다. 이를 위해 교수가 한 학생을 지목해 사례의 내용에 대해 집중적으로 질의하는, 소크라테스 방법론(socrates method)이 활용된다. 판례집 연구법과 소크라테스 방법론은 현대 미국 법학 교육의 가장 두드러진 특징이다.

필요하다는 사실, 혹은 주 정부가 관할권 밖에 있는 재산에 과세한 것은 헌법 위반이라고 하는 사실 이상을 배우지 못한다.

여러 가지 면에서, 입문서에 의한 구식 법학 교육의 방법이 더 이치에 닿는다. 원칙을 좀 더 빨리 익힐 수 있는 좀 더 직접적이고 간단한 방식이기 때문이다. 사례집 과정을 이수한 뒤 시험을 대비해 입문서 과정을 공부하는 학생들은 그 방식에 경의를 표한다. 또한 극단적인 사례 교육법으로 말미암아 학생들이 법 원칙을 제대로 배우지 못하는 바람에, 학생들이 변호사 시험에 합격해 법률가가 되기 위해서는 특별한 '집중 과정'을 반드시 이수해야 하는 대부분의 '선진적인' 로스쿨에 대한 흥미로운 보고도 있다.

사실, 이런 선진적 로스쿨(그 수는 얼마 되지 않는다)의 극단적인 사례 방법론의 사용에 대해서는, 주목할 부분이 있다. 그들이 학생들에게 '법'을 잘 가르치지 못한다는 사실에도 불구하고, 그들은 무엇인가를 확실히 가르치고 있다. 그렇게 함으로써, 그들은 법 신화에 대한 반역자 그리고 법이라는 사술의 영구화에 대한 잠재적 위협이 된다. 실제로, 그들은 학생들에게 법의 추상적인 원칙들보다는 사례 자체를 조금이나마 더 파고들도록 장려한다. 분쟁의 배후에 존재하는 있는 그대로의 인간적 사실들은, 법이 적용되는 단순한 근거가 아닌, 그 자체로 고려할 만한 가치가 인정된다.

이런 몇 안 되는 로스쿨들 역시 법을 그 '분야'에 따라 여러 과목으로 나누어 교육한다. 그러나 그 과목과 '분야'는 법의 추상적인 원칙이 아닌 실질적인 문제의 형태 — 산업에 대한 정부의 규제나 기업

경영과 같은 ― 에 따라 나뉘곤 한다. 더 의미심장한 사실은, 명칭을 불문하고 모든 과목(혹은 대부분의 과목. 왜냐하면 가장 '선진적인' 로스쿨도 법에 감화된 교사들로부터 완전히 달아날 수는 없기 때문이다)에서 강의의 초점이 다른 데 두어진다는 것이다. 그 초점은 실제 사례에서 나타나는 구체적인 사실관계의 비법률적인 측면에 맞춰진다. 학생들은 이런 요소들이 [법적으로] 무관하다고 무시하지 않고 오히려 집중해, 다양한 종류의 문제에 적용될 수 있는 공정하고 합리적인 해결책을 실용적인 관점에서 강구하도록 훈련받는다.

예를 들어, 어떤 우유 회사가 우유 가격을 제한하는 주 정부의 제정법에 항의하기 위해 법에 호소한다면, 우유 업계의 과거 수익, 빈민 아동의 우유 섭취 권장량, 낙농업자의 재무 현황, 가격을 규제하는 정부 당국의 직원 규모나 부채가, 모두 수정헌법 제14조의 '적법절차' 조항이나 주의 '규제권' 또는 우유 산업을 '공익' 사업으로 볼 수 있는지 여부처럼 중요하게 다루어질 수 있다. 만약 어떤 미망인이 남편이 건널목에서 사망했다는 이유로 철도 회사를 제소한다면, 건널목 사망의 연간 통계나 건널목 철거 비용, 그리고 불쌍한 미망인에 대해 배심원이나 판사가 품을 수 있는 동정심과 같은 요인도 모두 '기여과실', '최근인', '최종 기회의 항변'의 규칙과 함께 논의될 수 있다.

이런 선진적 로스쿨에서 법의 원칙이 전적으로 무시되는 것은 아니다. 학생들은, 불가피하게, 여전히 똑같은 옛 개념과 추상들을 읽고 암기하고 그들을 '조화'시키고자 노력한다. 그러나 실질적 문제라는 딱딱한 고기가 그들의 교육적 식단에 섞여 들어가 있다는 데 차이가 있다. 실제 사례는 법 원칙의 신성화를 위한 단순한 제단 이상의 의미를 갖게 되었다.

그런데 이런 종류의 교수법教授法의 결과는 기묘하고 다양하다. 먼저 첫째로, 그 애송이 법률가들은 기본서 중심의 교습법으로 공부하던 선배나 일반적인 판례집으로 공부하는 동년배만큼 원칙을 제대로 배우지 못한다. 실질적인 쟁점과 법에 대한 학습이 동시에 진행되다 보니 원칙에 집중해 이를 암기하는 것이 더 힘들어진다. 그들이 로스쿨을 졸업한 후 변호사 시험에 합격하려면 특별 집중 강의를 수강해야 하는 이유가 이것이다. 변호사 시험(그리고 집중 강의)은 대체로 오직 '법'만을 다루기 때문이다.

또한 모든 법적 사례의 배후에 존재하는 현실적 문제들과 그 법적 사례의 판결 근거라고 주장되는 추상적인 법 원칙들을 함께 결부시키려는 시도는 다음과 같은 결과를 낳게 된다. 먼저 지적으로 부실한 학생들은, 완전한 혼란에 빠지게 된다. 그들은 실제 문제를 이해하지 못할 뿐만 아니라 원칙도 배우지 못한다. 반대로 영특한 학생들은 실제 문제와 법 원칙 사이에는 관련성이 거의 없다는 사실을 깨닫는다. 이런 깨달음으로 말미암아 그들은 법과 그 원칙에 대한 경멸을 서서히 키우게 된다. 물론 이것은 아직 체계가 잡히지 않은 작은 발걸음에 불과하다. 그러나 만약 모든 법의 신참자들이 한마음으로 법의 원칙이 대부분 긴 단어와 부적절한 관념으로 구축되었다는 것을 깨닫게 된다면, 그것은 법의 신화가 종말하는 출발점이 될 것이다.

그것이 잔뜩 팽창된 법이라고 하는 헛소리가 내부에서 폭발할 수 있는 유일한 방법이다. 그러나 가능성이 너무 요원하므로 진지하게 고려할 수는 없다. 왜냐하면 절대다수의 로스쿨에서는 절대다수의 법의 도제들이 여전히 법관의 의견에서 원칙을 뽑아내는 일을 기쁨으로 해나가고, 신성한 법의 개념과 계율을 정신적 오리걸음 속에서 익혀, 법의 전통에 대한 용맹하고 의심 없는 옹호자로 부상하고 끝내는 월스트리트의 고문 변호사 혹은 연방 대법관이 되기 때문이다.

상대적으로 소수인 로스쿨들의 상대적으로 소수인 학생들은, 속세의 문제와 법의 원칙 사이에 놓인 거대한 괴리를 인식하는 법을 익혔으므로, 배운 바를 잊지 않는다면 향후 자신이 종사하게 될 법조계의 세뇌에 희생양이 되지 않을 것이고, 그러므로 또한 엄청나게 쓸모 있는 시민이 될 수 있다. 그들은 모든 법적 문제를, 사람 사이의 분쟁을 조정할 때 발생하는 실질적인 문제라는 원래 모습대로 보는 훈련을 받았다. 그들은 공정하고 합리적이고 실제적인 해결을 모색하는 과정에서 법률 언어의 번잡한 치장을 갖다 버리는 방법을 배웠다. 그리고 나서, 그런 해결책을 발견하고, 그것을 다시 존경받는 법의 외피로 포장하고 법적 원칙의 용어로 작동시키는 방법도 배웠다. 다시 말해, 그들은 법 전체를, 소송절차와 마찬가지로 결국은 수단에 지나지 않는 하나의 기술로 취급하는 방법을 배웠다. 그리고 더 중요하게, 그들은 현대의 주술사[법률가]들에게 한심스럽게도 결여된 기술을 배웠다. 그들은 인간 문제의 실제적 해결책에 집중하는 법을 배웠다. 결코 수단, 즉 법에 집중하는 법이 아닌 방법 말이다.

이는 단순히 의도한 결과를 법률 용어로 표현하고 그것을 공인된 법의 원칙으로 뒷받침할 수 있느냐의 문제가 아니다. 이는, 법적 원칙의 본성상, 식은 죽 먹기다. 어떤 법률가라도 이런 일을 할 수 있다. 모든 법률가는 모든 사건을 다루면서 항상 이런 일을 하고 있다. 물론 그는 자신이 궁극적 진리의 전당에서 정의를 위해 투쟁하기보다는 하나의 도구를 사용하고 있음을 결코 자각하지 못한다. 오히려 그것은 인간의 문제를 지적이고 실용적이고 사회적으로 유용한 방식으로 해결한 뒤, 법이라는 매개물로 되돌아갈 수 있느냐의 문제다. 이것은 모든 일련의 사실들에 (모호한 법 원칙에 의해 희석되지 않은) 상식과 전문 지식과 '정의'의 조합을 적용할 수 있는지, 그리고 법을 그것이 있어야 할 자리에 둘 수 있는지의 문제다.

그러나 이런 요령을 터득한 소수의 로스쿨 학생에 대한 하나의 귀찮은 의혹이 남아 있다. 왜 그들의 두뇌와 그들의 교과목과 그들의 직업 생활이 수많은 법 원칙에 의해 끊임없이 방해받아야 하는가? 즉 왜 그들이 법을 배워야 한다는 것인가?

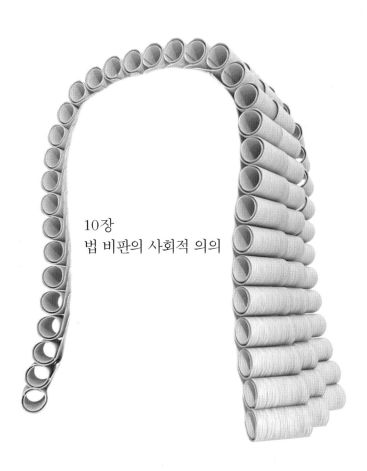

10장
법 비판의 사회적 의의

법은 가난한 사람을 학대하고, 부자는 법을 다스린다.

_올리버 골드스미스

• 올리버 골드스미스(Oliver Goldsmith, 1728~74). 아일랜드 출신의 영국 시인, 극작가.

여기서 한 가지 분명히 해둘 점이 있다. 이 책에서 법과 그것의 신비로운 작동 방식을 검토해 온 목적은, 오늘날 회자되고 있는 '사회적으로 중요한' 목적 때문이 아니었다. 즉 그 목적은 법이 결과적으로 보면 가난한 자를 압제하고 부자를 옹호하고 대기업의 도구이며 언제나 부유한 자, 월스트리트, 그리고 공화당의 편에 서있음을 증명하려는 데 있지 않았다. 실제로 모든 법에 대한 비판 서적은 단지 그런 것을 증명하기 위해 쓰였으며, 그런 서적의 수는 실로 수백 권에 이른다. 이런 모든 서적들의 문제는 그들이 틀렸다는 것이 아니다. 문제는 그들이 그 정도에서 그치고 더 이상 나아가지 않는다는 것이다. 그런 책의 저자들(대체로 법률가들인)은 세계를 운영하는 수단, 과학, 기술로서의 법과는 조금도 다투려 하지 않는다. 그들은 그저 법이 자기편에서 작동하는 것을 보고 싶어 할 뿐이다. 그들은 법을 잡아 찢으려 하지 않는다. 그들은 법을 조금 고쳐서 좀 더 입맛에 맞는 결과가 나타나기를 바랄 뿐이다.

보잘것없는 이 책의 목적은 그보다는 법이라고 하는 사이비 과학 전체가, 그 결과에 상관없이, 속임수임을 보여 주는 것이었다. 법은 리처드 휘트니[1]를 감옥으로 보낼 때도 속임수이고 한 덩이의 빵을 훔친 배고픈 남자를 감옥으로 보낼 때도 마찬가지다. 법은 소작인을 옹호할 때도 속임수이고 이자 생활자를 옹호할 때도 마찬가지다. 법은 시민의 자유를 보호할 때도 속임수이고 지주회사의 이익을 옹호할 때도 마찬가지다. 법은 '진보적'liberal[자유주의적] 법원에서 공표될 때도 속임수이고 '보수적인' 법원에서 공표될 때도 마찬가지다. 법이 속임수인 이유는, 판결의 결과 때문이 아니라 그 결과에 도달하는 방법 때문이다.

그러나 법에 대한 검토를 제대로 완성하려면 법이 반복적으로 "모두에게 평등한 정의"를 호언장담하는 것을 조금 고찰할 필요가 있다. 왜냐하면 그와 같은 호언장담이 거짓이기 때문이다. 법은 [돈으로] 살 수 있을 뿐만 아니라(전직 판사 마틴 맨튼[2]이 팔아넘긴 것처럼 그렇게 노골적인 방법이 꼭 아니더라도) 대부분의 경우 반드시 사야 한다. 그리

1_리처드 휘트니(Richard Whitney, 1888~1974). 금융인으로, 뉴욕증권거래소 사장을 역임했으나 후에 횡령죄로 투옥되었다.

2_마틴 맨튼(Martin Thomas Manton, 1880~1946). 연방 대법관으로 재직하던 중 뇌물을 수수한 혐의로 징역을 살았다.

고 사야 하는 것인 이상, 법은 그것을 비싸게 살 능력이 있는 사람에게 유리하게 기울어지기 마련이다.

게다가 법이 언제나 판매 대상이며, 대체로 최고 가격을 제시한 입찰자의 편에 선다는 사실은, 법 전체가 사기라는 사실과 밀접한 관련이 있다. 왜냐하면 법의 자랑스러운 원칙들이 정말로 법률가들이 주장하듯이 확실성과 정의를 구현하기 위해 빚어진 알맞은 열쇠라면 법은 결코 판매 대상이 되어서 그것을 살 능력이 있는 사람에게 유리하게 기울어질 리가 없기 때문이다. 그런 원칙들은 너무나 많고 너무나 무의미하므로(그들을 선택하고 비틀고 분류하면 어떤 결과라도 만들 수 있다) 법은 결코 정의를 낳지 못한다(정의에는 모두를 위한 공평한 처사라는 뜻이 담겨 있다).

법이 어떻게 구매되는지 그리고 사람들은 왜 법을 구매하는지를 검토할 때, 그 법이란 많은 사람들이 생각하는 '법률'이 아님을 다시 한 번 기억할 필요가 있다. 물론 의회와 의회 의원들은 아예 매수되거나, 최소한 돈을 받아, 자신들에게 자금을 제공한 사람의 이해관계와 관련된 법안에 찬성표 혹은 반대표를 던지는 것이 사실이다. 그러나 이런 사례는 비록 한심스럽긴 하나 밤낮으로 벌어지는 법의 매수에 비하면 부차적인 현상에 지나지 않는다. 왜냐하면 법이란 성문법은 물론 심지어 헌법까지 능가하는 추상적이고 형태 없는 규칙들의 몸체이므로 그 아래에서 법률가와 법률가-법관은 우리의 모든 문제를 해결하고 우리의 모든 분쟁을 처리하며 우리의 모든 삶을 운영하기 때문이다. 그것은 참으로 구입할 가치가 있다.

그렇다면 법은 어떻게 구입될까? 법은 어떻게 그 값을 치를 충분한 돈이 있는 개인이나 회사의 정기적인 거래 대상이 될까? 법의 구입은, 일단 간단하고 직설적으로 대답을 해보자면, 가장 영특한 변호사, 즉 법을 이루는 원칙들을 능수능란하게 조작할 수 있는 전문적 점술가가 제공하는 용역과 자문을 구매함으로써 이루어진다. 법의 구입은, 법에 의해 흐릿해지지 않은 정의의 관점에서 자신들의 이익을 지키거나 옹호하기 곤란한 사람들이, 자신들의 개인적이고 재정적인 이익을 지키고 옹호하기 위해, 법원의 안과 밖에서 법률 언어의 주문을 가장 잘 읊을 수 있는 20세기의 마술사에게 적당한 프리미엄을 지불함으로써 이루어진다.

그런데 대부분의 사람은 법률문제에서 돈이 힘을 발휘한다고 할 때 오로지 형사법만을 떠올린다. 그들은 레오폴드와 로엡Leopold and Loeb[3]이 클래런스 대로[4]를 고용해 전기의자 형을 면할 수 있었던 것을 떠

3_20세기 초 미국의 살인 범죄자들로, 열네 살의 소년인 '바비 프랭크'를 살해한 혐의로 무기징역형을 언도받았다. 그들은 모두 십대에 대학을 조기 졸업한 수재들로, 시카고대학교 로스쿨에서 만나 친한 사이가 되었다. 그런데 문제는 그들이 니체의 초인사상, 사회진화론이 혼재된 강자 우월의 왜곡된 가치관을 가졌던 점이다. 그들의 왜곡된 가치관은 어느덧 잔인성으로 발전해, 그들은 놀랍게도 평소 알고 지내던 무고한 소년을 살해하기에 이른다. 그런데 이내 붙잡혀 살인 혐의로 기소된 그들은, 집안의 재력으로 당대의 변호사인 클래런스 대로를 변호사로 내세워 배심원에 의한 사형 판결을 면하고 지방법원에 의해 무기징역형을 받게 된다. 엘리트 범죄자들이 재력을 바탕으로 구사일생한 사건은 미디어의 큰 조명을 받았고, 미국 범죄사의 한 페이지를 장식한다.

올린다. 그들은 업계의 거물인 찰스 미첼[5]이나 새뮤얼 인설[6]이 남의 돈을 가지고 이상한 짓을 하다가 발각되었으나 지극히 머리가 좋고 존경받는 변호사를 사서 법적 처벌을 면한 사건을 떠올린다. 사람들은 그런 사건을 돈이 없어서 싸구려 변호사의 값싼 수임료 청구에 응할 수밖에 없거나, 아니면 국선 변호인에게 의뢰할 수밖에 없는 평범한 도둑이나 살인자에게 일상적으로 벌어지는 일(덕분에 '모두를 위한 정의'의 표면적 외관이 유지될 수 있는)과 비교한다. 그리고 대부분의 사람은 이것이 무엇인가 확실히 불공정하다는 것을 인식하고 있다. 확실히 그렇다. 그러나 이는 이야기의 아주 작은 부분에 불과하다.

먼저 첫째로, 형사사건은 법과 관련된 신문 지면의 대부분을 장

4_클래런스 대로(Clarence Seward Darrow, 1857~1938). 20세기 초 미국 최고의 변호사로 이름을 날렸다. 1925년의 '원숭이 재판'에서 진화론을 가르친 교사 존 스코프(John Scope)를 변론해 승소한 사건이 유명하다.

5_찰스 미첼(Charles E. Mitchell, 1877~1955). 시티은행의 전신인 내셔널 시티(National City)은행의 행장을 역임한 은행가. 행장으로 재직하면서 은행의 전통적인 예금 대출 업무를 벗어나 적극적인 유가증권 영업을 시도해 수익 창출을 꾀했는데, 이것이 대공황을 불러온 주요 요인으로 비난을 받았다. 투자은행과 상업은행을 분리하는 글래스-스티걸 법이 제정된 계기가 되었다.

6_새뮤얼 인설(Samuel Insull, 1859~1938). 미국의 전력 사업자. 대규모 발전소를 지어 염가에 전기를 공급한다는 발상으로 전기의 대중화에 크게 기여했다는 평가를 받는다. 그러나 자기 자본이 아닌 부채로 사업을 확장하는 방식이 대공황 중 위기를 맞아 그의 기업 왕국은 파산한다. 해외 도피 끝에 횡령죄로 재판을 받았는데, 무죄를 받아서 논란이 되었다. 그에 대한 평가는 모험 기업가와 사기꾼으로 양분되어 있다.

식하고 있으나, 법원이 취급하는 업무의 일부에 지나지 않는다. 법원이 다루는 업무의 대부분은 법률가가 소위 '민사소송'이라 부르는 사건으로, 이것은 개인이나 회사가 사업이나 금융상의 분쟁을 가지고 상대방을 제소하는 사건이다. 이런 사건에서는 형사사건과 마찬가지로 (사건의 한쪽 당사자는 회사고 다른 쪽 당사자는 외로운 개인일 때 특히 두드러지는 일인데) 가진 돈이 많을수록 최상의 법률 자문을 살 수 있다. 그리고 우수한 법률 조언을 받을수록, 법을 자기편으로 끌어들여 승리할 가능성은 높아진다.

왜냐하면 아무리 반복해도 부족함이 없는 말이지만, 법은 자신이 가장하는 정확하고 확실한 과학과는 한참 거리가 멀기 때문이다. 만약 그렇다면, 제아무리 부유한 기업이라도 일류 변호사의 막대한 요금 청구에 돈을 쏟아붓지 않을 것이다. 어떤 변호사라도 일류 변호사만큼 일을 잘 처리할 수 있을 것이기 때문이다. 그러나 기업은 법적 주문을 능숙하게 다루는 주술사가 세상의 그 어떤 확실하고 공평한 정의보다도 더 유용하므로 소송에서 반드시 자기편에 확보해 두어야 한다는 점을 알고 있다. 변호사 역시 고객에게 좋은 변호사가 어떤 변호사인지 알고 있다.

물론 수많은 법적 다툼에서, 한쪽 당사자가 상대편보다 더 많은 혹은 좀 더 설득력 있는 법의 원칙을 갖고 있는 것처럼 보일 때가 있는 것도 사실이다. 그러나 상대편 역시 내세울 수 있는 법의 원칙은 있기 마련이다. 게다가 브리지 게임에서와 마찬가지로 법의 게임에서도 노련한 선수는, 제아무리 나쁜 패를 가졌다 해도, 평범한 선수를 열에 아홉은 이긴다.

그러나 실제의 법원 분쟁에서 자신을 대변하는 영특한 변호인을 구입하는 것만이 법이 판매되는 유일하고 주된 경우는 아니다. 법은, 비록 모든 인간사를 감독하고 있으나, 사람들의 불만을 처리하는 일에 자동적으로 적용되지는 않는다. 누군가의 혹은 어떤 기업의 속임수에 빠졌다고 생각하는 사람, 자신의 정당한 권리가 침해당했으므로 법체계가 무너졌다고 생각하는 사람은, 반드시 법원에 가야 법으로부터 어떤 만족을 얻을 수 있다. 그리고 법원에 가는 데는 돈이 든다. 심지어 변호사의 청구서가 도착하기 전이라도 돈이 든다. 그것이 대부분의 사람들이 일생에 걸쳐 한 번이라도 소송당사자가 되지 않으려고 하는 이유다. 농민과 노동자와 주부와 실업자도 부자나 대기업과 마찬가지로 불만을 느끼고 있다. 그러나 그들은 법을 조금이라도 살 능력이 없다.

어떤 사람이 계약이 파기되었으므로 더 이상 지불 의무가 없다고 확신하고 있는데, 대금의 지급이 연기되었다면서 금융회사가 그의 차나 라디오를 가져갈 때, 그는 변호사를 고용해 법원에 갈 생각을 웬만해서는 하지 않는다. 엄청난 돈이 들기 때문이다. 대형 백화점의 점원은 정부의 어떤 새로운 제정법이 자신을 불공정하고 어쩌면 위법하게 몰아붙인다고 생각해도 그것을 가지고 법원에 갈 꿈조차 꾸지 않는다. 그러나 백화점 측은 어떤 법률에 따라 자신이 감쪽같이 속았다고 생각한다면 지체 없이 법원에 달려갈 것이다. 공장 노동자인 남편과의 결혼 생활이 엄청나게 불행하다고 생각하는 부인은 충분한 이혼 사유를 갖고 있다 하더라도 소송을 제기하지는 않는다. 이혼이란, 정부를 상대로 하는 소송이나 상사계약에서 정당한 몫을 받고자 하는 노력이나 그 밖의 책에 나오는 대부분의 법적 사건과 마찬가지로, 일종의 사치품으로서 법을 살 충분한 돈이 있는 사람만이 독점하는 일이다.

수백만 달러 규모의 회사가 최근 지면을 통해 전국노동관계위원회 National Labor Relations Board의 결정에 대한 의의 제기의 법원 소송을 추진하는 데 엄청난 비용이 든다는 불만을 표시한 일이 있다. 이해할 만한 주장이었다. 그러나 이런 사례는 평범한 사람이 불만을 법에 호소하고 싶을 때 겪는 무력함을 한층 돋보이게 한다. 그 회사는 최소한 수천 달러를 지불해 자신이 잘못되었다고 생각하는 점을 법원에서 호소할 기회를 얻을 수 있었고 실제로 그렇게 했다. 그런데 과연, 예컨대 회사의 직원이나 소비자가 자신이 회사나 연방 정부로부터 부당하고 위법적으로 대우를 받았다고 생각할 때 법정에서 그 불만을 제기할 기회가 있다고 할 수 있을까? 그 회사가 연방 정부에 대해 법과 관련된 문제에서 겪는 불리함은, 그 회사가 그곳에서 일하거나 물건을 사거나 투자를 하는 모든 개인에 대해서 법과 관련된 문제에서 누리는 유리함과 비교하면 아무것도 아니다.

그러나 영특한 점술사를 구입해 법정에서 대신 말하게 하는 것이나, 시작 단계에서 법원으로 가는 길을 사는 것이, 법이 가장 보편적이고 효율적으로 구입되고 판매되는 형태인 것은 아니다. 법률가의 생계 수단이 되는 업무의 대부분은 법원에서 거리가 멀리 떨어진 것들로 이루어져 있다. 법률가의 생계 수단이 되는 업무의 대부분은 소위 '법률 자문'이라 하는 것으로, 이는 대체로 어떤 금전적 거래를 하기 전에 법을 자기편에 안전하게 확보해 둘 필요가 있다고 느끼는 개인이나 회사가 돈을 내고 구하는 자문이다. 그런 법률 자문은 대부분, 계약서를 가득 채우는 주술적인 법률 언어로 이루어지는데, 그 목적은 그 문서가 마지못해 법원에 증거로 제출될 때, (비법률적인 관점에서 보았을 때 정의가 어느 쪽 편에 서있는지와는 무관하게) 법은 명백하고 확실하게 법률 자문을 구입한 사람 편에 서있음을 보여 주는 데 있다.

극히 간단한 예를 들어보자. 어떤 주차장에서 주차하는 사람에게 오직 번호만 쓰여 있고 다른 아무 내용도 들어 있지 않은 번호표를 건네주었다고 해보자. 어떤 부인이 주차장에 차를 세우고 차의 뒷좌석에 코트를 남겨 두었는데 돌아와 보니 코트가 없었다. 화가 난 그 부인은, 돈이 많은 사람이었으므로, 주차장 주인을 법원에 제소했다. 이 경우 법은 추상적인 원칙을 잔뜩 주고받은 뒤 주차장 주인에게 분실의 책임을 묻고 여자에게 코트 가격을 배상하도록 할 가능성이 매우 높다.

하지만 실제로는 주차한 차에서 물건을 분실한 사람이 주차장 주인으로부터 한 푼이라도 받을 가능성은 거의 없다. 대다수의 주차장 소유주는 미리 법적 조언을 구입할 충분한 돈이 있는 개인이나 회사다. 그러므로 주차장에서 건네준 표가 번호만 쓰여 있는 종잇조각일 리는 없다. 물론 그 종이에는 번호가 쓰여 있지만, 그 뒷면이나 아래쪽에는 작은 글자로 "자동차 소유자는 분실, 도난, 물품 손상에 관해

주차장 주인에게 손해 배상의 책임을 묻지 않을 것을 동의함" 따위의
내용이 인쇄되어 있다. 법률 자문 덕분에 법은 장래에 있을 소송에서
미리 한쪽 편을 들게 된다. 다른 편의 '계약 당사자'는 안중에도 없이
말이다.

이런 사정은 임대차 계약(그 내용이 더 많고 복잡하지만)에서도 마찬
가지다. 보험계약에서도 마찬가지다. 주식 발행이나 채권 발행을 포
함해 모든 종류와 형태의 사업체들이 남의 돈을 얻거나, 구걸하거나,
빌리거나, 혹은 강탈할 때 활용하는 그 외의 모든 법적 장치들에서도
마찬가지다. 여기에는 언제나 자그마한 글자들이 여러 쪽에 걸쳐 빼
곡히 나열되어 있는데, 평범한 구매인이나 토지 임차인이나 일반 임
차인이나 투자자는 이를 굳이 읽으려 하지도 않고, 읽어도 보통은 그
내용을 이해할 수 없다. 빼곡히 들어찬 그 자그마한 글자들은 법률가
들이 작성한 것으로, 그것이 의미하는 바는 사소한 사업 거래에서 어
떤 문제가 생겼을 때 평범한 구매인이나 토지 임차인이나 일반 임차
인이나 투자자가 어리석게도 그의 불만을 법에 호소한다면 그는 거
의 반드시 패배하게 된다는 것이다. 왜냐하면 상대방, 즉 법을 살 여유
가 있는 회사나 개인이 미리 빈틈없이 법을 구입해 두었기 때문이다.

물론 금융계나 산업계에서는 대체로 양쪽의 거래 당사자들이 모
두 처음부터 법률 조언을 살 수 있는 능력이 있기 마련이다. 그래서
여기가 변호사들에게는 노다지다. 양쪽의 변호사는, 당장에는 어떤
분쟁이 일어날 기미가 없더라도, 향후 그들 고객의 이익이 법과의 엄
격한 조화 속에서 보호받을 수 있도록, 법률 언어를 솜씨 좋게 조작하

고 법적 울타리를 조심스럽게 치는 경쟁을 앞다퉈 벌인다. 그러나 합리적이고 유익하며 공정한 사업적 거래의 진행에서는, 오히려 그런 변호사가 없는 편이 당사자들에게는 유익하다(물론 두 변호사들의 능력이 동등하다는 조건 아래). 문제는 한쪽이 법률 자문에 호소하는 한, 다른 쪽도 자기방어의 차원에서 그것을 이용해야 한다는 점이다. 그러므로 나머지 모두는 손해를 보고 법률가는 즐겁게 법을 팔아 치운다.

그러나 대부분의 상거래에는 강자와 약자(예컨대 법률 자문을 감당할 수 있는 회사와 그렇지 못한 개인과 같이)가 존재하므로 법은 대체로 처음부터 한쪽에 치우치게 된다. 이런 치우침은 나중에 거래와 관련해 발생할 수 있는 모든 소송의 법적 원칙에 정확히 부합하는 법률 언어를 거래의 서면 조항에 나열함으로써 발생한다. 그리고 이것이야 말로, 법정에서 영특한 말장난꾼을 대리인으로 고용하거나 일단 돈을 써서 사건을 법원으로 가져가는 것보다도 더 법이 정기적으로 판매되고, 따라서 그것을 살 능력이 있는 사람에게 기울어지게 되는 주된 방식이다.

이것이 미국에서 법률 사무의 중심지가 뉴욕에 있는 이유이자, 유력하고 돈이 되는 법률 업무의 태반이 월스트리트의 법률 공장에서 진행되는 이유다. 다른 지방의 회사나 개인도 법적인 불만을 갖고 분쟁과 소송을 벌이고 있으며, 전국적으로는 뉴욕에서 벌어지는 법률 업무보다 이런 뉴욕 바깥에서 벌어지는 쪽의 비중이 훨씬 더 크다. 그러나 가장 부유한 개인과 거대한 기업은 그들의 자금 계약이나 중요한 사업적 거래를 대부분 뉴욕에서 하고 있다. 그리고 자금 계약이나 중요한 사업적 거래야 말로 심지어 실제 법적 분쟁보다 더 변호사가 번성하는 분야다.

뉴욕에 있는 대부분의 변호사는 그들의 업무 시간 대부분을 뉴욕에 재무 본부를 둔 거대 기업을 위한 법률 자문에 소비하고 있다. 자문 가운데는 저당권이나 조건부 계약이나 임대차계약이나 주식 증서 stock certificates[7] 등을 어떻게 작성해야 힘없는 거래 상대방이 나중에 속았다고 생각하더라도 아무런 법적인 구제의 기회도 얻지 못하게 되는지 알려 주는 자문이 있다. 기업 간 거래에 관한 자문으로, 그 유일한 효용은 똑같은 고액의 변호사로부터 도움을 받는 상대방의 법적 책략을 반격하는 데에만 있는 자문이 있다. 귀찮은 정부의 규제를 피하면서도 그 어떤 정부의 규제보다 더 전능한 '법'과 사이좋은 관계를 계속 유지할 수 있게 하는 자문도 있다. 그것은 수천 개의 작은 회사나 돈 없는 개인도 형편이 된다면 받고 싶은 자문이다. 법의 언어를 조작해 세금을 회피하는 자문도 있다. 예컨대 J. P. 모건은 요트 놀이나 뇌조 사냥 따위를 즐기면서도 법적으로 완벽하게 수년간에 걸쳐 연방 소득세를 면제 받았으나 연소득이 1천5백 달러인 수백만의 사람들은 연방 재무부에 세금을 갖다 바쳐야 했다.

어떤 경우에든, 이런 자문은 그것을 구입하는 개인이나 회사에게

7_주식(stock)의 정식 명칭.

변호사가 청구하는 막대한 수임료보다 더 큰 금전적 가치를 지니게 된다. 그리고 직접적 혹은 간접적으로 모든 사건에서 손해를 보는 것은 돈이 없어 법을 살 수 없는 개인이나 회사다. 법이 호언장담하는 '모두에게 평등한 정의'로서의 법에 대한 반례로 뉴욕에 밀집해 번성하는 최고 수준의 법률업 종사자들이 하는 일보다 더 두드러진 것은 없다.

더구나 대부분의 우수한 변호사는 죽기 전에 반드시 뉴욕에 간다. 그들이 뉴욕에 가는 이유는 거기서 법의 원칙과 법의 언어를 휘두르는 요령을 통해 많은 돈을 벌 수 있기 때문이다. 실제로 그런 무리들이 유혹에 이끌려 로스쿨로부터 뉴욕으로 해년마다 직행하고 있다. 그리고 덧붙여 말하자면 이로써 법률업은 법 신화의 영구화를 위한 또 다른 결정적 국면에 이르게 된다. 왜냐하면 3년에 걸쳐 추상적인 개념의 신성불가침성을 주입받은 젊은이의 우수한 두뇌에, 법 절차의 합리성이나 실용성 또는 엄숙성에 대한 어떤 자그마한 의심이 여전히 남아 있다 하더라도, 그 의심은 법이 왕으로 군림하는 분위기(그리고 그 왕과 알랑거리는 조신들은 언제나 보상을 받는다) 속에서 곧바로 증발하기 때문이다.

그리고 여기 법이 가난한 사람보다 부유한 사람에게 친절한 또 다른 핵심적 이유가 있다. 가장 촉망받고 젊은 말장난의 예술가들은 그 마술에 최고의 보수를 지불하는 자들의 환대에 즉시 중독될 뿐만 아니라, 그들 가운데서 결과적으로 그리고 자동적으로 지도자로 인정받는 법률가가 배출된다. 왜냐하면 다른 직업이나 전문 분야와 마찬가지로 돈 버는 능력이 보편적이고 맹목적으로 참된 능력의 증명서로 받아들여지고 있기 때문이다(벤자민 프랭클린은 변호사들이 법관을 뽑아야 한다고 제안하면서, 그들이 법관을 지명할 때 자신들 무리 가운데서 가장 유능한 사람을 선택할 것이라는 이유를 내세웠다. 왜냐하면 법관으로 새롭게 임명된 법률가가 하던 업무를 자기들끼리 나눠 가질 수 있기 때문이다). 그리고 (비록 프랭클린의 말이 직접적으로 검증된 적은 없지만) 법률업계의 지도자들(물론 이들이 지도자로 인정받는 이유는 돈을 많이 벌기 때문이다) 가운데서 대부분의 법관이 선출된다.

그런데 변호사가 법관이 되면, 그는 더 이상 부자와 대기업의 편의를 위해 법을 운용해야 할 경제적 유인이 없다. 그러나 그는 법관이 되기 전 직업 생활의 대부분을 그런 일을 하며 보내왔을 가능성이 크다. 더욱이 그는 자신이 정확하고 공평한 과학을 인간사의 질서 있는 운용을 위해 적용해 왔을 뿐이라고 자부한다. 그는 그 자부심을 지켜 내기 위해 불가피하게 모든 법적 신화의 대부분을 받아들인다. 그리고 결과적으로 그는 자신이 활용해 온 법적 원칙이란 곧 정의의 다른 이름이라는 신념을 더욱 강화하게 된다.

법관이 되더라도 그는 법에 대한 이런 고정관념을 쉽사리 떨쳐 버릴 수 없다. 자신이 한때 붙잡고 씨름했으며, 지금은 자신이 심리하는 사건의 변호사가 눈앞에서 늘어놓는 법의 원칙들과 개념들은, 여전히 친숙하고도 권위 있는 울림을 갖고 있다. 변호사들이 부자 의뢰인의 이익을 옹호할 때 습관적으로 내세우는 '계약의 자유'나 '매수자 위험부담caveat emptor[8]이나 '작성된 서면계약은 신성하다'나 '적법절차를 결여한 재산의 박탈'과 같은 어구들이 여타의 부차적이지만 똑같이 공허한 추상개념들과 함께 모범적인 법적 교의로 법관의 눈과 귀를 두드린다. 반면 부자들의 이익과 자주 충돌하는 법의 원칙과 어구는 상대적으로 덜 친숙하고 덜 정통적이고 덜 지배적으로 보인다. 그는 과거에 자신이 피력했던 법적 의견이나 사고방식에 경도되어 있으므로 자신의 오래된 법적 방언에 무의식적으로 기울어진 상태에서 판결을 내린다. 이는 그가 돈이 있는 쪽에 기울게 됨을, 그리고 법도 그와 함께 기울게 됨을 의미한다.

법이 부자, 보수주의자, 자신이 가진 엄청난 돈과 재산을 유지하고 이를 지속적으로 늘리려는 사람이나 회사들을 정기적으로 펀드는 중요한 이유가 또 하나 있다. 그 이유는 법 자체의 본성에 내재한다. 왜냐하면 여러분도 알다시피 법이란 불변하는 관념적 진리의 거대한 몸체를 의미하기 때문이다. 시대는 흐르고 삶의 방식은 변하고 인간사의 양상도 변화하지만, 법의 원칙들은 움직이지도 않고 흔들리지도 않은 채 그대로다. 요컨대 법이란, 그 자체의 정의에 의하면, 현상 유지의 과학이다.

그리고 당연하게도 부유하거나 잘나가는 사람들은 언제나 현상 유지자다. 가난하거나 일이 안 풀리는 사람들은 진보적이고 급진적

8_구매한 물품의 하자에 대해서는 구매자가 확인할 책임이 있다는 원칙.

이다. 돈 많은 무리들은 대부분 오래된 일처리 방식에 흔쾌히 만족한다. 그들은 자신들의 성공을 보장했던 기존의 경쟁 규칙(그것이 기독교 관점에서 아무리 부당하더라도)이 변하는 모습을 보고 싶어 하지 않는다. 그리고 그들은 법에서 변화에 대한 그들의 저항을 옹호하는 철학적이고도 덜 이기적으로 보이는 구실을 발견한다.

그들은 또한 법에서 보수주의에 대한 철학적 변호보다 더 견고하고 유용한 것을 발견한다. 왜냐하면 법이란, 법률가와 법관에 의해 신비롭게 이 땅에 내려와, 모든 이 땅의 사건을 다루기 때문이다. 그리고 추상 원칙에서 인간의 분쟁과 문제에 대한 개별적인 결정이라는 형태로 변신하는 과정에서, 법은 자신의 반동적 성향을 그대로 간직한다. 새로운 게임의 규칙, 새로운 인간 활동의 처리 방식, 새로운 실용과 공정에 관한 기준은 오래된 기준, 오래된 처리 방식, 오래된 사고에 비해 법적 원칙의 구조에 덜 매끄럽고 덜 편안하게 들어맞는다.

이것이 수많은 '진보적 입법'(규칙을 바꾸어 부자의 비용으로 빈자에게 이익을 주려는 법들)이 법원에 의해 완전히 파괴되거나 무효로 해석되는 이유다. 새로운 방식은 오래된 불변의 법 원칙에 쉽게 녹아들지 않는다. 예컨대 노동자는 생활 임금을 지급받아야 한다는 최신 사상이 회사가 노동자에게 마음대로 낮은 임금을 지불할 수 있다는 법이 오래전에 아로새긴 권리와 대결해서 이길 가능성은 전혀 없다. 그런 '법률'은 있을 수도 있겠으나, '법'은 절대로 그런 것을 들어본 일이 없다. 마찬가지로, 노숙자가 잠을 자려고 빈집에 침입하는 행위는 법적으로 정당하다는 생각(이런 생각은 확실히 순수하고 해맑은 정의의 관점에

248

서 도출되었다)은 오늘날의 법원에서 조롱거리가 될 것이다. 어떤 증권 판매원이, 호언장담으로 늙은 부인의 저축 투자를 유도했다면, 이후에 주식이 종잇조각이 되었을 때 부인으로부터 손해배상 소송을 당할 수 있다는 생각도 마찬가지다.

왜냐하면 판사들은 전혀 처음 보는 실제적인 결론들을 합리화하거나 거기에 접근하기 위해 추상적 원칙의 거대한 지붕을 수리하는 불편을 가능하다면 굳이 감수하려 들지는 않을 것이기 때문이다. 극히 드물게 마지못해서만 그들은 법적 논리의 조류를 실제로 새로운 방향으로 틀 것이다. 극히 드물게 마지못해서만 그들은 법의 이름으로 인간 문제의 처리 방법에 관한 기본적 혹은 대폭적인 변화를 감내할 것이다. 그러므로 단지 '법'뿐만 아니라 법적 결정들 역시 변함없이 동일한 경향을 보인다. 그리고 그런 동일함으로 법은 오래된 규칙을 통해 혜택을 누렸던 부자와 보수주의자의 이익에 유리하게 된다. 법은 보수주의자에게 유리하다. 법은 부자에게 유리하다.

맞다. 법의 부정의와 불공평에 관해 지적하는 책들의 '사회적 의의'는 중요하다. 그리고 덧붙여 말하자면, 최근 어떤 탁월한 변호사 협회원은 '죽음을 앞둔 부자'야 말로 이상적인 의뢰인이자 모든 법률가의 꿈이라고 표현함으로써, 자신들의 관심사가 무엇인지를 드러낸 바 있다.

그러나 여전히 법은 모든 부정의와 불공평의 배후에 존재하는 사기술이라는 것은 진실이다. 법은 충분한 돈을 갖고 법원에서 변호사를 고용하거나 법원에 가기 전에 법적 주문의 성가대와 작문가로부터 조언을 구입해 법률 언어와 법의 원칙으로부터 원하는 결과를 쥐어짜 낼 수 있는 사람에게만 가치 있다. 법은 많은 돈을 갖고 법에 이르는 길을 사서 그렇지 않았으면 얻어 낼 수 없었을 결과를 획득하는 사람에게만 가치 있다. 그 책임은 대부분의 법관이 최고 입찰자를 위해 일할 때 사용했던 편향적인 법의 원칙 너머를 내다보지 못하는 근시안적 무능함에 있다. 그 책임은 법이 작동할 때 보여 주는 고유의 타성과 선천적 보수성에 있다. 왜냐하면 만약 법이 어리석은 추상개념의 엄숙한 조작에 헌신하는 불확실하고 애매모호한 주문呪文이 아닌, 의도한 바대로의 정확하고 공평한 과학이었다면, 이런 불공평과 부정은 처음부터 존재하지 않거나 존재할 수 없었을 것이기 때문이다.

법은 참으로 하나의 공갈 협박이다. '모두에게 평등한 정의'라는 자신의 호언장담을 왜곡할 때, 부자를 좋아하고 빈자를 압제할 때, 특별히 그 결과가 전체 혹은 부분적으로 비법률적이고 상식적인 불편부당함과 공정함을 거부하는 듯 보일 때 그렇다. 요점은 법이 가끔 그렇듯이 공정하고 불편부당하고 실용적인 결과를 낳을 때라도, 그것은 불필요하고 값비싼 방해물일 뿐이라는 것이다. 그런 결과는 형이상학적 말장난인 법에 의뢰하지 않고도 훨씬 더 쉽고 빠르며 고통 없이 달성되었을 것이다. 그리고 이 점이 '사회적으로 의의가 있는' 지적을 하는 논객들이 놓치는 부분이다.

'사회적으로 의의가 있는' 이야기의 구조는 언제나 똑같다. 그 이야기는 언제나 부자, 빈자, 법이라고 하는 진부한 삼각 고리를 빙빙 맴돈다. 그리고 악당이 법이라는 아가씨를 차지해 퇴장하는 것으로 끝난다. 법이야말로 악당인 동시에 갱생의 여지가 없는 머리가 텅 빈 바보라는 사실이 공개될 필요가 있다.

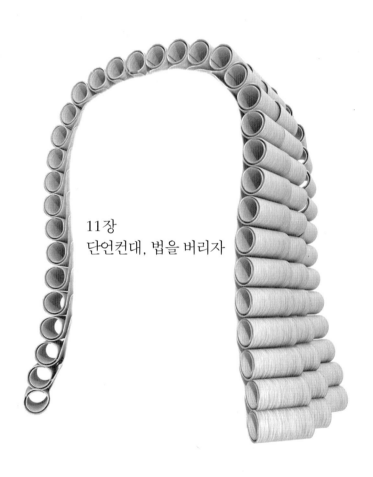

11장
단언컨대, 법을 버리자

첫 번째로 할 일은 모든 법률가를 죽이는 것이다.

_윌리엄 세익스피어

• 세익스피어의 희곡 『헨리 6세』에 나오는 구절이다.

그렇다면 도대체 어떻게 하면 좋은가? 우리의 사업, 정부, 심지어 사적인 삶마저 본질적으로 무의미하고, 모순적이며, 부조리한 추상적 원칙의 감독을 받아 운영되고 있다는 사실을 어찌할 것인가? 우리가 모두 법의 기묘한 술수, 그리고 그 담당자인 법률가의 노예가 되었다는 사실을 어찌하면 좋은가?

답은 하나다. 그 답은 법률가를 제거하고 대문자의 L로부터 시작되는 법을 우리의 법체계로부터 내던져 버리는 것이다. 요술쟁이와 그들의 요술을 함께 폐기 처분하고 우리의 문명을 보통 사람도 쉽게 이해할 수 있는, 그래서 정의와 공평함에 봉사할 수 있는, 실제적이고 알기 쉬운 규범에 따라 운영해 나가는 것이다.

결코 쉽거나 빠른 해결책은 아니다. 시간과 전망과 계획이 요구될 것이다. 그러나 부족 시대에 주술사를 쫓아낸 일도 마찬가지였다. 중세에 성직자가 목을 조르던 것을 풀어 버린 일도 마찬가지였다. 봉건제가 지배하던 시대에 봉건제를 타파한 것도 마찬가지로 쉬운 일이 아니었다. 인간 문제의 처리에 관해 깊고 넓게 용인되고 있는 미신을 제거하는 것은 절대로 쉬운 일이 아니다. 그러나 언제나 시도할 가치가 있는 일이다. 그리고 충분한 지지가 주어진다면, 그 노력은 성공할 수 있다. 속는 사람들은 언제나 있기 마련이다. 충분히 많은 사람에게 자신들이 속고 있다는 사실을 납득시키기만 하면 된다.

이것은 어떤 무정부주의의 주장이 아니다. 법률가와 그들의 법을 몰아내기 위해 헌법이나 제정법, 혹은 분쟁과 문제의 질서 있는 해결까지 던져 버릴 필요는 없다. 그저 성문법을 표현하고 '해석'하는 현재의 방법, 그리고 분쟁을 해결하고 문제를 처리하는 현재의 방법을 버리기만 하면 된다. 그저 인간사의 실제적 쟁점을 명확히 하기보다는 오히려 어지럽히는 모든 법의 언어와 모든 법의 원칙을 버리기만 하면 된다. 이것은 무정부주의의 주장이 아니다. 그보다는 상식적인 주장이다.

그리고 그와 같은 상식을 향한 첫 번째 걸음은 인간 문제의 감독에서 확실성이나 일관성, 혹은 그와 유사한 어떤 것이라도 절대로 존재할 수 없음을 깨닫는 일이다. 이 사실을 인식하거나 받아들이기를 거부하는 것이 법이 저지르는 가장 심각하고 기본적인 오류다. 법은 자신이 확실성과 일관성을 갖추었다고 우쭐댄다. 법은 장차 나타날 수 있는 어떤 실제적인 문제나 사건에도 적용될 준비가 된 확실한 해답을 보유하고 있음을 자부한다. 그러나 엉성한 예시만으로도 법이 뽐내는 확실성과 일관성이란 오로지 추상적 원칙과 율법의 이상향

neverland에만 존재함을 충분히 보여 줄 수 있다. 법은 정확하고 견고한 과학의 모양새를 유지하기 위해 사실의 세계에서 물러나 자신만의 공상의 세계로 진출해야 했다.

또한 구체적 형태를 갖춘 실제 문제를 처리할 때는 일관성과 확실성을 추구하는 동시에, 법의 추상개념이라는 무의미한 망상 역시 필사적으로 유지하려다가, 법은 소박한 정의와의 접촉을 잃고 말았다. 앞서 언급했듯이, 정의란 간편하게 잘라서 분류할 수 없다. 그리고 법은, 한쪽 손은 확실성에 다른 쪽 손은 정의에 뻗치다가, 무의미하고 쓸모없는 언어의 수렁에 두 동강이 난 채 빠지고 말았다. 마치 모든 실제 분쟁을 "악인은 유효한 계약을 위해 필수적이다"나 "어떤 주 정부도 그 관할권 외에 과세하는 것은 헌법상 인정되지 않는다"와 같은 말을 인용함으로써 정의롭고 확실하게 해결할 수 있기라도 한 것처럼.

인간 분쟁의 질서 있는 처리에서 확실성과 일관성이란 결코 존재할 수 없으므로, 현명한 방책은 구체적인 개별 문제의 해결에서 우직하게 정의를 추구하는 것이다. 그런데 정의라는 것 역시 분명히 형태가 없고 불확실한 이념이다. 어떤 사람의 정의가 다른 사람에게는 독약이 될 수 있다. 그러나 여기에는 성문법이 존재한다. 무엇이 공평하고 무엇이 옳으냐에 대해 사람들의 생각이 정면으로 충돌할 때는, 가능하면 민주적 절차에 따라 제정된 성문법이 그 해답을 내려 주어야 한다. 성문법이 그 해답을 내려 주지 않거나 내려 줄 수 없을 때에는, 특정인이 결정을 내려야 한다. 그리고 그런 결정은 무엇보다도 분명하고 꾸밈없는 정의, 공평함, 인도주의(이들 역시 불분명한 개념이 긴 하지만)에 근거해야 한다.

오늘날에는 법률가-법관이 그런 결정을 내리고 있다. 재판의 일부 과정에 배심원(보통 사람들도 정의에 대해 쓸모 있는 생각을 할 수 있다는 인식의 가녀린 자취)이 참여할 때라도, 배심원의 행동은 법의 엄격한 형식과 법관의 명령에 따른 제약을 받는다. 그러나 보통 사람들도 평범한 법관만큼이나 정의에 대해 충분히 잘 알고 있다. 사실은, 보통 사람들이 대부분 더 잘 알고 있다. 왜냐하면 인간 행동에 대한 일반인의 생각과 관념은 더 간단하고 직접적이기 때문이다. 그들은 수많은 모호하고 비현실적인 관념에 세뇌되지도 않았고 그것들을 외국어로 표현하는 버릇에 물들지도 않았다.

법의 훈련을 받는다고 해서 사람이 더 훌륭한 정의의 판단자가 되는 것은 아니며, 사실은 더 나쁘게 될 가능성이 크다. 그러나 오직 한 종류의 훈련, 한 종류의 지식은, 사람이 구체적인 인간 문제의 해결을 솜씨 좋고 공평하게 다루도록 만들 수 있다. 상식적인 제도에서는, 이런 종류의 훈련과 이런 종류의 지식이, 법의 주문을 다루는 숙련된 솜씨를 대신해, 인간 문제의 판단에서 필수 요소로 자리할 것이다.

참으로 도움이 되는 종류의 지식, 구체적인 문제를 공평하게 해결하는 일에 종사하는 사람을 만드는 종류의 지식이란, 문제가 비롯된 분야에 대한 전문적이고 구체적인 지식이다. 이런 지식을 갖고 있다고 해서 정의에 대한 더 날카로운 감각을 가지는 것은 아니다. 그 대신 이런 지식은 사람이 문제를 더 명쾌하고, 상세하고, 철저하게 이해하고, 그리하여 각자의 정의감을 토대로 문제를 더 지적이고 실용적인 방법으로 해결할 수 있도록 한다.

광산 기사는 탄광의 가치를 둘러싼 다툼에 관해서는 기술적 지식이 없는 법관보다 더 현명하므로 그 일을 더 공평하게 처리할 수 있다. 의사는 상해 사건에 대해서는 의학을 알지 못하는 법관보다 더 현명하므로 일을 더 공평하게 처리할 수 있다. 소매상인은 두 사람의 소매상인 사이에서 생기는 다툼에 관해서는 어떤 법관보다도 잘 알고 있으므로 분쟁을 원활하게 처리할 수 있다. 세무 행정에 정통한 사람은 시니어 대 브래든과 같은 사건에 대해서는 연방 대법원보다도 현명하므로 그 일을 올바르게 처리할 수 있다. 다시 말해, 모든 법관이 사물을 있는 그대로 바라보지 못하게 하는 법 이론이라는 방해물을 논외로 치더라도, 평균적 법관은 그의 앞에 놓인 대다수의 문제를 현명하게 처리할 능력을 갖추지 못하고 있다(슬픈 일이다).

그렇다면, 결국, 우리의 정부와 기업과 사적인 삶의 문제의 질서 있는 해결을 실질적인 문제를 이해하고 그 어려움을 감내하도록 훈련된 사람들에게 맡기지 않을 까닭은 무엇인가? 우리는 비현실적인 개념이나 추상적 법 원리만을 습득해, 도깨비불과 다를 바 없는 법적 확실성의 추구에만 몰두하는 사람들에게 계속 문제의 처리를 위임해야만 할까? 우리는 정의와 상식을 법적 원칙의 제단 위에 희생 제물로 계속 바쳐야 하는가? 왜 법률가들과 그들의 법을 던져 버리지 못하는가?

물론 이를 위해서는 우리를 다스리는 규범 체계에 평화적인 혁명이 일어나야 한다. 연방헌법은 법률가에게 이익을 주지 않도록 최소한 일부분이라도 다시 쓰여야 한다. 안 될 이유가 있는가? 제도란 질서 있고 평온하게 작동하기 위해 존재한다. 물론 연방헌법 가운데 그것이 명령하고 금지하는 바가 무엇인지 보통 사람들이 쉽게 이해할 수 있는 부분은 변경하지 않아도 무방하다. 예컨대 10년마다 인구조사를 행한다는 연방헌법의 규정은 누구라도 이해할 수 있다. 하지만 연방헌법 가운데 그것이 명령하고 금지하는 바가 법적인 '해석'을 통하지 않고는 전혀 이해될 수 없는 부분은, 이해가 되도록 의미를 명백히 하거나 아예 없애야 한다. 왜 법률가가 헌법의 모든 부분을 해석하는 독점권을 보유해야 하는가?

제정법 역시 법률가에게 유리한 부분을 제거하고 다시 쓰여야 한다. 그리고 이것은 더 힘든 작업이긴 하지만, 아주 불가능한 일은 아니다. 법률가들은 성문법을 통해 그와 같은 일을 해왔다. 그들은 이를 '편찬'codifying[성문화]이라고 한다. 선발된 일군의 비법률가가 모든 주 정부 및 연방 정부의 현행 법률present law을 그 의미에 대한 법률가의 '통역'이 필요하지 않도록 편찬[성문화]하지 못할 이유는 없다. 인간사에 대해 명백하고 구체적인 의미를 지닌 법률은 그 뜻이 모든 읽는 이에게 분명하도록 다시 쓰일 수 있다. 변호사나 법률가-법관이 본질적으로 내용 없는 그 용어에 내용을 채워 넣지 않는 이상 어떤 뜻도 없는 법률이 법령집 속에 있을 이유가 없다.

또한 세부 규정을 두지 않고 전문가나 관료에게 특정한 실제 문제의 처리를 위임하는 모든 법률은 그런 사실을 솔직히 시인하고, 법적 언어가 아닌 구체적인 표현으로 전문가가 제정할 수 있는 규칙이나 결정의 범위를 정의해야 한다. 예를 들어, 뉴욕증권거래소의 운영규칙에 대한 증권거래위원회의 제정 권한이 왜 그렇게 모호하게 표현되어 있는가? 왜 간단하고 직접적으로 권한을 부여하지 않는가? 왜 권한의 범위를 특정하지 않고 그 결정을 제정법상의 법률 용어에 대한 법관의 사후적이고 제멋대로인 '해석'에 맡겨야 하는가?

마찬가지로, 광범위한 규정만을 두고, 법원이나 결정 기구에 실제 문제에 대한 구체적인 적용을 위임하는 법률 역시 그 사실을 솔직하게 말해야 한다. "일급 살인은 사형에 처한다"는 아무 의미가 없는 법률이다. 왜냐하면 '일급 살인'은 그것을 정의하는 추상적 법 원리와 관련되지 않고는 실제로 아무 의미가 없기 때문이다. "법원(법관이나 배심원 혹은 다른 종류의 결정권자들로 구성된)이, 어떤 사람이 다른 사람을 죽였음을 규명하고 살인자를 전기의자에 앉히는 것이 마땅하다고 생각한다면, 법원은 전기의자 형을 명할 수 있다"와 같은 구절은, 똑같은 법의 진술이지만 내용은 훨씬 더 정확하다. 왜 법률을 이런 방식으로 작성해 누구나 그 뜻을 알 수 있도록 하지 않는가? 또한 규칙이 더 명확해질 필요가 있다면, 성문법을 더 명확하게 만들 수도 있다 — '일급 살인'이 애매함과 난해함이 아닌 명료함에 봉사한다고 위선을 떠는 대신 말이다.

물론 성문법이 모든 사람에게 이해하기 쉽게 만들어졌다 하더라도, 질서 있는 사회 통제의 시스템에는 여전히 법원, 혹은 판사, 혹은 결정권자들이 있어야 할 것이다. 모든 분쟁의 배후에 있는 실제 사실을 가려낸 뒤 그 분쟁에 성문법의 규정을 적용하는 결정권자가 있어야 할 것이다(이 경우 성문법은 뜻이 명료해서 자동적으로 적용될 수도, 또한 결정권자에게 각자의 정의감이나 재량을 발휘할 여지를 남길 수도 있을 것이다). 또한 성문법이 적용되기 힘든 분쟁을 해결하는 결정권자가 있어야 할 것이다. 그리고 그와 같은 결정권자는 법률 용어에 대한 전문성이 아닌 실질적인 분야에 대한 전문성을 익힌 사람이어야 할 것이다.

공공요금의 규제에 관한 문제가 법원에 제기되었다고 가정해 보자. 요금은 "자산의 합리적 가액"에 따라 책정되므로, 민간 기업은 더 많은 요금을 받기 위해 자신들이 제공하는 공공 자산의 가치가 막대하다고 주장한다. 공익사업위원회 측은 자신들이 책정한 요금의 정당성을 옹호하기 위해, 자산의 가치가 기업 측의 추산보다는 낮다고 주장한다. 기업과 위원회 양측은 공공 자산의 감정을 위해 기사와 회계사를 증인으로 내세운다. 업체 측 전문가는 높은 액수를 추산하고 위원회의 전문가는 낮은 액수를 추산한다. 그리고 법원은, 그런 액수 추산의 기제를 이해하고 판단할 지적 능력이 없으므로, 액수의 중간 수준에서 일을 처리할 가능성이 크다. 그렇다면, 차라리 어디서도 돈을 받지 않고 오직 자신들의 전문 지식만을 토대로 양쪽의 주장을 공평하게 검토한 뒤 합리적인 결론을 내릴 수 있는 기사와 회계사로 구성된 법원에게 그 결정을 맡기는 게 낫지 않겠는가?(법원과 마찬가지로 정부 기관의 하나인 공익사업위원회가 자신들에게 위임된 성문 법률을 집행할 수 있는 최종 권한이 없다면 말이다).

범죄로 고소된 피고인이 법원에서 자신은 정신이상이기 때문에 책임능력이 없다고 주장했다고 해보자. 원고 측 대리인은 피고인이 왜 정상인지를 의학 용어를 통해 설명해 줄 수 있는 정신과 의사를 증인으로 채택한다. 피고 측 대리인은 피고인이 왜 미쳤는지를 의학 용어를 통해 설명해 줄 수 있는 정신과 의사를 증인으로 채택한다. 법원은 혼란에 빠진 상태에서 양쪽 정신과 의사의 말을 들은 뒤 옹기종기 모여서 피고인이 '선과 악을 분별'할 수 있는지 여부를 논의한다. 피고인이 이를 분별할 수 있다면 그는 법에 따라 정상인이고, 분별할 수 없다면 법에 따라 비정상인이다. 그런 구별의 기준이 정신과 의사에게는 매우 터무니없어 보일 수 있다 해도(실제로 그렇다) 상관없다. 그렇다면 차라리 양쪽으로부터 돈을 받지 않고, 전문적인 지식을 통해 피고인의 주장을 검토한 뒤 그 타당성에 관한 분별 있는 결정을 행할 수 있는 정신과 의사로 구성된 법원으로 그 분쟁을 즉각 가져가서는 안 될 까닭은 무엇인가?

회사 경영과 관련된 복잡한 내적 분쟁이 법원에 제기되어 해결을 기다리고 있다고 해보자. 양쪽의 변호사는 우아한 법률 용어로 자기 의뢰인의 행위와 이익을 변호한다. 법원은 판결을 내릴 때 양쪽이 내세우는 법 원칙 가운데 하나를 선택한다. 그렇다면 왜 법 원칙과 법률 용어인가? 사업적 효율성이나 비즈니스 윤리를 고려하면 안 되는가? 그리고 그 분쟁이 기업을 경영해 본 경험이 있고, 이를 통해 획득한 전문적인 지식을 적용해 양자의 주장을 검토한 다음 지적이며 실질적일 뿐만 아니라 공평하게 분쟁을 해결할 수 있는 사람들로 구성된 법원에 제기되면 안 되는 이유는 무엇인가?

법률가-법관이 이런 사안, 혹은 나열할 수 있는 모든 수천 가지의 다른 사안들에 담긴 '[법적인] 쟁점들issues'을 엔지니어나 회계사나 정신과 의사나 사업가보다 더 잘 이해하고 있다는 항변은 해명이 될 수 없다. 모든 사안에서의 유일하고 참된 과제issues는 실제 문제에 대한 공정한 판단을 관련된 성문법의 틀 내에서, 아니면 필요하다면 법에 근거하지 않고 현명하게 내리는 것이다. 그런 현명한 판단을 내리는 데 도움이 되는 유일한 지식은 관련 문제에 대한 실제적인 이해다. 기사나 회계사나 정신과 의사나 회사 임원은 이해관계가 없는 일에 대해 예리하고 공평한 정의 감각을 가지기 마련이며 이는 법관이 이해관계가 없는 일에 대해 그런 것과 마찬가지다. 만약 어떤 문제의 해결에 두 가지 종류 이상의 전문 지식이 필요하다면, 두 가지 종류 이상의 전문가가 법정을 구성하지 못할 이유는 무엇인가? 어떤 사안의 '진정한 쟁점'이 '법적 쟁점'이라는 거짓에 의해 가려질 이유가 무엇인가?

모든 상식적인 사회 통제 혹은 통치의 제도에서, 법원(법을 적용하고 결정을 내리는 기구)은 자신들이 다루었던 여러 분야의 인간 활동을 이해할 수 있는 훈련을 받은 사람들로 구성될 것이다. 그런 제도의 구체적인 설계에는 여러 방안이 있을 수 있다. 그 하나로, 실제적인 지식을 갖춘 다양한 분야의 전문가로 구성된 상설 법원이 설치되어, 자기의 분야와 관련된 모든 분쟁이나 문제를 다룰 수 있을 것이다. 이 경우 자신이 오랫동안 숙달된 업무에서 완전히 손을 뗀 사람을 전문 법관으로 세우기보다는, 전문가 참관인을 시간제로 호출해 그들 각각의 전문 분야에서 벌어지는 분쟁의 처리를 맡기는 것이 좋다.

또한 그런 제도에서는 사건이 해당 법원으로 가기 전에 이를 미리 심리하는 중앙의 총괄 부서를 설치할 필요가 있을 것이다. 즉 여러 분야의 전문가(전직 의사, 전직 경영자, 전직 은행가, 전직 노조 지도자, 전직 엔지니어, 전직 농민, 전직 행정가 등)로 구성된 중앙 법원을 설치하는 것이다. 그리고 각 중앙 법원은 할당된 사건들을 자체 구성원에게 배정하거나, 업무수행이 가능한 다른 전문가에게 배정하거나, 혹은 둘을 적절하게 배합해 처리할 것이다. 분쟁과 관련된 전문 분야별로 그에 해당하는 중앙 법원과 외부의 시간제 법관이 존재하게 될 것이다. 이를테면 중앙 형사 법원은 전직 형법학자와 전직 금융 전문가, 전직 의사와 전직 경찰을 법관으로 두고, 화학자나 심리학자나 탄도 전문가를 특정 사건에 시간제로 불러서 그들이 지닌 전문 지식의 도움을 받을 것이다.

대법원 역시 비법률가로 구성해 (덧붙이자면 이를 위해 헌법을 고칠 필요도 없다. 왜냐하면 헌법에는 법관이 법률가여야 한다는 문구가 없기 때문이다) 외부 전문가를 시간제 법관으로 활용할 수 있을 것이다. 그리고 대법원에 제기되는 대부분의 문제는, 지금도 그렇고 앞으로도, 공공 분야에서 발생하는 실제적인 문제이므로, 법원 구성원은 공공 업무를 효율적이고 지혜롭게 처리하는 일에 관해 훈련을 받고 자격을 갖춘 사람들일 것이다.

사실, 법률가와 그들의 법을 폐지하면 결국 오늘날 우리가 알고 있는 형태의 법원이 실질적으로 사라지게 될 것이다. 모든 성문법(앞서 얘기했지만, 이해 가능한 언어로 작성된)은 전문가 기구에 그 적용과 집행 그리고 법에 입각한 일정한 결정을 위임할 것이다. 주간통상위원회는 주간통상법을 적용하고, 연방통상위원회는 클레이튼법을 적용하며, 각 주에는 일종의 살인위원회killing commission를 만들어서 현재 모살murder이나 고살manslaughter[1]이라고 불리는 것과 관련된 법률을 적용하게 될 것이다. 또한 각각의 위원회를 구성한 전문가의 결정은 최종적일 것이다. 원래의 결정권자보다 분쟁에서의 실제 논점에 대해 아는 바가 거의 없는 사람들로 구성된 다른 기구에는 어떤 항소나 재항소도 제기되지 않을 것이다.

최고법원(혹은 최고위원회 등등)은 성문법에 그 해답이 준비되어 있지 않은 정부 기구 간 혹은 정부 기관 내부의 분쟁을 처리할 것이다. 그러나 그와 같은 법원은 오직 성문법이 직접 적용될 수 없는 분쟁을 다룰 권한만을 가질 것이다. 그리고 성문법을 직접 적용할 수 없는 곳에서는, 관련 분야 혹은 실무에 정통한 전문가에 의한 분쟁의 조절이, 특정한 종류의 법원에서 행해지는 고정된 형식의 재판보다 훨씬 더, 효율성과 정의와 경제성의 목적에 봉사할 것이다.

법원 제도가 사라질 수 있다는 막연한 가정만으로도 충격을 받는

1_사전의 의도나 모의 없이 사람을 죽이는 것. 예컨대 과실로 사람을 죽게 하거나 배우자의 부정을 보고 격정을 참지 못하고 살해하는 경우다. 모살보다 가볍게 취급된다.

다면, 이는 오직 우리가 법의 신비스러운 과정이 정의를 목표로 열심히 작동한다고 맹신하기 때문이다. 다시 한 번 말하건대, 그렇지 않다. 법이 정의를 구현하게 될 때가 물론 있지만, 이는 법의 부적절한 과정에도 불구하고 발생하는 것이지 법 덕분에 발생하는 것이 아니다. 법관이라는 존재는 모든 법의 신화에서 주장하듯 선과 악, 공정과 불공정에 관한 무오류의 심판자가 아니다. 법관도 인간일 뿐 신이 아니다. 더욱이 그들은 정부의 심부름꾼, 정부의 직원이다. 그렇다면 다른 사람들이 혹은 다른 정부 직원들이 똑같이 공정과 불공정을 가리지 못할 이유가 무엇인가? 복잡한 실제 문제를 이해하는 훈련을 받은 뒤 똑같은 권한을 부여받은 다른 사람들의 집단이, 무엇이 공정하고 무엇이 공정하지 않은가를 명료한 성문법의 한계 내에서 오직 추상적 법 원리의 운용에 관한 훈련밖에 받지 못한 법관보다도 더 훌륭하게 결정하지 못할 까닭은 무엇인가? 위원회의 말이 법관의 말만큼 훌륭하지 못할 까닭은 무엇인가?

물론 법률가-법관을 대체하기 위해 제안된 이런 제도의 구성은 지극히 복잡할 수 있다. 그러나 사실심trial court과 상고심appellate courts, 주 법원과 연방 법원, 커먼로 법원과 형평법 법원, 즉결 심판소police court와 경범죄 법원magistrates court, 민사 법원common pleas courts과 특별 청구 법원special claims courts 따위로 구성된 지금의 혼란스럽고 중복되고 쓸모없는 구성보다 복잡하지는 않을 것이다.

분쟁을 해결하는 권한을 법률가-법관의 손에서 빼앗는다는 생각이 너무나 공상적이고 엉뚱하며 실현 불가능하게 보인다면, 몇 가지

고려할 만한 사항이 있다. 왜냐하면 이미 이런 방향으로의 작은 발걸음이 정치나 비즈니스의 분야에서 내딛어지고 있기 때문이다.

행정 분야에서는 각종 위원회나 행정기관이 발달해 과거에는 법원이 갖고 있었던 결정 권한을 상당 부분 가져가고 있다. 오늘날 대부분의 새로운 성문법은 그 해석과 적용을 직접 법원에 위임하지 않고, 판정 권한을 가진 특별한 기관에 맡기고 있다. 이런 위원회의 결정에 맞서 법원에 항소할 수 있는 것은 사실이다. 그러나 위원회는 실제로 '사실심'의 지위를 누리고 있으며 항소는 비교적 극히 드물다. 이런 위원회가 현재 대부분 법률가들로 구성되어 있는 것은 사실이다. 그러나 법률가 위원회라 하더라도 점차적으로 그 선발 이유가 숙련된 법의 솜씨가 아닌 위원회가 다루는 실제 문제에 대한 전문성이 되고 있다. 최소한 요새의 경향은 이렇다.

비즈니스 분야에서는, 법률가-법관으로부터 벗어나기 위한 조심스러운 첫 발걸음의 일환으로 중재라는 제도가 법률 분쟁 해결 수단으로 발전해 오고 있다. 중재란 양 당사자가 신뢰하며, 관련 문제에 대한 전문성을 지닌 사람이나 집단에게 분쟁의 공평한 해결을 자발적으로 맡기는 제도다. 법률가는 조언자로서나 중재자로서 전혀 필요하지 않으며, 경험에 비추어 봤을 때 그들의 존재는 오히려 전체 과정을 지연시키거나 혼란스럽게 하는 편에 가까웠다. 그들은 그들의 추상 원칙을 전혀 잊지 않고 문제에 달려든다. 대부분의 법관 역시, 덧붙여 말하자면, 마음 깊숙이 중재 제도를 미워해, 계약서에서 중재 조항을 발견하면 기회 있을 때마다 불만을 표시한다. 그들은 중재 제도의 발전을 경계하고 있다.

사실, 현재의 법원을 대체하는 제도의 설계 문제로 잠시 돌아가자면, 중재 제도의 대대적인 확대를 검토할 필요가 있다. 즉 공적 문제와 관련 없는 평범한 사건(법률가들이 '민사소송'이라 부르는)에서 양당사자가 관련 분야의 전문 중재인 명부에서 전문가를 선발해 그들의 분쟁을 처리하도록 한다. 우리가 알고 있는 현재의 법원 제도가 완전히 없어진다면, 성문법 관련 문제를 처리하는 위원회의 활용과 함께, 이런 중재 제도가 필요할 것이다. 성문법으로 처리할 수 없는 모든 문제는 중재에 맡겨질 수 있다.

어쨌든 세부적이고 기술적인 문제를 차치한다면, 모든 상식적 체제에서 중요한 것은 인간과 사회문제를 다루는 기초로 주장되고 있는 법이라는 주문을 일소하는 일이다. 그것은 모든 공허하고 결과적으로 무의미한 법률 언어를 헌법과 제정법에서 청소하는 것을 의미한다. 그것은 특정한 인간 문제의 처리를 법률가-법관의 손에서 뺏는 것을 의미한다. 그리고 마지막으로 그것은 법률가로서의 법률가를 일소하는 것을 의미한다.

법률가의 제거란 당신이 법원이나 위원회나 중재재판이나 그 밖의 모든 인간 문제를 질서 있게 처리하기 위해 조직된 기관에 가기 전에 어떤 법률 조언도 얻지 못한다는 것을 의미한다. 분쟁에 얽히거나 특정한 법률 위반으로 걸려든 사람은 자신의 사정을 직접 진술하고 스스로 증거(증거 서류나 증인을 비롯한 기타 유용하고 필요한 모든 형태의 증거를)를 제출해야 한다. 회사는 법원에 회사 책임자를 보내어 법이 아니라 사실에 관해 말하도록 해야 한다. 왜 안 되는가? 결정권자가 추상 원칙들을 비교·대조하는 일에 더 이상 흥미가 없고 오직 정의를 자기 앞에 놓인 사건에 직접 적용하는 일에만 관심이 있다면 말이다.

마찬가지로 모든 분쟁에서 참된 사실을 가려낼 때 법률가와 그들의 소송원칙의 '도움'이 없다고 해서 (법률가들은 즉시 울부짖겠지만) 어려움이 가중되는 것은 전혀 아니다. 모두가 알고 있다시피, 사실관계를 다투는 재판에는 언제나 진실을 부분 혹은 전체적으로 은폐하거나 왜곡하려는 변호사가 꼭 있기 마련이며, 그들은 법관이 이를 알아차리지 못하도록 한다. 그리고 그는 이 일을 언제나 공인된 원칙의 도움을 받아 그렇게 한다. 훈련받은 변호사들이 소송 원칙을 휘두르며 대결한다면, 옳고 그름이 자연스럽게 가려져서, 진실이 결과적으로 드러나기 마련이라는 관념은 결투에 의한 재판이라는 중세적 관습에서 나온 과거의 유물에 지나지 않으며 결과적으로 어리석다. 분쟁의 실제 당사자가 결정권자가 만족할 만한 수준으로 그들의 거짓을 직접 실토하거나 증명하도록 하면 안 될 이유는 무엇인가? 위원회는 법률가의 규칙이 없을 때 분쟁의 배후에 있는 진실을 훨씬 더 쉽게 발견할 수 있음을 깨달아 왔다. 중재 법원 역시 같은 사실을 깨달아 왔다.

법률가의 완전한 제거란 또한 돈이 있는 사람이라도 금융 계약을 체결하거나 거래 문서를 작성할 때 더 이상 법률 조언을 받을 수 없다는 것을 의미한다. 개인이나 회사가 자금 계획을 세우거나 사업적 합의를 한다면 쉬운 언어로 그것을 작성해야 한다. 혹은 비법률가인 공중인에게 작성을 맡겨야 한다. 왜 안 되는가? 왜 아내에게 자신이 죽을 때 재산을 물려주려는 사람이, 변호사를 고용하고 법률 용어의 장황함을 감내하는 대신, 그의 유언서에 "내가 죽을 때 모든 소유물을 아내에게 물려준다"라고 쓰면 안 되는가? 예를 들어, 만약 유언에 관한 성문법이, 당사자가 서명했다는 사실에 대한 중명으로, 세 넝의 타인이 유언장에 서명하도록 한다면, 그 성문법은 명료할 뿐만 아니라 안내서나 백과사전의 항목만큼 읽기 쉽게 될 것이다. 그리고 거래 계약을 맺고자 하는 두 사람 혹은 두 회사 혹은 개인과 회사가 무엇을 하거나 하지 않기로 하는 약속을 쉬운 단어로 작성하도록 권한과 의무를 부여하면 안 되는 이유는 무엇인가?

만약 헌법과 제정법이 모두 쉬운 영어로 쓰이고 법률가-법관이 결정권자의 자리에서 쫓겨난다면, 직업적 법률가들은 곧 자동적으로 사라질 것이다. 그들의 마술이 사용될 이유도 여지도 더는 없을 것이다. 정의의 구현을 담당하는 전문가는 법의 추상적인 원칙을 이해하지도 관심을 기울이지도 않을 것이다. 법률 언어는 새로운 법정이나 위원회의 회의실에서 쫓겨나고, 사업이나 거래 관련 문서에서 어떤 기능도 발휘하지 못할 것이다. 또한 법률가는 법원 밖에서는 조언가로 법원 안에서는 대리인으로 말하는 기술이라는 그들의 특별한 상품을 팔 수 없을 것이다. 그리고 또한 로스쿨은 강제로 폐쇄되거나 아니면 실질적인 행정이나 경영 기술을 가르치는 학교로 바뀔 것이다. 언어의 마술사들을 키워 내는 일은 종언을 고할 것이다.

그러나 아예 법률가 자체를, 법률가-법관과 성문법상의 법률 용어와 함께 즉각 퇴출시키는 것이 좋을 수도 있다. 최소한, 그들을 연방의회와 주 의회에서 몰아내어야 성문헌법과 제정법을 고쳐 쓰거나 새로운 판정 제도를 수립할 수 있다. 그리고 만약 법률가로서의 법률가가, 직접 그리고 즉시 퇴출된다면, 다른 변화는 더 쉽고 용이하게 진행될 것이다.

어떻게 법률가를 직접 퇴출할까? 글쎄, 돈을 받고 하는 법률 사무를 범죄로 하는 것은 어떨까? 법률가는 물론 그런 일은 들어본 적도 없다고 (그리고 이는 헌법 개정에 의하지 않고는 불가능하다고) 주장할 것이다. 그렇다면 헌법을 개정하면 되지 않겠는가? 게다가 사실, 법률가들 말고는 누구도 '법률 사무'의 의미에 대해 따지지 않을 것이다.

우스꽝스러운가? 터무니없는가? 잠시 한 번 생각해 보자. 예컨대 국민이 다음과 같은 사실, 즉 국가 운영에서 용의주도한 점쟁이들이 점성술의 용어와 원칙에 따라 나라를 운영해 왔다는 사실을 갑자기 깨달았다고 해보자. 점성술의 사용을 범죄로 하는 것이 이상한 일인가? 앞 장으로 다시 돌아가 다시 한 번 연방 대법원이 쓴 시니어 대 브래든 사건의 장중한 판결문(다른 법원의 결정을 임의대로 선택해도 좋다)을 읽어보고, 우스꽝스러운 것은 어느 쪽인지 생각해 보라. 우리는 한가롭고 의심 없이 그리고 어리석게 우리 문명의 운명을 현대의 요술사들에게 계속 맡겨야 하는가?

물론 조건반사적으로 "그렇다"는 대답이 나올 수 있다. 그러나 그것이 영원한 답이 될 필요는 없다. 그리고 만약 법률가와 그들의 법을 몰아내고, 사회적 통제 제도의 기초를 상식 위에 수립하려는 어떤 대중운동이 빠르게 진행되어, 법률가가 그것을 외면하는 대신 직접 맞닥뜨려야 한다면, 이에 대한 법률가들의 주된 반대 논거는 다음의 두 가지로 요약할 수 있을 것이다.

그들은 첫째로, 오랫동안 검증받은 법의 제도가 자신의 모든 원리 그리고 선례와 함께 폐기되어, 다른 종류의 제도가 그 자리를 대체한다 해도, 새로운 제도 역시 곧바로 자신의 원칙과 선례, 그리고 특수한 언어를 발달시킬 것이라고 주장할 것이다. 만약 새로운 제도가 법률가, 혹은 추상적 논리의 훈련을 받고 능숙한 사람들의 손에 맡겨진다면, 의심의 여지 없이 그렇게 될 것이다. 그러나 새로운 제도가 인간의 실제 문제에 대처하는 일에 훈련받고 능숙한 사람들의 손에 맡겨진다면 (새로운 제도에서는 당연히 그렇게 되어야 한다) 그런 일은 없을 것이다. 그리고 새로운 제도의 담당자들이 결정을 내릴 때 확실성이나 일관성 따위를 가장할 필요는 없으며, 그 대신 새롭게 제기되는 문제나 분쟁을 현명하고 바르게 처리하려는 우직한 노력을 기울이기만 하면 된다는 것을 자각한다면, 그런 일은 없을 것이다.

마지막으로 법률가들은, 만약 법이 폐기되어 오류 많은 인간이 오류 없고 비인격적인 추상적 원칙을 대신해 결정을 내리고 다른 인간들이 그 결정에 복종해야 한다는 사실이 알려진다면, 모든 법질서에 대한 존경이 사라지고, 혁명이나 무정부 상태가 이어질 것이라고 주장할 것이다. 그러나 이런 주장은, 마술사가 기괴한 요괴를 불러낼 때 항상 쓰는 주술과 다를 바 없는 전형적인 변명으로, 국가의 문명 질서에 대한 이상하고 경멸적인 불신의 표현일 뿐이다. 그 주장은 우리 문명의 모든 질서가 신비하지 않은 실용적인 기초 위에 선다면 이내 산산조각 날 것이라고 암시한다. 당연히 이는 증명되지 않은 억측에 불과하다. 게다가 이런 주장에는 법이라는 사기술 전체의 핵심이 담겨 있다.

왜냐하면 일반인이 오늘날의 법 제도에 대해 존경심을 품고, 그의 삶을 법률가가 신비한 방식으로 다스리도록 기꺼이 내맡기는 이유는, 법의 원리에는 전혀 오류가 없고 그것이 법률가의 손에 가면 정의로운 결과를 낳는다는 세심하게 양육된 신화에 완전히 세뇌되었기 때문이다. 물론 그것은 잘못된 신화다. 그것은 맹목적 믿음으로, 그 기반은 이해가 아닌 공포다. 그리고 공포의 기반은 무지다.

만약 일반인이 법률가와 그들의 법에 대한 냉엄한 진실을 깨달을 수만 있다면 얼마나 좋을까! 무지에 사로잡히면 공포를 갖게 된다. 공포를 갖게 되면 경외심을 품게 된다. 이리하여 진실로 의심할 바 없이, 저주받으리라, 법률가들이여!

옮긴이 후기

이 책은 미국의 경제 대공황과 뉴딜New Deal 정책의 시대에 출간되었다. 뉴딜 정책은 미국의 고전적인 자유방임주의 경제가 빚은 과잉생산과 과소소비, 실업 양산의 문제를 해결하기 위한 적극주의적 정책이었다. 1933년 취임한 프랭클린 루스벨트 대통령은 금융을 규제하고, 공공 근로를 확충하고, 산업을 통제하는 일련의 국가적 조치로 무너진 경제를 복구하고자 했다.

그러나 이와 같은 개입 정책은 당시 보수 세력의 거센 반발에 부딪혔다. 국가의 경제 개입은 사회주의의 혐의를 받았으며, 기업 자유를 침해하는 압제로 여겨졌다. 루스벨트와 민주당은 비록 압도적 차이로 선거에서 승리했지만, 자유방임주의의 오랜 습속과 기득권 세력의 강력한 저항에 시달려야 했다.

특히 연방 대법원이 주요 뉴딜 법안을 위헌 판정한 것은 뉴딜 정책에 큰 타격을 주었다. 연방 대법원은 산업 통제와 노동권 보장을 중심으로 하는 전국산업부흥법(1933년)과 농산물의 생산 통제를 내용으로 하는 농업조정법(1933년) 등을 위헌 판정했다. 당시 미국 연방 대법원은 네 명의 보수 법관들을 중심으로 강한 보수성을 띠고 있었다. 보수주의를 최정점에서 대변하는 연방 대법원의 위헌 판정은 뉴딜 정책에 대한 가장 강력한 반격이었고, 뉴딜 정책은 시작 단계부터 흔들리게 되었다.

연방 대법원의 위헌법률 심사권이 진보 정책을 가로막는 수단이 되는 것에 진보적 지식인들은 분노를 표했다. 특히 위기 극복을 위한 행정부의 정책 수단이 보수주의 철학을 대변하는 법관들의 법 논리에 좌절되는 것은 당대의 법과 법학에 대한 비판 의식을 촉발하는 계기로 작용했다.

이런 문제의식을 바탕으로 등장한 것이 소위 '법현실주의'였다. 법현실주의는 비판 법학의 한 흐름으로, 미국 특유의 실용주의(프래그머티즘) 철학에 기원을 두고, 올리버 홈스와 같은 법학자들에 의해 토대가 형성되다가, 보수 세력의 뉴딜 정책에 대한 반격이 이뤄지는 시점에 그 반동으로 본격적으로 표출된 지적 운동이었다.

법현실주의의 명제를 한마디로 요약하면 "법의 임의성"이다. 그들은 법의 절대성이란 개념을 부정하고, 법의 임의성과 자의성을 밝히고자 했다. 당시의 법학은 법을 절대적이고 자기 완결적인 논리 체계로 보는 형식주의 법학관이 우세했다. 이는 사회·정치·경제 현상에 대한 고려 없이, 법 내부의 논리 탐색만을 중시하는 입장이었다. 그들은 법의 추상적인 이론을 연구하는 데 주력했고, 사회과학과의 지적 교류를 거부했다(미국 법학의 경우, 미국 법체계는 판례가 재판의 근거 규범을 이루므로, 판례에서 법의 원칙과 개념을 이끌어 냈다. 반면 유럽의 성문법 국가는 성문 법규에서 법의 원칙과 개념을 탐구했다).

이런 관점에서는 법의 원칙과 개념이 절대시될 수밖에 없었다. 현실의 변화는 고려의 대상이 아니었고, 법의 원칙, 그리고 그 원칙을 형식적 논리 조작을 통해 사법 분쟁에 적용하는 작업이 중시되었다. 연방 대법원의 위헌 판정 역시 "계약의 자유"와 같은 법의 원칙을 근간으로 하고 있었다.

법현실주의는 이런 절대적 법의 원칙(개념)이라는 관념을 타파하기 위해, 법의 실제 형성 과정에 주목했다. 그들은 법이란 개별 사건에서의 판사들이 임의적으로 내린 판결들의 모음집에 불과하다고 주장했다. 법은 판사 개인의 가치관, 편견의 산물이므로, 법에 어떤 내적 진리가 담겨 있다는 미망을 버리고, 개별 재판에서의 공정성과 합리성을 추구해야 한다는 것이 주된 논지였다. 특히 사회과학의 다양한 성과들을 법에 도입해야 한다는 점이 강조되었다. 법을 일종의 사회공학으로, 효율성과 경제성에 봉사하는 하나의 도구로 취급해야 한다는 실용적인 입장이었다.

한편, 루스벨트 행정부와 보수적 사법부의 충돌은, 연방 대법원이 뉴딜 법안의 위헌 판정을 자제하면서 일단락된다. 농업조정법의 위헌 판정 이후 사법부는 더 이상 뉴딜 법안에 간섭하지 않았다. 법현실주의 역시 1930~40년대에 전성기를 맞이했지만, 제2차 세계대전 이후에는 사회학적 법학에 비판 법학의 주도권을 뺏긴다. 그러나

법현실주의의 핵심 명제(법의 임의성, 사회과학과의 지적 교류)는 이후의
미국 법학의 변화와 발전에서 지적 토양으로 작용했다.

이 책의 저자인 프레드 로델은 법현실주의자의 한 사람으로, 그 역시
법현실주의의 핵심적인 주장을 책에서 펼치고 있다. 로델은 법원칙
과 개념의 허구성, 재판 과정의 자의성을 신랄한 어조로 비판한다.
담겨진 주장 자체는 법현실주의 일반과 크게 차이가 나지 않지만, 모
든 법률가를 퇴출시켜야 한다, 법원 제도를 폐지하자는 등의 극단적
인 제안은 많은 논란을 불렀다. 동료 법학자들은 그를 '법학 교육의
파괴자'니 '예일의 수치'니 하며 비난했다. 이는 법현실주의의 대표적
인 학자인 제롬 프랭크가 기고한 이 책의 서문에서도 확인할 수 있다.
그는 로델의 주장에 일견 동의하면서도 극단적인 수사와 제안에 대
해서는 반대 입장을 분명히 하고 있다.

하지만 이 책은 대중적인 필체에 법현실주의의 어려운 주장을 담
아냄으로써 많은 대중들의 공감을 샀다. 더욱이 이 책을 그가 겨우
서른두 살에 펴냈다는 사실도 놀랍다. 그는 스물여섯 살의 나이에 예
일대학교 로스쿨의 조교수로 부임한 수재다. 로델은 이 책을 펴낸 이
후로 미국 법학의 악동으로 불리며 법학계의 이단아로 남았고, 종신
재직권을 얻은 뒤에도 석좌교수로 임용되지 못했다. 이를테면 '고독
한 천재'라고 할 수 있다. 로델의 감탄할 만한 문장들이 잘 번역되었
기를 빈다.

최근 우리 법학은 이론보다는 판례를 중시하는 성향이 강해지는 것 같다. 하지만 그것은 어떤 반성적 사유보다는, 법학 교육상의 필요와 제도(로스쿨)의 변화에 기인하는 측면이 큰 것으로 여겨진다. 여전히 다양한 관점(특히 사회과학의 관점)에서 법을 탐구하려는 시도는 미비하지 않나 생각된다. 서구의 법학이 법현실주의나 사회학적 법학, 자유법론, 목적법학 등 고립주의적 이론법학에 대한 도전과 응전의 과정을 거쳐 발전해 온 점을 고려한다면, 우리 역시 단지 법의 추상이론을 과거의 산물로 치부하는 데서 그쳐서는 안 될 것이다. 경제학·사회학·정치학 등 여러 사회과학의 성과를 적극적으로 받아들여, 법학을 법원과 강단에만 봉사하는 학문이 아닌 사회 속의 법학으로 자리매김하도록 할 필요가 있다. 이 책이 그런 변화에 자그마한 계기를 마련한다면 옮긴이로는 영광일 것이다.

덧붙여 말하자면, 이 책은 1986년에 『저주받으리라, 법률가여!』라는 제목으로, 영남대학교의 박홍규 교수에 의해 출간된 바 있다(물론 이번 번역은 전혀 새롭게 이루어졌다). 척박한 시기에 이 책을 국내에 소개한 교수님께 감사드린다.

마지막으로, 영미법의 전문용어들을 감수해 주신 한림국제대학원대학교의 김영민 교수께 감사드린다.

2014년 1월
이승훈

| 뉴딜 연표 |

1932년	7월 2일	민주당 대선 후보이던 루스벨트가 전당대회에서 대선 후보 수락 연설을 하면서 뉴딜 정책을 언급했다. "나는 여러분에게, 그리고 나 자신에게, 미국 국민을 위한 새로운 처방(뉴딜)을 약속하는 바입니다."
	11월 8일	루스벨트는 대선에서 현 대통령 허버트 후버를 꺾고 승리했다. 민주당 역시 상·하원에서 다수당이 되었다.
1933년	3월 4일	루스벨트가 미국의 제32대 대통령으로 취임했다.
	3월 5일	예금 인출(뱅크런) 사태 진화를 위한 4일간의 은행 휴업(Bank Holiday)을 실시했다.
	3월 9일	뉴딜 법안을 통과시키기 위한 특별의회가 소집되었다. 이것을 이른바 "100일 회기"라고 한다.
	3월 12일	루스벨트의 라디오 방송인 〈노변정담〉(fireside chat)이 시작되었다.
	3월 31일	실업 구제책의 일환으로 시민자원보존단(Civilian Conservation Corps)이 출범했다. 이 단체를 통해 25만 명의 청년들이 각종 공공사업(도로 건설, 삼림 녹화)에 동원되었다.
	4월 19일	금융 안정을 위해 금본위제를 일시 중단했다.
	5월 12일	의회에서 연방긴급구호법(FERA)이 통과되었다. 전 국민의 25퍼센트에 이르는 실업자에게 구호 자금을 제공하는 데 목적이 있었다. 루스벨트가 농업조정법(AAA)에 서명했다. 농업 구제책의 일환으로, 농업 생산량을 통제해 농산물 가격의 폭락을 방지하기 위한 법안이었다. 3년 후 연방 대법원에 의해 위헌 판정을 받는다.
	5월 18일	댐, 수력발전, 농지개량 등의 공공사업을 추진하는 테네시계곡개발청(TVA)이 설립되었다.
	5월 27일	주식과 채권 등의 유가증권 거래를 규제하는 연방증권거래법이 의회를 통과했다.
	7월 16일	전국산업부흥법(NIRA)이 의회를 통과했다. 산업부흥과 실업자 구제가 목표로, 공정 경쟁 규약을 작성하고 전국산업부흥청(NRA)을 설치하는 내용 등을 담았다. 과당 경쟁 방지를 위해 기업 카르텔이 일정 범위 내에서 허용되었다. 표준적인 노동조건을 정했고, 노동자의 단결권과 단체교섭권을 인정했다. 2년 후 연방 대법원에서 위헌 판정을 받는다.
	11월 5일	수정헌법 21조를 추가해 금주법을 폐지했다.
1934년	6월 19일	전국노동관계위원회(NLRB)가 출범했다. 노동쟁의 조절, 부당노동행위 심사 등을 수행하는 기관으로, 우리의 노동위원회의 모델 기관이다.
	6월 28일	주택 구입 자금을 대출하는 연방주택청(FHA)이 출범했다.
1935년	5월 27일	전국산업부흥법이 연방 대법원에서 위헌 판정을 받아 뉴딜 정책이 위기에 봉착한다.
	7월 5일	루스벨트 대통령은 전국노동관계법(와그너법)에 서명한다. 위헌 판정을 받은 전국산업부흥법의 단체교섭권을 다시 보장하기 위한 법안이었다.
	8월 14일	루스벨트 대통령이 사회보장법에 서명했다.
	8월 30일	부유세(Wealth Tax)법이 의회에서 통과되었다. 최고 세율을 70퍼센트까지 규정했다.
1936년	1월 6일	농업조정법이 위헌 판정을 받았다.
	11월 3일	루스벨트가 재선되었다.
1937년	1월 20일	루스벨트가 두 번째 임기를 시작했다.
	2월 5일	연방 대법원의 연이은 위헌 판정에 대항해, 루스벨트는 대법원 개편안(Court-packing)을 제안한다. 대법관의 수를 열다섯 명으로 늘리는 법안으로, 부호적인 법관을 새로 임명해 연방 대법원의 보수성을 희석하는 데 목적이 있었다. 그러나 여야 모두 부정적인 반응을 보여 실행되지 못한다.
	3월 27일	연방 대법원은 기존의 입장에서 선회해 진보적인 워싱턴 주의 최저임금법을 합헌으로 판정한다. 보수 입장의 로버트 와그너 대법관의 입장 변화로 인한 결과였다. 이후 대법원은 뉴딜 법안에 대한 위헌 판정을 자제한다.
	4월 27일	연방 대법원은 상술한 전국노동관계법을 합헌 판정했다.
	5월 24일	연방 대법원이 사회보장법을 합헌 판정했다.

• 이 "뉴딜 연표"는 옮긴이가 작성한 것이다.